Marianne Kraus

Für mich gemerkt

auf meiner Reise nach Italien 1791
Reisetagebuch der Malerin und Erbacher Hofdame

Zwischen Neckar und Main

Schriftenreihe
des Vereins
Bezirksmuseum e. V. Buchen

28

Verein Bezirksmuseum e. V. Buchen
1996

Marianne Kraus

Für mich gemerkt auf meiner Reise nach Italien 1791

Reisetagebuch der Malerin und Erbacher Hofdame

Herausgegeben von Helmut Brosch

Verein Bezirksmuseum e. V. Buchen
1996

Gedruckt mit freundlicher Unterstützung von:
Regierungspräsidium Karlsruhe
Neckar-Odenwald-Kreis
Stadt Buchen
Sparkasse Buchen
Dr. Eugen Heffner, Buchen
Dr. Heinrich Laier, Buchen

Die Deutsche Bibliothek - CIP-Einheitsaufnahme
Kraus, Marianne:
Für mich gemerkt auf meiner Reise nach Italien 1791:
(Reisetagebuch der Malerin und Erbacher Hofdame) / Marianne
Kraus. Hrsg. von Helmut Brosch. Verein Bezirksmuseum
Buchen, - Buchen: Verein Bezirksmuseum Buchen, 1996
(Zwischen Neckar und Main; 28)
ISBN 3-923699-18-2
NE: Brosch, Helmut [Hrsg.]; GT

Druck: Druckerei Odenwälder, Buchen-Walldürn
ISBN 3-923699-18-2/ISSN 0723-7545

Inhaltsverzeichnis

Vorwort

Eigentlich besteht kein Mangel an gedruckten Reisetagebüchern über Italien und dennoch ist die vollständige Herausgabe des Tagebuches der Marianne Kraus ein Desiderat [1]. Dabei hat die Hofdame Kraus gar nicht an Leser gedacht, schon gar nicht an eine Veröffentlichung. Und so liegt auch kein literarisches Kunstwerk vor [2]. „Für mich gemerkt" schreibt sie auf das Titelblatt, und da und dort hat man es mit richtigen „Merkzetteln" zu tun.

Den Wert der Aufzeichnungen aber hat schon Friedrich Noack erkannt: „Die Gesellschafterin der Gräfin Erbach, damals 26jährig, zeigt sich in ihren Aufzeichnungen als eine unterrichtete, kluge und witzige Dame, die ihrem Tagebuch ungescheut eigene Gedanken und Urteile über Menschen und Dinge anvertraut ... Sie gibt in unbefangener Weise ihre Eindrücke wieder und ihr eigenes, meist recht verständiges Urteil über Wert und Unwert von Kunstwerken"[3]. Noack hebt, was Personenschilderungen betrifft, die Aufzeichnungen der Kraus von Goethes „Italienischer Reise" ab: „Wo der Dichter in seiner für die Öffentlichkeit bestimmten Darstellung die Persönlichkeiten mit schonender Zurückhaltung behandelt und ihre Eigenart nur leise angedeutet hat, da setzt die Gesellschaftsdame der Gräfin Erbach in ihrem nur für die eigene Erinnerung geschriebenen Tagebuch ungescheut ein Bild mit kräftigen Strichen hin und zeigt uns die Menschen um Goethe in ungeschminkter Wirklichkeit, so wie sie ihr vorkamen"[4].

Die Herausgabe verlangte ein Zugeständnis: Marianne Kraus hinterließ uns kein druckreifes Manuskript. Die lose hingeworfenen Zeilen mußten daher in Rechtschreibung und Zeichensetzung heutigen Lesern angefreundet werden. Wortwahl und Satzbau blieben aber unverändert. Einen Eindruck

---

1 Fritz Muthmann in: Heidelberger Jahrbücher NF 1931 ist eine um ein Drittel gekürzte Fassung.

2 Peter Brenner, Der Reisebericht. Tübingen 1990, der die Aufzeichnungen der Kraus nicht kannte, hätte dafür eine Kategorie gesucht und gefunden.

3 Friedrich Noack, Italienische Reisetagebücher aus der Goethezeit. In: Zeitschrift für die Geschichte des Oberrheins NF 42, Karlsruhe 1929, S. 71.

4 Wie Anm. 3, S. 72. Als Noack sein „Deutsches Leben in Rom 1700-1900", Stuttgart und Berlin 1907, veröffentlichte, war ihm das Tagebuch der Marianne Kraus noch nicht bekannt. Ausgiebig benutzt hat er es dann in „Das Deutschtum in Rom seit dem Ausgang des Mittelalters", 2 Bände, Stuttgart 1927 (Neudruck Aalen 1974).

von ihrer Schreibweise vermitteln die im Anhang abgedruckten Briefe, die buchstabengetreu wiedergegeben wurden.

Mein Dank gilt vielen Institutionen, Gemäldegalerien, Bibliotheken und Einzelpersonen, die mir jederzeit gerne gewünschte Auskünfte erteilt haben sowie allen, die die Drucklegung finanziell unterstützten.

Helmut Brosch

Einleitung

Italienreisen

Italien- und speziell Romreisen waren seit altersher gang und gäbe. Zogen zunächst nur Pilger und Bußfertige dorthin, die Rom oder auch bekannte Wallfahrtsorte in Italien aufsuchten (z. B. Loreto), so folgten bald Kaufleute und Studenten, erst später eigentliche Touristen. Als eine „Form des Luxus"[1] betrachteten Reichere eine solche Fahrt, meist in jüngeren Jahren stehend, von Dienerschaft und einem Erzieher (Hofmeister) begleitet, der die Reiseerinnerungen niederschrieb.

Mit dem 17. Jahrhundert wurde die „Kavalierstour" für junge Adelige nach ihrer Ausbildung obligatorisch. Sie sollten „weltmännische" Erfahrung sammeln und dazu Italien, aber auch die Niederlande, Frankreich oder gar England bereisen. Im 18. Jahrhundert gewann Frankreich mit dem Hofe Ludwig XIV. für sie größere Anziehungskraft, doch nun strömten immer mehr Reisende aus den gehobenen Bürgerschichten nach Italien. Kunst und Wissenschaft zogen sie an[2]. In der Mitte des 18. Jhdt. sollen während der Wintersaison jährlich 40 000 Fremde in Rom gewesen sein[3]. Seit und mit Goethe setzte eine Neuentdeckung Italiens ein, neue Reisewege wurden gewählt, Land und Leute in den Betrachtungskreis und Erlebnishorizont einbezogen. Man bereitete sich vor (Reiseliteratur gab es genügend) und ließ sich von Orts- und Fachkundigen führen. Ein Strom von - speziell auch deutschen - Künstlern zog nach Rom. Durch die Französische Revolution, vollends durch Napoleons Feldzüge erst gab es eine größere Unterbrechung.

Graf Franz von Erbach gehörte zu den damals noch wenigen adeligen Deutschen, die sich für Antike und Antiken interessierten, bis dahin eine Domäne der Engländer. Das Fremde weckte gemeinhin Neugier, bis hin zum Aufsuchen des Kuriosen. „Alpenpässe und Alpenlandschaften verkörperten seit dem 17. Jahrhundert den Topos des Erhabenen schlechthin"[4] .

---

1 Brilli, S. 18.

2 Dorothea Kuhn, Auch ich in Arkadien, Marbach 1986, S. 6.

3 Wie Anm. 1, S. 41.

4 Wie Anm. 1, S. 66.

Die Besichtigungstour

Während der Italienreise der gräflichen Gesellschaft wurde vieles „kursmäßig begafft“[5], wie Marianne schreibt. Schon von Dinkelsbühl berichtet sie, daß man sich für die Stadtbesichtigung einer Führerin bediente. Augsburg und Innsbruck werden eines Aufenthaltes gewürdigt. Gelegentlich weicht man auch von der Postroute ab, etwa um Schloß Amras zu besichtigen.

Kirchen und Kunstsammlungen, zu denen in Rom und Neapel noch die Ruinen der antiken Bauwerke und Ausgrabungen kommen, sind Schwerpunkte der Besichtigungen. Neben dem - für höhere Kreise in jener Zeit beinahe schon obligatorischen Fremdenführer v. Reiffenstein - ist ein ganzer Stab von Künstlern und Antiquaren als Führer und Berater für sie tätig. „Herr Hofrat Reiffenstein hat noch eine Prinzessin abzufertigen und dann gehört er uns.“ Marianne war zusätzlich noch mit ihrem „Volkmann“ ausgerüstet, einem damals beliebten dreibändigen Reiseführer[6].

Hauptsächlichstes Ziel aller Bildungsreisenden war in Rom der Vatikan, gemeinhin „Museum“ genannt. „Der Laokoon, der Apoll, der Antinous (Hermes) und der Herkulestorso galten schlechthin als die vorzüglichsten Werke der Welt“[7]. Mariannes Bruder Joseph Martin schrieb 1783 über sie: „Ich kann einen geschlagenen halben Tag davorstehen und mich doch nicht satt genug daran gaffen“[8].

Marianne teilt seine Begeisterung durchaus, doch die etwas einseitige Vorliebe von Graf Franz für antike Plastiken ist nicht ihr (und der Gräfin) Fall. Lieber besucht sie Galerien. So geht man oft getrennte Wege. Marianne kannte sicher schon die Mannheimer Galerie, die eine breit gestreute Sammlung enthielt. Man findet berühmte Künstler, doch keine Spitzenwerke[9].

Ihr Urteil ist zunächst noch unsicher. Reni wurde von ihr wie von ihrem Bruder zunächst überschätzt. Dann ist Tizian ihr Favorit. „Unter allen den

---

[5] Tagebuch, Rom, 6. 4. 1791.

[6] Johann Jakob Volkmann, Historisch-kritische Nachrichten von Italien ... 3 Bd., Leipzig 1777.

[7] Otto Harnack, Deutsches Kunstleben in Rom im Zeitalter der Klassik, Weimar 1896, S. 64.

[8] Brief an die Eltern, Rom, 25.12.1783. Irmgard Leux-Henschen, Joseph Martin Kraus in seinen Briefen, Stockholm 1978, S. 272.

[9] Kurpfälzische Merkwürdigkeiten der Städte Mannheim, Heidelberg, Frankenthal, Schwetzingen etc. aus dem Jahre 1787, S. 14-32. 644 Bilder werden genannt, darunter 4 Reni, 2 Tizian und 1 Raffael.

besten Künstlern ist unstreitig Tizian der Erste“[10]. Wenig später schränkt sie ihr Urteil ein: „Tizian übersteigt keiner im natürlichen Colorit ... Aber in der Festigkeit im Zeichnen, Zusammensetzen von Ideen weiß er gar nichts, kommt er noch lange keinem Raffael und noch mehrern gleich“[11]. Und Raffael ist's, der dem antiken Ideal am nächsten kommt. Auf dieses besann man sich wieder.

Auffällig für uns Heutige ist, daß die Großen der Frührenaissance in den meisten Reisebeschreibungen der Zeit fehlen. Das Mittelalter gar galt ja als barbarisch. Wir finden ihre Werke auch kaum in den Galerien, wo sie allenfalls ein Schattendasein führen. Auch Goethe kennt keinen Masaccio, Fra Angelico, Lippi, Botticelli, Mantegna, Bellini. Erste Rückwendungen zur Frührenaissance tauchen aber schon um 1790 auf. Bury stößt in Florenz auf Mantegna, Meyer in Venedig auf Bellini. Letzterer galt als Lehrer Tizians, Mantegna als der von Correggio. Eher genannt wird Perugino, der Lehrer Raffaels. Doch selbst die Einschätzung von Werken anerkannter Meister war oft unterschiedlich. So wurde Michelangelos Jüngstes Gericht in der Sixtinischen Kapelle „zu den allergrößten Leistungen der Malerei gezählt“[12], seine Decke dort aber kaum beachtet, höchstens die Sibyllen gewürdigt.

Italiens Galerien waren sonst jedoch gut bestückt. Marianne Kraus hat noch vieles gesehen, was kurz nachher nicht mehr an Ort und Stelle war. Viele berühmte Altarbilder standen zudem noch auf den Altären, für die sie bestimmt waren. Die Sammlung Borghese war noch vollständig, auch Giustiniani und Rondanini. Dann setzten Verkäufe ein, teils aus Desinteresse der Erben (und Geldmangel), teils aus anderen Gründen. Anderwärts hütete man, was noch da war. So heißt es bei Marianne über ein Gemälde von Poussin im Palazzo Barberini: „Es sind schon 2000 Zechinen darauf geboten, aber die Prinzessin darfs nicht verkaufen. Die besten Sachen sind alle aufgeschrieben, weil sie sonst alles verspielte“[13].

Die Napoleonische Zeit brachte radikale Veränderungen: auf Grund des Vertrages von Tolentino mußten die meisten Hauptwerke der Kunst an

[10] Tagebuch, Rom, 15. 3. 1791.

[11] Tagebuch, Rom, 26. 3. 1791.

[12] Schudt, S. 344.

[13] Tagebuch, Rom, 15. 3. 1791.

Frankreich ausgeliefert werden. Sie wurden nach Paris abtransportiert[14]. Das Schicksal betraf auch viele Plastiken. Nicht alles kam nach dem Wiener Kongreß 1815 wieder zurück. Dieser machte u. a. zur Auflage, die Gegenstände nicht den Eigentümern zurückzugeben, sondern „sie in einer der Öffentlichkeit zugänglichen Sammlung zu vereinigen"[15]. Auf diese Weise kam z. B. der Vatikan zu Raffaels Verklärung Christi und der Madonna von Foligno.

Marianne Kraus hat ganze Listen von gesehenen Bildern ihrem Tagebuch einverleibt, eine Reihe davon auch näher beschrieben. Alle zu identifizieren, ist schwierig, denn die Angaben sind gelegentlich summarisch, einige Bilder werden heute anderen Meistern zugeordnet, viele sind nicht mehr an Ort und Stelle. Es wurde einige Mühe aufgewandt, Titel und Meister, heutigen Standort, sowie nähere Angaben zu eruieren und zu belegen. Korrekturen und Ergänzungen werden dankbar entgegengenommen[16].

Die Landschaftsmalerei

Gewiß kannte schon die Antike Landschaftsdarstellungen in der Malerei. Die sakrale Kunst des Mittelalters kennt sie nicht einmal mehr als Hintergrund. Sie galten als kunstunwürdig. Erst seit dem 14. Jahrhundert wurde die Landschaft wieder mehr bildbestimmend, wobei der Norden Italien hierin allmählich überflügelte. Schließlich triumphierte eine reine Landschaftsmalerei, Menschen (und Tiere) waren reine Beigaben, Staffagen. Claude Lorrain (1600-1682) konnte sagen: „Die Landschaft lasse ich mir bezahlen, Figuren und Vieh gebe ich oben (dr)ein"[17].

Eine neue Käuferschicht verschaffte den Künstlern Aufträge: die Reisenden nahmen gern solche Bilder als Andenken mit nach Hause. Die Fotografie war noch nicht erfunden, wohl aber die Vervielfältigung als Kupferstich oder Radierung. Hier dominierten allerdings Stadtansichten (Veduten) und Reproduktionen von Gemälden und Antiken. Ein Vakuum nach dem Tode von

[14] Francia, Einleitung.

[15] D. Redig de Campos, S. 298.

[16] Alte Verzeichnisse sind kaum vorhanden. Ludwig Schudt, Le Guide di Roma, Wien - Augsburg, 1971, S. 489-493. Arbeiten wie die von Salerno über die Galeria Giustiniana waren hilfreich. Luigi Salerno, The Picture Gallery of Vincenzo Giustiniani. In: Burlington Magazin 1960.

[17] Zitiert nach Hackert, zweiter Brief über Landschaftsmalerei. In: Paolo Chiarini, Il paesaggio secondo natura. J. Ph. Hackert e la sua cerchia. Rom 1994. S. 318.

Pannini (1736) und van Lint (1763) kam J. Ph. Hackert zustatten, der 1768 in Rom eintraf, die Umgebung bereiste und nach der Natur malte[18]. Ein Strom weiterer deutscher Landschaftsmaler folgte ihm: Franz Kobell 1776, Kniep 1781, Johann Georg Schütz 1784, Dies 1786, Gmelin 1787 und Reinhart 1789.

Dominierend blieb Hackert, der Goethe unterwies (dieser gab 1811 auch Hackerts Biographie heraus) und Marianne Kraus. Sie kam nicht unvorbereitet in dieser Gattung. Christian Georg Schütz d. Ä., Caspar Schneider waren ihre Lehrmeister in diesem Metier, von Johann Georg Pforr erlernte sie zusätzlich das Malen von Tieren. Als für sie auf der Reise das „Langweilige", d. h. das Bekannte, aufhörte und sie auf Fremdes stieß, öffnete sich ihr Künstlerauge und wir lesen lebhafte Landschaftsschilderungen und finden im zweiten Bande ihres Reisetagebuches die ihnen entsprechenden Bleistiftskizzen. Einige sind mit Tinte nachgefahren, ab und zu hat sie Farbbezeichnungen hinzugefügt, wohl, weil sie beabsichtigte, später danach Bilder zu malen.

„Il paesaggio secondo natura", „die Landschaft nach der Natur", so betitelt Chiarini seinen Hackert-Katalog[19]. Hackert und vorher schon Ferdinand Kobell hatten Marianne Kraus nachdrücklich auf das Zeichnen nach der Natur hingewiesen (siehe den Briefanhang). Freilich, auch der andere Weg wurde empfohlen: „Ich fand, daß ich mich erst nach den besten Künstlern bilden müsse", schreibt Salomon Geßner[20]. Er warnt jedoch davor, eine „Manier" anzunehmen. „Das Wahre und Eigenthümliche der Gegenstände geht dabey verloren"[21]. Carl Philipp Moritz, mit Goethe in Rom, äußert sich in ähnlichem Sinne in seinem Aufsatz „Einfache Nachahmung der Natur, Manier, Stil", den Goethe in seine „Propyläen" aufnahm[22]. Von der einfachen Nachahmung schreitet der Künstler zur Manier. „Es verdrießt ihn, der Natur ihre Buchstaben im Zeichnen nur gleichsam nachzubuchstabieren ... Er macht sich selbst ein Sprache", opfert Einzelheiten dem Begriff eines Ganzen. Im „Stil" erfaßt er dann „charakteristische Formen" und wählt aus. Ein zweiter Aufsatz von

---

18 Helmut Börsch-Supan, Die Deutsche Malerei von Anton Graff bis Hans von Marées 1760-1870, München 1988, S. 124.

19 Chiarini, wie Anm. 17.

20 Brief über die Landschaftsmalerey. Schriften, Zweyter Band, Reutlingen 1789, S. 343.

21 Wie Anm. 20. S. 349.

22 Weimarer Ausgabe Bd. 47, Weimar 1896, S. 77-83.

ihm „Über die bildende Nachahmung des Schönen“ von 1788[23] führt noch einen Schritt weiter. Das Schöne entstand nach ihm durch „ruhige Betrachtung der Natur und Kunst als eines einzigen großen Ganzen“[24].

Marianne Kraus als Malerin

Marianne Kraus hat ihre Kunst nicht als Beruf ausgeübt. Talent und Vorbildung hätten dafür, vor allem, wenn Ferdinand Kobells Plan eines Stipendiums für sie Wirklichkeit geworden wäre, nach dem Zeugnis der Zeitgenossen, ausgereicht. Wenn zusätzlich die Idee Karl Theodor von Dalbergs, des Mainzer Koadjutors, in Mainz einen Musenhof, ähnlich dem in Weimar zu errichten, Gestalt hätte annehmen können: vielleicht hätte Marianne dort Hofmalerin werden können. Eine Anstellung Schillers stand zur Disposition.

Statt dessen finden wir Marianne Kraus ab 1790 in Erbach als Hofdame der 2. Gemahlin Graf Franz I. zu Erbach-Erbach. An dem kunstsinnigen Hofe kamen ihre Neigungen und Talente sicher nicht zu kurz, war sie doch wahrscheinlich gerade deretwegen ausgewählt worden. Bekannt gewordene, bzw. vermutete Werke auf Schloß König und im Jagdschloß Krähberg könnten Auftragsarbeiten gewesen sein. Jedenfalls hatte sie ein Bedürfnis nach weiterer Vervollkommnung ihrer Ausbildung, wozu die Italienreise des gräflichen Paares 1791 beste und reichliche, wenn auch immer nur kurze Gelegenheit in Rom und Neapel bot.

Selbst nach ihrer Heirat mit Georg Lämmerhirt, mit dem sie wahrscheinlich gemeinsame musikalische Interessen verband, pflegte sie ihre Kunst weiter. Auch als Mutter von fünf Kindern ruhten Stift und Pinsel nicht. Die meisten der entstandenen Bilder hat sie verschenkt, wir wissen nicht, an wen und wo sie geblieben sind. So kann kein Werkverzeichnis zusammengestellt werden. Was sich nachweisen ließ, ist im Anhang zusammengestellt.

Am Erbacher Hofe war Johann Wilhelm Wendt (1747-1815) als Zeichner und Silhouettenschneider tätig. Daneben ist dort Christian Kehrer (1770-1869) als Jagd- und Tiermaler beschäftigt, sein Bruder Carl (1755-1833), mehr Porträtist, ging 1788 als Hofmaler nach Ballenstedt[25]. Auch Gräfin Charlotte

---

[23] Wie Anm. 22, S. 84-90.

[24] Wie Anm. 22, S. 88.

[25] Thieme-Becker, 20, 1927, S. 61, bzw. S. 63f.

war an Malerei interessiert, nach Mariannes Tagebuch beteiligte sie sich in Italien am Unterricht, den ihre Hofdame erhielt und betätigte sich auch selbst künstlerisch.

Bescheiden spricht Marianne von sich: „Ich pfusche so ein wenig in diese Kunst“[26]. Sie erbat sich einmal eine Skizze vom Grabmal ihres Bruders, um „mir und den Meinigen daraus ein Denkmal zu Erschaffen“[27], d. h., ein Gemälde danach anzufertigen. Als Silverstolpe eine Kopie des Erfurter Bildnisses von Joseph Martin Kraus wünschte, antwortet sie: „Verstund ich nur etwas in diesem Fache, so würd ichs für Sie selbst Kopiren, aber ich bekam nie Anweißung darinnen“[28]. Von ihren Lehrern wäre Caspar Schneider am ehesten dafür in Frage gekommen. In Italien lernte sie zwei berühmte Porträtistinnen kennen, Angelica Kauffmann (1741-1807) und Elisabeth-Louise Vigée-Lebrun (1755-1842). Obwohl sie mit der Angelica befreundet wurde, ist von einem Unterricht bei ihr nicht die Rede. Zwei durchaus gelungene Porträtskizzen von Louis und Leidemann (?) finden sich im zweiten Bande des Tagebuchs.

---

[26] Brief Erbach, 24. 9. 1800 an F. S. Silverstolpe. In: Mitteilungen der Internationalen Joseph Martin Kraus-Gesellschaft, H. 5/6, 1986, S. 3.

[27] Wie Anm. 26.

[28] Brief Miltenberg, 28. 5. 1801, Wie Anm. 26, S. 15.

Das Reisetagebuch

Zusammen mit anderen Andenken an Marianne Kraus, verh. Lämmerhirt, kamen die beiden Bände des Reisetagebuchs als Stiftung ihres Urenkels Karl Friedrich Schreiber (1864-1933) in die von ihm begründete Kraus-Sammlung des Bezirksmuseums Buchen[1].

Der erste Band ist ein mit braunem Papier bezogener Pappband mit Staubklappe, 18,6 x 13,5 cm groß und enthält 242 Seiten (Seite 1-5 ist als Blatt 1 und 2 bezeichnet, der Rest von 3-240 paginiert), von denen 233 beschrieben sind. Marianne Kraus betitelte ihn: „Samlung von / Allerlei / für mich gemerkt auf / meiner Reiße nach Italien / zu Anfange des 1791. Jahrs". Die Einträge geschahen mit Tinte und Feder, gelegentlich mit Bleistift (später mit Tinte nachgefahren) und umfassen den Zeitraum vom 3. I. bis zum 14. IV. 1791. Im Vorderdeckel befindet sich eine Tasche, an der Staubklappe zwei Pergamentstreifen als Bleistifthalter. Das Band zum Zubinden ist abgerissen.

Band 2 ist ein Lederband, ebenfalls mit Staubklappe, 20,2 x 14,3 cm. Er enthält 284 Seiten, von denen 82 Seiten das Reisetagebuch mit dem 15. IV. 1791 fortsetzen und bis zur Rückkehr nach Erbach enthalten. Die Seiten 87 bis 96 enthalten Aufzeichnungen über die Emigration des Erbacher Hofes nach Crailsheim vom 18. VII. bis 28. IX. 1796. Zehn weitere Seiten waren ebenfalls beschrieben, sind jedoch herausgeschnitten. Über den Rest der Seiten finden sich verstreut 29 oft nur flüchtige Bleistiftskizzen, einige mit Tinte umfahren. Gelegentliche schriftliche Angaben von Farben deuten auf eine geplante spätere Verwendung zu Gemälden hin. Von den zwei Porträtskizzen läßt sich die eine (S. 262) sicher mit Georg Friedrich Louis (1759-1846), dem Leibjäger und Reisebegleiter von Graf Franz in Verbindung bringen[2].

Unter Mithilfe von Pfarrer J. G. Meier in Buchen stellte Ernst Morneweg 1924 eine maschinenschriftliche Abschrift her, die er selbst einband und mit einem Titelschild versah. Es zeigt die Silhouette der Peterskirche in Rom, davor Graf Franz und Hofrat Reiffenstein, Gräfin Charlotte und Marianne Kraus. In den beiden anderen Figuren lassen sich Johann Wilhelm Wendt (1747-1815) und Georg Friedrich Louis vermuten. Eine weitere Abschrift in fünf Kleinoktavheften stammt von Karl Friedrich Schreiber, der sich nach

[1] Bezirksmuseum Buchen, Kraus-Sammlung, Inv. Nr. 848,5.

[2] Siehe auch die Lithographie von C. May, Novemberblatt des Erbachischen historischen Land-Calenders auf das Jahr 1992.

Fertigstellung seiner Biographie über Marianne Kraus' Bruder Joseph Martin[3] mit dem Gedanken an eine Herausgabe trug. Sein Vetter, Baurat Carl Krauß (1869-1947) schrieb ihm dazu: „Halten Sie übrigens die große Menge (genannt das „Volk") wirklich für wert, die reizend frisch geschriebenen, aber doch für weitere Kreise gar nicht berechneten Tagebuchblätter dargeboten zu bekommen?"[4]

Erst Fritz Muthmann, Darmstadt, gelang eine Herausgabe, die allerdings gekürzt und mit nur wenigen Anmerkungen versehen ist[5]. Im Anhang sind hier auch erstmals die Briefe Ferdinand Kobells, Angelica Kauffmanns, Alexander Trippels und Philipp Hackerts an Marianne Kraus abgedruckt. Nicht fehlen durfte der Brief ihres Bruders an sie vom 28. I. 1790[6].

---

[3] Karl Friedrich Schreiber, Biographie über den Odenwälder Komponisten Joseph Martin Kraus, Buchen 1928.

[4] Brief Darmstadt, 17. VII. 1928. Kraus-Archiv Bezirksmuseum Buchen.

[5] Tagebuch einer Italienreise aus dem Jahre 1791. Von Marianne Kraus. Herausgegeben und eingeleitet von Fritz Muthmann. In: Neue Heidelberger Jahrbücher NF 1931. Heidelberg 1931, S. 95-176.

[6] Siehe Briefanhang.

Marianne Kraus

Samlung von
Allerlei
für mich gemerkt auf
meiner Reiße nach Italien
zu Anfange des 1791. Jahrs

Abb. 1: Marianne Kraus (1765-1838). Ölgemälde um 1788. Familienbesitz

Itinerar (Ergänzungen nach J. W. Wendt's Tagebuch)

2. 1. 1791	Erbach - Amorbach (Übernachtung)
3. 1. 1791	Walldürn - Hardheim - Tauberbischofsheim - Lauda - Königshofen - Mergentheim (Übernachtung)
4. 1. 1791	Bartenstein - Blaufelden - Crailsheim (Mittag) - Dinkelsbühl (Übernachtung)
5. 1. 1791	Wallerstein - Nördlingen - Harburg - Donauwörth (Mittag) - Meitingen - Nordendorf - Augsburg (Übernachtung)
6. 1. 1791	Augsburg (Rasttag)
7. 1. 1791	Schwabmünchen - Buchloe (Mittag) - Kaufbeuren - Stätten (Übernachtung)
8. 1. 1791	Füssen - Reutte - Lermoos - Fernpaß - Nassereith (Übernachtung)
9. 1. 1791	Zirl (Mittag) - Innsbruck (Übernachtung)
10. 1. 1791	Innsbruck (Aufenthalt)
11. 1. 1791	Schönberg - Steinach (Mittag) - Brenner - Sterzing (Übernachtung)
12. 1. 1791	Sterzing (Aufenthalt)
13. 1. 1791	Brixen - Kollmann - Bozen (Übernachtung)
14. 1. 1791	Branzoll - Neumarkt - Salurn - Trient (Übernachtung)
15. 1. 1791	Rovereto - Ala - Chiusa - Verona (nur Pferdewechsel)
16. 1. 1791	Mantua - Casal Maggiore - Parma (nur Pferdewechsel)
17. 1. 1791	Modena - Bologna. Weiter Tag- und Nachtfahrt bis
18. 1. 1791	Florenz. Aufenthalt bis 26. 1.
27. 1. 1791	Siena (Übernachtung). Tag- und Nachtfahrt. Ankunft am
29. 1. 1791	Rom. Aufenthalt bis 28. 4. (Frascati, Tivoli)
29. 4. 1791	Abfahrt. Ankunft in Neapel am
30. 4. 1791	Neapel. Aufenthalt bis 24. 5. (Pompeji, Portici, Pozzuoli, Vesuv)
25. 5. 1791	Caserta. Aufenthalt bis 27. 5. Ankunft in Rom am
29. 5. 1791	Rom. Aufenthalt bis 5. 6.
6. 6. 1791	Abreise aus Rom
7. 6. 1791	Siena (nur Pferdewechsel)
8. 6. 1791	Florenz (Übernachtung)
9. 6. 1791	Livorno (Übernachtung)
10. 6. 1791	Livorno (Aufenthalt)
11. 6. 1791	Lucca - Pistoja passiert
12. 6. 1791	Boscolonga (Übernachtung)
13. 6. 1791	Parma (nur Pferdewchsel)

14. 6. 1791	Casal Maggiore - Mantua - Verona (Übernachtung)
15. 6. 1791	Trient (nur Pferdewechsel)
16. 6. 1791	Bozen - Sterzing (Übernachtung)
17. 6. 1791	Innsbruck - Zirl
18. 6. 1791	Tag und Nacht weiter. Ankunft am
19. 6. 1791	Augsburg (Übernachtung)
20. 6. 1791	Augsburg (Aufenthalt)
21. 6. 1791	Dinkelsbühl (Übernachtung)
22. 6. 1791	Mergentheim (nur Pferdewechsel)
23. 6. 1791	Miltenberg - Erbach

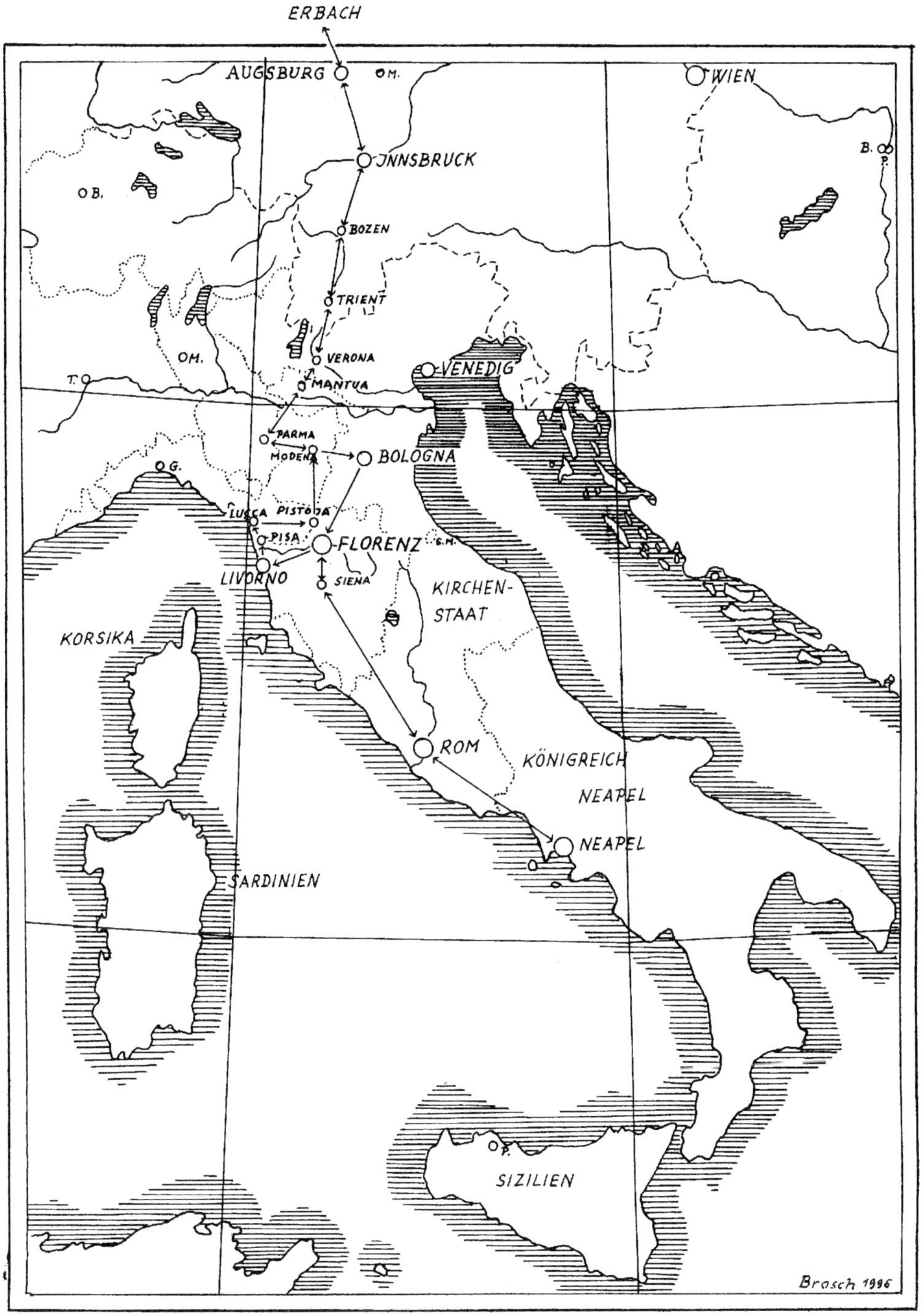
ERBACH
AUGSBURG
OM.
WIEN
B.
P.
INNSBRUCK
OB.
BOZEN
TRIENT
OM.
VERONA
T.
VENEDIG
MANTUA
PARMA
MODENA
BOLOGNA
G.
LUCCA
PISTOJA
PISA
FLORENZ
S.M.
LIVORNO
SIENA
KIRCHEN-
STAAT
KORSIKA
ROM
KÖNIGREICH
NEAPEL
NEAPEL
SARDINIEN
P.
SIZILIEN
Brosch 1996

Kalender für 1791

	So	Mo	Di	Mi	Do	Fr	Sa
							1 Jan.
	2	3	4	5	6	7	8
	9	10	11	12	13	14	15
	16	17	18	19	20	21	22
	23	24	25	26	27	28	29
	30	31	1 Feb.	2	3	4	5
	6	7	8	9	10	11	12
	13	14	15	16	17	18	19
	20	21	22	23	24	25	26
	27	28	1 März	2	3	4	5
	6	7	8	9	10	11	12
	13	14	15	16	17	18	19
	20	21	22	Asch. Mi. 23	24	25	26
	27	28	29	30	31	1 Apr.	2
	3	4	5	6	7	8	9
	10	11	12	13	14	15	16
	17	18	19	20	21	22	23
Ostern	24	25	26	27	28	29	30
	1 Mai	2	3	4	5	6	7
	8	9	10	11	12	13	14
	15	16	17	18	19	20	21
	22	23	24	25	26	27	28
	29	30	31	1 Juni	2	3	4
	5	6	7	8	9	10	11
Pfingsten	12	13	14	15	16	17	18
	19	20	21	22	Fronl. 23	24	25

Den 3 ten Jänner 1791, Mergentheim.

Wenn ich den 1 ten Tag auch keine sonderlichen Merkwürdigkeiten aufzuzeichnen habe, so kritzle ich doch, und solls bloß, um einen Anfang zu machen, geschehen. Und dann schreib ich ja nur für mich; wenns anderen nicht so gefällt, so freue ich mich ihrer Schönheit und damit holla!

Von Bischofsheim[1] aus will ich anfangen, wo das Langweilige für mich aufhörte. Ein schönes Tal, wodurch die Tauber sich schlängelt. In einer anderen Jahreszeit, wo die Bäume, welche durchgängig diesen Fluß einfassen, beblättert sind, muß es sehr angenehm sich da spazieren gehen lassen. Fast jede Länge von einer Viertelstunde zeigt sich ein Örtchen. Mitunter zwei große sich gut präsentierliche Landstädtchen: Königshofen und Lauda. Mergentheim ist eine Poststation von Bischofsheim entfernt.

Nun sitz ich hier in einem gelb tapezierten Zimmer, möchte gerne was Interessantes schreiben und weiß nicht anzufangen. Daß mir und unserer ganzen Gesellschaft recht gut das Nachtessen geschmeckt hat, läßt sich leicht denken, weil wir nichts zu Mittag aßen, denn wir waren bei Herrn Posthalter in Bischofsheim großmütig, wir zahlten ihm das Rindfleisch und aßen nur die Brühe davon.

Einen Mann, so ganz wie ich sie gerne habe, lernt ich hier kennen, lustig und ehrlich, dabei aber nicht dumm. Mein Herr Tischnachbar aß viel, sprach wenig, hat einen roten Rock an und eine schöne manchesterne Weste, 2 Uhrenketten von echtem Gold und ein schönes Toupet. Noch einen sah ich, der ohne Zähne schon so lang er in der Welt existiert, ißt, spricht und erschrecklich große Kalbsaugen hat. Für heute will ich beschließen, denn wenn ich mein Papier mit Kleinigkeiten beschmiere, so bleibt mir nichts für wichtige Sächelchen übrig. Gut Nacht, Kraus!

Den 4 ten Jänner, Dinkelsbühl.

Nach einem guten getrunkenen Kaffee sagten wir Herrn Statthalter und seinem Herrn Bruder Georg August[2] (in Mergentheim) Adieu. Den letzteren hätt ich gerne geküßt (wenn sichs geschickt hätte), denn er gefiel mir recht

---

[1] Heute Tauberbischofsheim.

[2] Statthalter des Deutschmeisters war damals ein Vetter Graf Franz I., Reichsgraf Christian Ernst zu Erbach-Schönberg (1728-1799), den er schon 1774/75 in Wien getroffen hatte, wo dieser Kommandeur einer ungarischen Brigade war. Sein Bruder Georg August (1731-1799) war damals 60 Jahre alt! (Freundliche Mitteilung von Herrn Stadtarchivar Leo Springer, Bad Mergentheim, 15. 8. 1991).

wohl, und wir rutschten weiter. Ungefähr eine kleine Stunde von Mergentheim ließen wir rechts das Schlößchen, wo Fürst Bartenstein-Hohenlohe[3] residiert, liegen. Es präsentiert sich recht artig. Wenns von Gold oder Duftgewebe wär, so gäbs einen charmanten Aufenthalt für verwünschte Prinzessinnen. Sobald man diese Gegend vorbei ist, so wird auch die Lage unangenehm bis Blaufelden, wo Herr Posthalter einem gewissen Schmied von Jüterbog[4], der einst einen Akkord mit Tod und Teufel machte, gleicht. Die nächste Poststation ist Crailsheim, ein artiges Städtchen, gehört dem Markgrafen von Ansbach[5]. Die Leute sind überhaupt im ganzen Ansbachischen sehr höflich, der Hafer muß ihnen hoch gelegt werden. Ein alter malerischer Turm und 3 Tore aneinander machen die Einfahrt recht städtisch. Herr Posthalter hatte viel Ähnliches mit Herrn Pfarrer Belzner von Gronau[6]. Als wir aber etliche 100 Schritte entfernt waren, kam uns ein Reitender nach, der „Halt!" rief und warum? Das konnten wir nun gewiß uns nicht einfallen lassen, daß wir Diebe waren, aber das corpus delicti fand sich: ein silberner Löffel war uns beim Essen in den Wagen gefallen. Wir gaben ihn, weil wir doch mußten, zurück und fuhren ohne Gefahr weiter zur Freien Reichsstadt Dinkelsbühl, welches so ganz seiner Ordnung gemäß aussieht. Die Katholischen haben eine große Kirche[7], die ganz gotisch ist. Die innere Einrichtung konnt ich nicht sehen, weil wir erst um 5 Uhr des Abends hier ankamen, aber die vornehmsten Häuser, als da waren das Deutsche Haus[8] und etliche Kaufmannshäuser, auch Privathäuser, die ganz artig waren, sahen wir in Gesellschaft einer interessanten Madame, die uns so in die Ohren schrie, als wenn wir stocktaub wären. Nun gehts ans Zunachtessen, worauf ich mich nicht wenig freue. Nach einem langen politischen Gespräche über Frankreichs Verfassungen mit Herrn Posthalter, der ein geborener Straßburger ist und bei Tische Gesellschaft machte, legten wir uns schlafen.

---

[3] Ludwig Leopold, Fürst zu Hohenlohe-Bartenstein (1731-1799).

[4] Das bekannte Märchen von Ludwig Bechstein.

[5] Christian Friedrich Alexander (1736-1806), letzter regierender Markgraf von Ansbach-Bayreuth. Mit ihm erlosch die ansbachische Linie der fränkischen Hohenzollern. 1791 trat er seine blühenden Länder an Preußen ab und zog sich ins Privatleben nach England zurück.

[6] Gronau bei Bensheim a. d. Bergstraße. In der Nähe Schloß Schönberg der Grafen von Erbach-Schönberg (eine Skizze von Marianne Kraus, Fürstlich Stollberger Forstamt, Ortenberg).

[7] St. Georg, Sondergotik.

[8] Fachwerkbau um 1600.

Den 5 ten Jänner, Augsburg.

Morgens 5 Uhr sagten wir Herrn Posthalter in Dinkelsbühl (der wider alle Gewohnheit ein ganz höflicher Mann war) Adieu und fuhren in einer angenehm aber wechselnden Gegend bis auf die nächste Post in der Freien Reichsstadt Nördlingen. Eine Stunde ehe wir dahin kamen, passierten wir durch Wallerstein, wo Fürst von Oettingen[9] seinen Wohnsitz hat. Das Schloß kann man nur versteckt von der Chaussee begaffen, aber das Wallerstein an sich hat eine angenehme Lage und ein recht artiges Vorstädtchen. Der Fürst soll eine ganz eigene Lebensart haben: wann andere Menschen schlafen, so wacht Er und wenns bei unser einem Tag ist, so schlafen Ihro Durchlaucht. Das Reichsstädtchen Nördlingen präsentiert mehr von außen als von innen.

Harburg, ein recht voll Türmchen und Dächelchen versehenes Schloß, auf schönem Felsen gebaut, gehört noch dem Fürst von Oettingen. Man kommt nahe daran vorbei, es präsentiert sich recht schön malerisch.

Zu Donauwörth aßen wir zu Mittag und trafen einen massiven Posthalter an, aber desto freundlicher war seine Frau und Schwägerin. Das Städtchen kann seinem Feind immer noch trotzen, es hat noch so viele Wälle, Gräben, verdeckte Gänge etc. Die Tore sind nach ihrer Art in meinen Augen recht schön, auch die alten Türme sehr malerisch, aber die Gegend ist sehr schön, so wie man dem Städtchen näher kommt. Der Weg von da aus bis Meitingen ist auch recht angenehm. Ein Frauenkloster[10] liegt ungefähr eine halbe Viertelstunde von der Chaussee entfernt auf einem kleinen Berg. Es sieht einem recht schönen Schloß ähnlich, sehr regulär gebaut und ein großer Garten dabei. Ich wünschte da einen Sommer zu verleben, NB aber nicht als Nonne.

Von da kommt man durch Nordendorf, welches Herrn Grafen Fugger[11] gehört. Ein recht altes Schloß ist der Wohnsitz, welches sehr baufällig sich von außen präsentiert.

Von Meitingen bis Augsburg ist der Weg nicht sonderlich unterhaltend, weils viel Ebene hat. Wie sich diese alte Reichsstadt von außen präsentiert, kann ich nicht sagen, weils schon Nacht war, als wir nahe kamen. Was wir morgen hier sehen werden, will ich treulich merken.

---

[9] Oettingen-Wallerstein-Spielberg, gefürstete Grafen. Hier: Graf Johann Aloys II. (1780-1797).

[10] Benediktinerinnenkloster Holzen, 1150 gegründet, 1802 säkularisiert.

[11] Joseph Sebastian (gest. 1826), Graf Fugger von Wörd-Nordendorf.

Den 6 ten, Augsburg.

Fürs Erste muß ich zum Lobe der Reichsstadt merken, daß ich recht gut von abends um 9 Uhr bis heute früh 8 Uhr geschlafen habe. Nach dem Frühstück gingen wir in die Jesuitenkirche[12], die schöne Verzierungen hat, aber schlechten Geschmack, so wie ich alle Kirchen hier fand. Silber ist keines am Hochaltar gespart, auch alles stark vergoldet. Viele heilige Körper sind auch da, schöne Altarblätter, aber der Plafond ist schlecht gemalt von Göz[13]. Die Domkirche[14] hat sehr viel Merkwürdiges, nur schade, daß das viele schlechte Zeug den Augen, die so viel alte, gute Sachen zu sehen haben, wehe tut. Die Musik war recht schön. Die Heilig-Kreuz-Kirche[15] ist am niedlichsten gebaut. Wenn die schönen, marmornen Säulen regelmäßig wären, so würde das Ganze recht artig sein. Der hohe Altar ist auch von geblasenem Silber und der Grund stark vergoldet, mit etwas besserem Geschmack gearbeitet als in der Jesuitenkirche. Ein Wunder mit einer roten Hostie[16] ist da zu sehen, der ganze Chor hängt voll Gemälde, die auf diese Geschichte Bezug haben. Die anderen Kirchen konnten wir wegen Kürze der Zeit nicht sehen, auch sollen sie wenig Interessantes haben. Nun gingen wir den sehr berühmten Einlaß sehen, den Kaiser Maximilian der 1 te[17] gebaut hat, um, wenn er auf die Jagd ging oder von da kam, seinen eigenen Weg zu haben. Weils noch eine sehr festgepackte Reichsstadt ist, so habens die des Rats für gut befunden, diesen Schlupfwinkel zu einem Einlaß zu destinieren, um sonst, wenns einmal Sperrzeit war, kein einziges Tor von der Stadt aufzumachen. Seit mehreren Jahren ist es aber wieder abgeändert worden, weil bloß Reitende und Fußgänger auf diese Art in die Stadt kommen konnten, denn die Zugbrücke über den Stadtgraben ist zu schmal, um darüber zu fahren. Auch war das ganze Werk sehr mühsam, es mußten, wenn Ordnung gehalten wollte werden, immer 5, auch 6 Menschen mithelfen. Wenn mans genau betrachtet, so kann man keine besondere Mechanik daran bewundern, denn es ist ganz wohl begreiflich und ein weitläufiges Werk. Man mußte, um in die Stadt zu kommen, erstens eine kleine Promenade bergelchens ab und auf machen. Dann kam man an ein Wachthäuschen,

---

12 1580 erbaut, im 19. Jhdt. abgebrochen.

13 Gottfried Bernhard Göz (Götz) (1708-1774) malte 1764/65 die Fresken.

14 St. Maria, Anfänge im 7. Jhdt., der heutige Bau 1431 geweiht.

15 Ehemalige Augustinerstiftskirche, jetzt Dominikaner- und Wallfahrtskirche Hl. Kreuz. Spätgotischer Neubau 1492-1508.

16 Seit 1199 Pfarrkirche und Wunderverehrung (Feier am 11. Mai).

17 Regierte 1493-1519.

wo die Herren Soldaten Zeichen gaben denen Leuten, die auf dem Einlaß wohnen. Die spazierten eine kleine Treppe und einen verbauten Gang, wo sie an einem großen eisernen Rade die Zugbrücke aufleierten. Unter der Zeit ging der Hereinwollende über eine bedeckte Brücke, wo vom ersten bis zweiten Stadtgraben geht. Nun hat er die Ehre, wenn die Hereinlasser fleißig geleiert hatten, über die langsam herabspazierte Fallbrücke zu gehen, und was Wunder! wie ein Pfeil springt die erste eiserne Pforte auf, ein Raum von ungefähr 20 Schuh, es sieht einem finsteren Loch ähnlich, hält den Spaziergänger so lange in Arrest, bis ein kleines kupfernes Kesselchen, mit einem Licht an einem Strick festgemacht, von oben, wo die ganze Hexerei gemacht wird, herabgelassen wird, wo das Einlaßzeichen fürs dafür bestimmte Geld verwechselt wurde. Nach dieser wichtigen Freien-Reichsstadt-Handlung sprang die zweite Pforte auf und dann die 3 te, wo man zur Stadt ganz gemächlich hineingaffen konnte. Den ganzen Nachmittag verlebten wir meistens mit Umsonst-Herumlaufen. Wo wir was sehen oder kaufen wollten, hieß es, die Leute sind in der Kirche, bis aufs Rathaus[18], das eines des schönsten Gebäude ist (NB ich habe noch nicht viel Schönes gesehen!). Die Ansicht flößte mir schon Respekt fürs Ganze ein, nur schade, daß die Straße nicht dreimal breiter ist, man hat es zu nahe. 8 große, marmorne Säulen mit Verzierungen von Bronze machen einen schönen Vorplatz, im 2 ten Stock aber der große Saal[19] ist wahrhaft schön zu nennen. Er hat eine außerordentliche Höhe und Größe, ist reich verziert. Alle halbe Jahr kommen da die Vorsteher zusammen, um wieder neu gewählt zu werden.

Den 7 ten Jänner.

Wie eigentlich Augsburg sich ansehen läßt, kann ich nicht sagen, denn wir kamen bei Nacht an und fuhren ohne recht Tag wieder weg. Noch kommt mir die Gegend nicht fremd vor. Schwabmünchen, die nächste Poststation vor Augsburg draußen, ist ein artiges Örtchen. Zu Buchloe trafen wir einen recht braven Mann zum Posthalter an. Er hatte seinen Herrn Bischof[20] in seiner Staatsstube hängen und versicherte uns, daß sie alle recht gut mit ihm zufrieden wären. Kaufbeuren, ein Reichsstädtchen, wo man scharf examiniert wird, aber doch sagen darf, was man will. Nun sieht man schon nichts als niedere

---

[18] 1615-1626 erbaut von Elias Holl (1573-1646).

[19] „Goldener Saal" genannt. Ging im 2. Weltkrieg zugrunde; wieder aufgebaut.

[20] Buchloe gehörte zum Bistum Augsburg. Bischof Clemens Wenzel (1768-1803).

Dächer auf den Bauernhäusern, die mit hölzernen Brettern und Schindeln gedeckt sind. Auch trifft man hier den Fluß Wertach an, der nicht sehr breit ist, aber oft überfließt. Er ist sehr angenehm, er schlängelt sich das ganze Tal fort. Zu Stätten mußten wir, ohne es zu wollen, übernachten, weil wir keine Pferde bekommen konnten. Wir wurden aber recht gut bewirtet. Herr Posthalter hatte schöne schwarze Augen und versprach uns, wenn wir wieder zurückkämen, sollten wir eine recht artige, junge Frau finden.

Nassereith, 8 ter Jänner.

Füssen ist das letzte Städtchen im Reich, es liegt sehr angenehm, besonders ein Benediktinerkloster[21] ist schön zu sehen an der Wertach. Von Stätten bis Füssen ist man dem Gebirge ganz nahe, fährt aber nur am Fuße. Auf einer Seite ist immer noch Plane, aber sobald man auf Füssen kommt, ist man von Bergen eingeschlossen. Die schönsten malerischen, wilden Gegenden sind da zu sehen, die kleinen Hüttchen mit Fichten umsetzt[22] und dann die großen Massen von Felsen. Ich freue mich recht aufs Wieder-Zurückkommen, diese Gegend unbeschneit zu begaffen.

Das Tal ist an vielen Plätzen sehr enge. Es ist unweit Füssen ein Durchgang angebracht, es sieht einer kleinen Festung ähnlich. In Reutte mußten wir 2 Pferde mehr nehmen wie gewöhnlich, weil der Schnee schon tiefer und der Herr Katzenberg vor uns lag, den wir aber ganz gemächlich überfuhren. Von Lermoos hatten wir wieder einen Berg, Fernpaß, der ziemlich hoch war. Aber der Roßbach, den wir fuhren, wo's schon halb Nacht war, hat sich gewaschen. Der Wagen ging an vielen Plätzen keinen Schuh vom Precipis[23]. Ein Glück war, daß der Schnee den Wagen nicht rutschen ließ, sonst gut Nacht für immer! In Nassereith trafen wir eine miserable, stinkende, kalte Stube an. Nach dem Nachtessen trug ich alles Bettzeug zusammen, das ich in meinem Zimmer fand und baute mir ein Bett, wo ich erst mit Stühlen hinauf klettern mußte.

9 ten Jänner.

Wir trafen doch was Gutes hier an: eine recht freundliche Kellerin, die recht schön war. Nun hatten wir noch 3 Stationen bis Innsbruck. Zu Zirl aßen wir zu Mittag, der erste Wirt, wo uns christliche Rechnung gemacht. Eine Viertelstunde

---

[21] Ehemaliges Benediktinerkloster St. Mang. Barocker Neubau von 1717. Nach der Säkularisation Pfarrkirche.

[22] Siehe die Skizze Mariannes!

[23] Abgrund.

gegen Innsbruck zu kamen wir am Fuße der Martinswand[24] vorbei. Dies ist der hohe Felsen, worauf sich Maximilian der 1 te einst auf der Gemsenjagd verirrt und mit der größten Lebensgefahr wieder gerettet wurde. Die Öffnung, worinnen er gestanden, scheint der Höhe wegen nicht sehr groß. Man kann sich denken: es steht ein Kruzifix droben in Mannsgröße und zeigt sich unten keine Viertel Ellen groß. Es ist ein Weg zu dieser Öffnung gehauen, aber man muß nicht schwindlig sein, dahin zu gehen. Es gibt viele Gemsen und weiße Hasen auf diesem Berg. Das Tal, wo der Inn durchläuft, auch das Inntal genannt, ist viel malerisch. Auf dem Berg soll aber die Aussicht viel schöner sein, da liegen ganze Dörfer, wo die Bauern jahrelang nicht aus ihren Klippen steigen, wo sie oft 20 Jahre alt werden und wissen noch nicht, daß es außer ihrem Zirkel noch mehr Menschen gibt. Sie arbeiten wie's Vieh, denn auf den Bergen müssen sie alles mit der Hand umarbeiten, wo sie was ziehen wollen. Wenn sie eine Gemse schießen, so ist das ihre größte Delikatesse, das Blut davon auf der Stelle, wo's noch warm ist, auszutrinken. Ihre meiste Nahrung ist Milch, Käse, etc.

Innsbruck, 10 ten Jänner.

Gestern nachmittags 4 Uhr kamen wir hier in Innsbruck an, sehen konnten wir nichts mehr, weil's schon anfing, Nacht zu werden, bis zur Komödie[25], wo um 6 Uhr ihren Anfang nahm. Ich machte mir große Idee von einem National-Theater, ich fand mich aber sehr betrogen. Ausschließlich einer Aktrice spielten sie wie die Schweine. Die Erzherzogin[26], die auch zugegen war, fing auf gut plattdeutsch an zu räsonieren, ließ auch gleich auf der Stelle, im halben Spiele, den Direktor kommen und hundste ihn tüchtig aus. Heute morgen gingen wir, das berühmte goldene Dächelchen[27] zu begaffen. Es ist ganz schön anzusehen und soll einen Dukaten dick mit Gold belegt sein. Heinrich mit der leeren Tasche hat solches machen lassen, weil man ihn geizig schalt, wie er's auch gewesen sein soll. Um diesen Verdacht abzuschütteln, ließ er dies goldene Dächchen bauen. Die Pfarrkirche[28] hat zwei gemalte Plafonds, wo man sicher

---

[24] 1113 Meter hoch gelegen. Im Jahre 1493 hatte sich Kaiser Maximilian dort verirrt und wurde gerettet.

[25] Nach dem Tagebuch von Johann Wilhelm Wendt spielte die Müllersche Gesellschaft „Soliman II." von J. V. L. Zinck.

[26] Maria Elisabeth (1743-1808), seit 1781 Äbtissin des k.k. Damenstifts in Innsbruck.

[27] Der spätgotische Erker mit vergoldetem Kupferdach wurde 1500 von Kaiser Maximilian I. der von Herzog Friedrich IV. „mit der leeren Tasche" (1382-1439) erbauten Fürstenburg hinzugefügt.

[28] St. Jakob, 1717-1724 erbaut, Deckengemälde der Brüder Cosmas Damian (1686-1739) und Egid Quirin Asam (1692-1750).

glaubt, es wäre hoch gewölbt, so schöne Perspektive hat es. Auch reich an Marmor. Die gewesene Franziskanerkirche[29] hat viele Merkwürdigkeiten, wo ich gedruckt habe zu aller Wißbegierigen Ansicht, die ich aber jeden Durchreisenden freundschaftlich anrate, in Naturalität zu sehen, es ist der Mühe wert.

Das Schloß[30] soll schöner eingerichtet sein als das Wiener, es hat uns aber nicht verführt, weil wir Zeit brauchten, was Besseres dafür zu sehen. Eine Stunde von hier liegt das Schloß Amras[31], welches sein Dasein dem Erzherzog Ferdinand zu verdanken hat, der es seiner Gemahlin Philippine, geborne Welserin, einer Kaufmannstochter von Augsburg, geschenkt hat. Es liegt recht angenehm und enthüllt einen wahren Schatz von Altertümern, Seltenheiten und Kostbarkeiten. Es war nur schade, daß wir alles so geschwind sehen mußten. Wir haben uns aber vorgenommen, bei unserem Zurückkommen es nochmal zu besuchen.

11 ter Jänner, Sterzingen.

Von Innsbruck nach Schönberg gings sehr hoch. Wer nicht recht leicht im Kopf ist, dem schwindelts. Ich bin itzt schon so viel die Prezipissen gewohnt, daß ich ganz ruhig hinabgaffen kann. Das Posthaus liegt auf dem Berg, wo man wieder anfängt, abwärts zu kommen, ein recht niedliches Häuschen. Hier hab ich eine für mich fremde Gattung von Bäumen angetroffen, man nennt sie Zirbel-Baum[32]. Sie sehen viel einer Fichten ähnlich, tragen eine genießbare Frucht wie eine Nuß.

Zu Steinach ließen wir uns einen Rummelfuchs[33] kochen in der Post, wo 1782 Ihre päpstliche Heiligkeit[34] ebenfalls zu Mittags speisten. Obs aber just auch ein Rummelfuchs war, das weiß ich nicht zu sagen. Nun gings auf den Berg Brenner. Der Hinaufweg dünkt einem nicht viel hoch, weil man immer von beiden Seiten mit höheren Gebirgen eingefaßt ist. Der Weg ist nicht langweilig, aber auch nicht sonderlich schön. Sobald's aber wieder abwärts geht, dann kann man sich keine interessantere, wilde Gegend denken. Ein ganz

[29] Jetzt Hofkirche mit dem Grabmal Kaiser Maximilian I., 1502-1584 errichtet.

[30] Kaiserliche Hofburg, 15./16. Jahrhundert, 1766-1770 umgebaut.

[31] Schloß Amras kam 1563 durch Kaiser Ferdinand I. an seinen zum Statthalter in Tirol ernannten Sohn Ferdinand (1529-1595), der 1557 die reiche Augsburgerin Philippine Welser geheiratet hatte. Die meisten Schätze seit 1806 im Kunsthistorischen Museum in Wien.

[32] Zirbelkiefer oder Arve (Pinus cembra L.).

[33] Mischmasch.

[34] Papst Pius VI. (1775-1799) auf seiner Reise zu Kaiser Joseph II. (Rückreise).

enges Tal, von beiden Seiten hohe Gebirge, Felsenwände, die halb über den Weg herüberragen, ein wildes, strudelndes Wasser, das fast bei jedem 2 Fuß Länge einen Wasserfall formiert, denn die großen Brocken, die das Wetter vom Ganzen der ungeheuren Felsen abgerissen, hemmen den starken Lauf des wilden, teils Schneewassers und was vom Gebirge herabkommt. Man sieht sehr viele Wasserfälle, die nun an den Felsenklippen wie Kristalle angefroren hängen, Fichten, die das Ganze verschönern, kleine Hüttchen. Und der brüllende Wind, der in diesem engen Tal fürchterlich widerhallt, das macht das Ganze fürchterlich schön. Es ging schon gegen Nacht, als wir diese Gegend passierten, der Mond tat auch noch seine gute Wirkung, die Felsen waren so ganz blaß beleuchtet. Kurz, wenn ich diesen Weg nochmals zu machen hätte, und es legte mir jemand eine 20-pfündige Brottorte her, ich sollte hübsch im Zimmer sitzen bleiben: und wenn ich auch noch mehr Hunger hätte als ich wirklich nun hab, ich würde zu Fuß laufen und die Herrlichkeiten mit Augen, Händ und Füß betrachten und die Torte allen verfressenen Schlaraffengesichtern ins Maul werfen. Schnee liegt hier 4 Schuh hoch, aber so wie man Sterzing nahe kommt, verliert sich das wilde Schöne. Nun sind wir im Nachtquartier und trafen alles über unsere Erwartung nett an. Wirklich werden wir viel geschwinder als in Innsbruck bedient, und die Betten sind viel reinlicher. Nun sind wir 122 Stunden von Miltenberg entfernt.

Weil doch so ein weißes Plätzchen hier ist, kann ich eine merkwürdige Sache nicht verschweigen. Zu Memmingen, 8 Stunden vor Innsbruck, aß ich das erste Tirolerbrot. Es ist ein wahres Quodlibet, Rosinen, Mandeln, Anis, welsche Nüß, Pfeffer, Zuckerschnitz etc. Es schmeckt mir gut, aber nicht viel kann man davon essen. Wer diese Wichtigkeit liest und mockiert sich darüber, der ist ein Aff und weiß das Lokale nicht. Ich will mir aber doch Mühe geben, es zu explizieren. Ich sitze nun auf meinem Bettchen, wo ich heute Nacht geschlafen, in dem Posthause[35] in Sterzing. Meine liebe Gräfin[36] liegt 2 Schritte von mir in ihrem Bett und hat das ärgerliche Migrain. Viel schwatzen, das geht nicht, was Gescheites zu denken, dazu bin ich nicht aufgelegt, was nun anfangen? Zum Glück fiel mir das Tirolerbrot ein. Wird mir's nun eine christliche Seele übel nehmen, daß ich mit diesem Gekritzel meine Zeit vertreibe? Nun ist mir's nur leid, daß dies Blättchen schon eine Ende hat.

---

[35] Alte Post.

[36] Gräfin Charlotte (1755-1844), geborene Gräfin von Wartenberg, 2. Gemahlin von Graf Franz I.

Bozen, den 13 ten.

Gestern mußten wir noch in unserem netten Logie Sterzing verleben, weil das Migrain unserer gnädigen Frau vom Berg[37] noch Zeit wollte haben, sich auszutoben. Heute früh um 5 Uhr verließen wir den Ort, wo wir gut und nicht teuer bewirtet wurden. Der Schnee nahm ab, sowie wir Brixen näher kamen, auch fanden wir da schon Weinberge. Vom Städtchen Brixen kann ich nichts sagen, als daß wir Pferde gewechselt, enge Gassen gefahren und die neugierigsten Affen von Menschen da gesehen, denn solang unser Wagen stillhielt, gafften uns die Narren ins Maul. Zwischen Brixen und Kollmann liegt links auf der Seite ein Frauenkloster, Säben[38] nennt sichs, es ist auf steilen Felsen gebaut, liegt sehr hoch, es würd' sich kein Nönnchen da flüchten können, ohne sich dem Tod in die Arme zu werfen. Von Sterzing bis Kollmann ist die Gegend wild und mittelmäßig schön. Ein brausendes Wasser, Eisack, nimmt seinen martialischen Gang durch dies enge Tal, aber von Deutschen Kollmann bis Bozen, wo ich eben in dem Zimmer sitze, wo viele hohe Häupter unlängst logierten, ist die Gegend so schön, als man sichs nur denken, aber nicht beschreiben kann. Jede halbe Stunde sieht man fast eine Brücke, meist überdacht, die offenen lassen noch malerischer. Die Bäche, welche wild gegen die Felsen treiben, sind ganz dunkel, und wo es nicht schäumt, blaugrün. So viele Felsen sah ich noch nicht auf meiner ganzen Reise beisammen als in dieser Gegend.

Der Weg ist unverbesserlich, das einzig Unangenehme ist, daß man so vielen Güterwagen auszuweichen hat. Es sind uns heute bei 50 begegnet. Schon sieht man hierum viele italienische Gesichter mit tirolerischer Sprache, die Luft wird schon schwerer und wärmer, Schnee findet man in der Ebene, die freilich noch sehr gering ist, keinen mehr. Es scheint hier sehr lebhaft und ein schönes Städtchen, aber was sich der Mühe wert hält zur Nachricht allen Reisenden, daß es in ganz Tirol die schönsten Kellerinnen gibt, besonders die hier. Wenn ich eine Reise mit meinem Manne machte, so würd ich Tirol überhüpfen.

Den 14 ten Jänner, Trient.

Von Bozen sind wir weg und sind in dem uns vielversprechenden, aber in unserer Meinung sehr getäuschten Trient. Ehe ich aber eine Beschreibung unserer armseligen Bewirtung mache, will ich ein paar Worte von der Zwischenreise sagen. Von der Gegend zwischen Bozen, Branzoll und Neumarkt kann

---

[37] Die obige.

[38] Säben, 1685 gegründetes Benediktinerinnenkloster, 1808 aufgehoben. Säben (Sabiano) war einst Bischofssitz, im späten 10. Jhdt. wurde die Residenz nach Brixen verlegt.

ich nichts sagen, weils noch frühe war und stark schneite, aber bei Salurn ist unstreitig die allerschönste Gegend, auch trug der Nebel, den die Sonne an sich zog, mit zur Verschönerung bei. Die Felsen, welche wie Gold beleuchtet waren, glänzten hinter dem Nebel, der leise daran schwebte, prächtig hervor. Im Tale floß der Fluß Etsch, worin sich im Vordergrunde dunkle Massen von Felsen spiegelten, und in der Ferne die wie im Wasser schwimmenden Goldberge. Das Schloß Salurn[39], wovon sich auch das Städtchen herschreibt, soll 1200 Jahr her stehen, es ist aber fast nicht mehr hinaufzukommen. Es fällt recht schön in die Augen, auch ein herrlicher Wasserfall präsentiert sich da.

Das Wetter war außerordentlich schön, man fühlte auch die Veränderung der Luft sehr stark, kein bißchen Schnee mehr war zu sehen, ausgenommen auf den hohen Bergen. Schon sieht man den Wasen sich ein neu grün Röckelchen anziehen. Wenn's so fortgeht, bis wir in Rom ankommen, muß Frühling sein. Itzt kommt die Reihe an Trient. Es sieht gut von außen, auch nicht übel von innen aus, aber in dem besten, uns schon in Augsburg und Innsbruck gerühmten Gasthause Alla Germanica[40], das ist das allererbärmlichste, was wir noch auf unserer Reise getroffen. Wir wurden in zwei große Stuben geführt, wo die Türen mit großen Riegeln wie in den Gefängnissen belegt sind. 3 Bettstätten, so groß, daß in eine davon unsere ganze Reisegesellschaft schlafen könnt.

Gleich beim Eintritt wurde uns ein Nachtstuhl vorangetragen. Tee bekamen wir mit vieler Mühe, den mußten wir anbrühen in einer halb zerbrochenen Zuckerschale, große Suppenlöffel dienten uns zum Tee herausschöpfen und Teelöffelchens. Wie's uns heute Abend mit dem Souper geht, will ich erst abwarten. Besser, als ich's dachte, aber das Frühstück war wieder erbärmlich. Wie man uns lang genug warten ließ, kam endlich eine große, alte, zinnerne Kaffeekanne, die so unappetitlich aussah, daß wir gar nicht bös darüber waren, weil in der großen Maschine nur 3 Tassen Kaffee waren. Von Trient an wurden wir in allen Gasthäusern von keinem Weibsbild mehr bedient. In Aquaviva bekamen wir die ersten besten Postillions. Rovereto ist eine sehr nahrhafte Handelsstadt, jedes Haus ist ein Kramladen. Man sollte glauben, sie müßten einander selbst abkaufen. Die Gegend von da bis Ala sieht schrecklich aus, noch sieht man die fürchterlichen Überbleibsel von einem Erdbeben[41], das

39 Ruine Haderburg. Wilkinasage: Jarl Rüdiger, seine Tochter Hildesvid und der Riese Samson.

40 Nach Wendt richtiger: „À la Europa" (heute noch: „Europa", Via Lunga).

41 Slavini di Marco. Wahrscheinlich Schuttmassen des alten Etschgletschers, nach Dante (La Divina Comedia, Inferno XII, 4-9) Reste des Bergsturzes von 833.

schon sehr lange da gewesen sein soll, aber so eine Bettelei, als ich hier sah, ist unglaublich. Die Bettler werden auch nur mit dem Italienischen wieder aufhören. Sogar Mauteinnehmer, Visitatoren, betteln und nehmen mit 12 Kreuzern, auch 6 Kreuzern vorlieb. Für 2 Paoli[42] setzt einer seine Pflichten 2 Stunden in ein Nebenzimmerchen. Die sonst sehr gefährliche Chiusa[43] passierten wir gegen Abend. Der Weg ist itzt so gut gemacht, daß man in dem Wagen ohne Angst sitzen kann bleiben. Es ist eine Mauer an der Seite, wo die schauerliche Prezipis war, aufgeführt. Aber noch können die Leute das Betteln da nicht lassen, versichern einem 100 mal, daß es nicht möglich wäre, ohne Menschenhilfe darüber zu kommen. Die Chiusa ist der letzte Schluß oder Durchpaß von Tirolergebirgfelsen, die schöne, wilde Gegend hört auch da auf. Ein recht schönes Bild sah ich noch da. Die ungeheuren Felsen waren eine Partie weiß, von der Abendsonne rötlich beleuchtet, das Wasser ebenmäßig, die Aussicht von einer weiten Entfernung war violett und düster beleuchtet. Nun fängt das Ebene an. Wir fuhren die ganze Nacht, weil es schön mondhell war. Durch Verona, welches eine nicht üble Stadt mag sein, kamen wir nachts durch, aber die Polizei mag übel da beschaffen sein: es läuft so voll des Lumpenvolks, daß man um Mitternacht umrungen von Bettlern ist, die teils singen und beten. Auf Mantua kamen wir morgens 6 Uhr, wo wir für 2 Kapaunen bei 5 Gulden zahlen mußten und dabei in einem Zimmer uns NB fürs Geld wärmten, das aussah wie ein Schweinestall, und die Leute, die uns umgaben, sahen echten Schurken ähnlich. Wir hielten uns auch über eine Stunde nicht da auf. Zu Casal Maggiore[44] fuhren wir auf einer Nahe über den Po, ein Fluß, der mit seiner Breite und Lage viel Ähnliches mit dem Rhein hat, wo der Salmenfang ist bei Mettenheim[45].

Ein sehr dummer Posthalter ist da, er muß doch seine Wege kennen, gab uns doch nur 4 armselige Pferde, die uns gleich, wie wir übergefahren waren, im Sande stecken ließen. Mit vieler Müh und Leuten, die uns zu Hilfe kamen, arbeiteten wir uns wieder heraus, aber es dauerte nicht lange, blieben wir gar im Dreck stecken und mußten erst Vorspann von Ochsen nehmen. Es hielt schwer, bis wir uns wieder herausbrachten. Diese Verzögerung machte, daß wir erst, wo es schon anfing Nacht zu werden, auf Parma kamen. Colorno, wo die Residenz

[42] Paolo, auch Giulio: bis 1867 Silbermünze des Kirchenstaates, entspricht 10 Bajocchi oder 1/10 Scudo.

[43] Veroneser Klause.

[44] Casal Maggiore: siehe die Skizze von Marianne!

[45] Mettenheim bei Worms.

vom Herzog[46] ist, liegt etliche Stunden noch vor Parma. Die Gegend und Stadt an sich ist nicht schön, das gesalzene französische Brot ist das Beste von da zu loben. Das Schloß präsentiert sich gut, hat einen großen Vorplatz. Parma ist die erste schöne italienische Stadt, die ich mir zum Aufenthalt wählen möchte. Der Herr Herzog ist auch so gescheit und bleibt da, schickt aber seinen ältesten Prinzen[47] auf Colorno, welches in einer sumpfigen ungesunden Gegend liegt. Die Straßen in Parma sind sehr reinlich und breit, auch die Häuser sind fast durchgängig schön, die Leute sind höflicher als in Trient und Verona und besonders Mantua, auch sieht man mehr gut gekleidete Menschen als in allen anderen welschen Städten, die ich noch gesehen. Von Modena kann ich gar nichts sagen, weil ich fest geschlafen, als wir durchfuhren. Zu Bologna ließen wir uns ein Frühstück in den Wagen geben, aber noch sah ich keinen Marktflecken, der mir so mißfiel als diese Stadt. Freilich mag einem ein längerer Aufenthalt als das Umspannen der Pferde und Durchfahren fürs Ganze mehr interessieren, weil viele gute Gemälde, schöne Kirchen und Paläste, eine weit berühmte Musik[48] da anzutreffen ist. Aber die Unreinlichkeit in den Straßen, das Durcheinander an allen öffentlichen Plätzen von Kramläden, die behängt sind mit geschundenen Hasen, Kapaunen, Kalbfleisch etc., dabei in Öl Gebackenes, Äpfel, Kastanien, Zwiebeln, Speck und was das Zeugs war. Bei den schönsten großen Palästen zu Nachbarn ein altes Häuschen mit papiernen Fenstern, wo alte lumpige Wäsche, die wie Aschentuch so weiß aussieht, heraushängt. All die Leute, die unseren Wagen umgaben, es war gewiß eine Anzahl von 100, sahen keine 10 regaliert[49] aus, jeden hätte man zum Porträt eines Spitzbuben brauchen können. Und was einem nur gerade durchpassierenden Reisenden die schlechteste Idee von Polizei beibringen muß, ist das öffentliche Gefängnis, wo gerade der Post gegenüber ist. So wie ein Fremder ankommt, muß er ein fürchterliches Geschrei von Gesichtern hören, die hinter großen, gegitterten Fenstern mit frech gierigen Augen hervorblicken, sehen aber alle aus, als wenn sie schon vom Galgen abgeschnitten wären. Diese betteln, und sogleich kommt ein Mann, der das Almosen einnimmt und was zu Essen dafür kauft und es den Gefangenen durchs Gegitter reicht, wo solche gierig es hineinfressen. Die Tracht von dem gemeinen Volk ist ganz jüdisch, so voll Dreck, und dabei doch Blümchen und Federn auf den ganz

[46] Herzog Ferdinand I. Borbone (1765-1802), verheiratet mit Maria Amalia von Habsburg-Lothringen.

[47] Ludwig I. (1773-1803), 1801 König von Etrurien, verheiratet mit Maria Luisa di Borbone-Spagna.

[48] Das berühmte Konservatorium unter Leitung von P. Giovanni Battista Martini (1706-1784). P. Martini ließ Mariannes Bruder Joseph Martin auf dessen Studienreise 1783 für seine Porträtsammlung malen (das Bild heute im Bezirksmuseum Buchen).

[49] Regaliert: eigentlich „königlich". Hier: wie ordentliche Leute.

niedergesteckten Häubchen. Wenn sie ausgehen, so haben sie Tücher oder Felien[50] darauf gesteckt. Die etwas mehr sein wollen, tragen hohe Drahtgestelle unter den Felien. So wie wir vor die Stadt hinauskamen, trafen wir die wahre Dulcinea von Tobosa[51] an; eine in rosafarbenem Biberrock und Jacke gekleidete Dame ritt auf einem Esel, auf dem Kopf hatte sie eine gesteckte Haube, schmutzig, und darauf noch ein Florkäppchen gebunden, war freundlich und ein Muster von Schönheit. In Pianoro, wo die Apenninen anfangen, bekamen wir nicht mehr als 3 Postillions, worunter einer beschreibenswert ist. Eine kleine Größe, das Gesicht blaßgelb, mit einer kleinen Stumpfnase und großem Maul, einem alten runden Hut, der noch so ein wenig Ähnlichkeit von schwarzem Filz hatte, darauf staken 2 Federn und war gebunden mit Bindkordel. Das Postwestchen war zusammengestückelt mit 2 abgeschossenen roten Ärmeln, 2 blaue halbtuchene Vorderblätter, blaues Leinentuch war die halbe Schulter, das andere war ungebleichtes Tuch. Das Hemd war gerissen, die ehemals grün gewesenen Hosen, wo Stücker herunterhingen, waren die Knie mit rotem Tuch geplackt, zerrissene Schuh, eine dreckige Kappe unter dem Hut und der halbe Rücken aufgesprungen. Die Gäulchen waren aber ganz schicklich dazu, wir brachten auch den ganzen Nachmittag mit dieser einen Poststation zu, aber wohl zu merken, es ging über die Apenninen, deren Höhe kein Tiroler Berg, den wir überfuhren, gleich kommt. Es geht aber auch so eine schneidende Luft auf den höchsten Höhen, daß man glaubt, auf einmal in den Nordländern zu sein. Man hat eine weite Aussicht, aber nicht sonderlich schön. Viele, viele Berge, worauf elende Hüttchen hängen, kein einziges nur ordentliches Dörfchen stellt sich einem dar. Der Wein wächst an verschiedenen Orten auf den Apenninen recht geschmackhaft, besser als der beste Burgunder, so man bei uns bekommt und sehr wohlfeil. Eine große Flasche, die mehr als eine Maß hält, kostete nur einen Paolo, der 12 Kaiserkreuzer macht. Auch sahen wir einen kleinen feuerspeienden Berg[52] nahe liegen, der ganz platt sein soll, keine große Öffnung hat, nur zwischen den Spalten von Steinen kommts Feuer hervor. Auch soll nächstherum Gras wachsen und ganz kalt der Boden sein. Es hat mir geschienen wie alle natürlichen Flammen, die ein brennendes Holz von sich gibt, aber sehr hell leuchtend, auch mag die Nacht dazu beigetragen haben, wo der Mond nicht schien und wir just da vorbei kamen. Itzt sind wir in Florenz, wo ich eben nahe beim Kamin sitze und schreibe. Wir fuhren ohne Aufhören, um bald hier zu sein,

---

[50] Seidenflor von Bologna.

[51] Die von Don Quijote Angebetete in Cervantes Roman „El ingenioso Hidalgo Don Quijote de la Mancha".

[52] Erdfeuer, die Fuochi di Pietramala, 6 Kilometer von Covigliaio am Fuße des Sasso di Castro.

3 Tage und Nächte, aber unsere Knöchelchens wurdens so ziemlich gewahr. Ich spürte noch am wenigsten, aber das Sprichwort, wo mir mein geistlicher Herr Vetter Pater Rempert[53] einst sagte, tat seine beste Wirkung. Ich wills doch herschreiben, denn es möchte meinen Lesern Zeit wegnehmen, nachzudenken, wo sie doch hübsch ihre Sinne wegen der Wichtigkeiten, wo ich ihnen zu sagen habe, beisammen behalten sollen: Unkraut verdirbt nicht, hieß es. Nun kann ich noch nichts von hier sagen, als daß wir neben einer recht schönen Pforte[54] hereingefahren. Eine gute Viertelstunde kommt man durch Gärten, bis man der Stadt nahekommt, es sieht überhaupt einer sehr fruchtbaren Gegend ähnlich. Die vielen Zypressen und Olivenbäume machen die Lage schon frühlinghaft. Das Pflaster ist sehr schön, gut und dauerhaft, mit großen dicken steinernen Platten, die ineinander gefugt sind. Das Mittagessen war auch recht gut, das Brot besser, als ichs noch in Italien aß, aber doch auch zu wenig Salz.

Florenz, den 19 ten Jänner.

Es ist schon nachts 12 Uhr. Daß mir aber meine allzu dienstbare Vergessenheit keinen Streich kann spielen, schlaf ich ein halb Stündchen weniger. Heute früh gingen wir in die großherzogliche Galerie[55]. Die schönen Statuen und Büsten machen den Anfang, 2 große Gänge, wo auf beiden Seiten diese Altertümer prangen, mit sehr guten, auch mittelmäßigen Gemälden behängt. In etlichen Zimmern, wo teils noch mit Büsten und herrlichsten Gruppen von Marmor auch die schönsten Gemälde von Raphael, Rubens, Tizian, Carracci, Rembrandt, Holbein etc. waren wir auch. Bei den etrurischen Vasen machten wir für heute früh ein Ende. Ich war die erste Stunde beim Sehen dieser schönen Sachen so böse über mich, daß ich keine andere Sprache als Deutsch konnte. Wenn mich solche Fälle nicht zum Lernen bringen, dann wird in Ewigkeit nichts aus dem Mädchen. Derjenige, so mit die Aufsicht hatte, explizierte alles auf Italienisch und Französisch, auch hat man eine Ausgabe in dieser Sprache, wo jedes Stück nach der Ordnung beschrieben steht. Meinen lieben Volkmann[56] hatte ich nicht bei mir, da war halt kein Rat, als zu gaffen und mein eigenes, noch sehr unrichtiges Gefühl für das Schöne und nicht Gute sprechen zu lassen. Das Beste war, daß mirs nicht so ein Jedes an der Stirne ansehen konnte, wenn ich einen

---

[53] Nicht eruiert. S. auch Anm. 219.

[54] Porta S. Gallo.

[55] Palazzo degli Uffizi, von Vasari (1511-1574) 1560 begonnen, 1580 von Alfonso Parigi (gest. 1590) und Bernardo Buontalenti (1536-1608) vollendet.

[56] Johann Jacob Volkmann, Historisch-kritische Nachrichten von Italien, 3 Bände, 2. Aufl. Leipzig 1777/78. Mariannes Exemplar in der Erbacher Schloßbibliothek nicht mehr vorhanden.

überzwerchen Machtspruch tat, denn ich dachte nur und sprach kein Wörtchen. Aber auf einmal tat sich der Himmel auf und ein Engel des Lichts erschien, ein Deutscher, hieß Meyer[57] und schien mir was zu wissen, denn er schimpfte nicht oft und besah auch seine stählernen Knöpfe nicht. Wer war froher über diese lebende Figur als ich! Bat ihn auch gleich auf gut Deutsch, sich meiner anzunehmen. Er war so gefällig und explizierte mir alles, was er von dieser Galerie wußte. Er schien ein gefälliger Mensch zu sein, der auch seiner Beurteilung nach keinen wurmstichigen Verstand hat. Er war schon mehrmalen in Rom, Neapel und etc., kann viele Sprachen und hat keine krummen Beine. Und noch ein glücklicher Zufall: er logiert in unserem Wirtshaus, fuhr heute abends mit in die große Oper und wird uns morgen wieder in die Galerie begleiten. Itzt noch ein paar Worte von der Oper und dann gut Nacht! Den Eindruck, wo sie auf mich gemacht hat, wird sich leicht jedes denken können, wenns denkt, daß ich noch nie eine gehört habe. Die Musik war schön, die Sänger und Sängerinnen vortrefflich, die Dekoration nicht schlecht, kurz, wenn ich den letzten Groschen im Sack gehabt hätte, so würd ich ihn dafür preisgegeben haben und lieber 3 Tag gefastet haben. Aber nun kommts Nota bene: wenn ich was hier zu befehlen hätte, so gings den Damens und Herren, die so einen ausgelassenen Lärm verführten, gewiß nicht wohl. So eine Ungezogenheit läßt sich gar nicht denken. Bei dem schönsten Gesange, wo sie beim Heraustreten des Sängers oder der Sängerin schon klatschten, hielten sie keine Minute das Maul, plagten die armen Leute mit Applaudieren, wenn die Arie ein Ende hatte, daß sie solche wiederholen mußten, und - kaum wurde angefangen - gings Geschnatter auch an. Die Galle stieg mir haushoch, aber es war nicht zu ändern. Die Leute verraten da ein sehr unedles Gefühl. Wie getanzt wurde, wars viel stiller als bei der herrlichsten Musik. Man bekömmt, je mehr man die Italiener kennen lernt, einen schlechteren Begriff von ihnen. Wenn man bloß Gefühl für schöne Künste hat und gute Wege reisen will, dann muß man Italien zum Ziele wählen, aber um gute Menschen zu finden, rat ich einem jeden, anders wohin seinen Weg zu nehmen.

Florenz, den 20 ten Jänner.

Soeben komme ich von der Galerie zurück, um Mittag zu essen und dann geschwind wieder auszulaufen. Je mehr ich gute Sachen sehe, um so viel gramer werd ich mir selbst, daß ich schon so viele Jahre umsonst verlebt und noch mehrere nicht besser zubringen werde. Es ist doch eine erzgarstige

[57] Nicht der „Goethe-Meyer". Noack II, S. 398 nennt einen Maler aus Göttingen, der Anfang Mai 1790 aus Rom abreiste.

Einrichtung in der Welt, daß so viele Goldklumpen in gläserne Schränkelchen eingekerkert werden, wo man wahrlich besser benutzen könnte. Heute sah ich so ein Kabinettchen[58], das unschätzbaren Reichtum im Werte hat, ich blieb nicht lange darinnen, um keine böse Laune zu bekommen. Nun komm ich aus der Komödie, da kann man den Geschmack der Nation kennen lernen! Bei den nichtssagenden Bewegungen oder besser gesagt, Zuckungen, die die Herren und Damen von Schauspielern machten, will alles vor Beifall sich zu Tode klatschen. Unter anderen ähnlichen Szenen ging ein Pottscheißträger vorwärts in die Schere, da klatschte und lachte, was lebte, auch wars bei diesem elenden Theater viel stiller als bei der großen Opera (Der Salon von Niobe[59] soll dem Kaiser 8000 Dukaten gekostet haben).

Florenz, 21 ten Jänner.

Heute ging ich wieder in den Palast von Medici[60] und sah noch etliche sehr gute Statuen, worunter Apollo[61] mir am besten zu sein dünkte. Die Gemälde, die im nämlichen Zimmer[62] hängen, sind von guten Meistern, besonders 2 große von Rubens[63], wo viel Ausdruck und Wahrheit herrscht, einen Sebastian[64], der mir sehr gefiel. Ich habe mir überhaupt vorgenommen, kein Bild zu zergliedern, denn es würde lächerlich sein, mein Urteil über so große Meisterarbeiten zu sagen, wo ich erst in die Welt gucke, um das Schöne vom Nichtschönen unterscheiden zu lernen. Ich werde also bloß Statuen, Büsten und Tableaus, welche vorzüglich Eindruck auf mich machen, zu meiner Rückfühlung anmerken. Die ganze Familie Niobe[65], welche in 15 Figuren besteht, zieren ein

---

[58] Kabinett der Gemmen mit florentinischen Goldschmiedearbeiten in den Uffizien. Die Silberkammer der Medici im Palazzo Pitti wurde erst später besucht.

[59] Er wurde 1775 erbaut.

[60] Palazzo degli Uffizi.

[61] Apollino, Marmor, 1,41 Meter hoch, Inv. Nr. 229. Nachbildung des Apoll Lykäus von Praxiteles aus dem 4. Jhdt v. Chr. Seit 1704 in der Villa Medici in Rom, 1769/70 nach Florenz.

[62] Von Buontalenti (1536-1608) erbauter Raum in den Uffizien, mit Meisterwerken bestückt.

[63] Peter Paul Rubens (1577-1640), flämischer Maler. Thieme-Becker 29, 1935, S. 137-146. „Heinrich IV. in der Schlacht bei Ivry", Öl auf Leinwand, 367 x 693 cm, Inv. Nr. 722. Berti S. 111, Nr. 1 und „Triumphaler Einzug Heinrich IV. in Paris", Öl auf Leinwand, 367 x 693 cm. Inv. Nr. 729. Berti S. 111, Nr. 2. Heute nicht mehr in der Tribuna.

[64] Von Sodoma, eigentlich Giovanni Antonio Bazzi (1477-1549). 1525 als Prozessionsfahne für die Confraternita di S. Sebastiano von Siena geschaffen. Thieme-Becker 31, 1937, S. 198-202. Dort (S. 198): jetzt im Palazzo Pitti.

[65] 13 Statuen, lebensgroß, römische Kopien nach griechischen Vorbildern (Skopas, Praxiteles?). 1582 in Rom gefunden. Kamen 1775 in die Uffizien nach Florenz.

ihrem Wert angemessenes Zimmer, welches Kaiser Leopold[66] dazu hat verfertigen lassen. Dafür verzeiht man seiner Majestät auch gerne, daß er sein und der Kaiserin[67] Porträt dahin gehängt, welche das Ganze nicht just verschönern helfen. Das Zimmer ist gewölbt, mit schöner Stukkatur verziert und reich vergoldet. In der Mitte steht eines der besten Basrelief[68] in Marmor. Es stellt einen Helden dar, wie er Kind ist, Jüngling, sich vermählt, in Kriege zieht und dann seiner Familie wieder sich schenkt. Die Seitenwände in der Länge und Quere sind geziert mit der Niobeischen Familie, wo jedes seinen Schmerz, Verzweiflung, Wut, Beschämung, Furcht, Schrecken, Erstaunen in Verschiedenheit wahr und lebhaft ausdrückt. 2 von den Söhnen machten den stärksten Eindruck auf meine Seele. Dem einen sieht man die Wut im höchsten Grade steigend an, wie er den Himmel zerschmetten möchte, der andere ist im größten Affekt von Furcht und Fliehen. Noch etliche haben in meinen Augen viel Ausdruck, aber alle gefielen sie mir nicht. Morgen will ich noch mehr hiervon sagen, denn für heute bin ich zerstreut, weil es schon spät ist und ich schläfrig bin und ein eben genommener Abschied von einem rechtschaffenen Mann[69] mich traurig gemacht hat. Es wär nicht gut, wenn man auf der Reise viele solcher gattigen Menschen kennen lernte, die so menschenfreundlich ohne alles Interesse handeln: die Trennung von ihnen würde einem immer den Verlust fühlen machen.

Unser Herr Wirt in Florenz wollte mir's im Gesicht ansehen, daß ich einen Malerschuß hätte.

Den 18 ten Jänner kauften wir uns schon Veilchen auf der Straße. Alle Tage bekommen wir auf unsere Tafel einen Zusatz von zwei Schüsseln in Florenz.

Den 19 ten Jänner hab ich im Traume einen Bekannten sterben gesehen. In Florenz aß ich den ersten grünen Blumenkohl und Trauben, viermal so groß als die am Rhein.

---

[66] Leopold II. (1747-1792), Herzog von Toskana, seit 1790 Kaiser.

[67] Prinzessin Marie Luise von Spanien (gest. 1792).

[68] Sarkophag mit Darstellungen aus dem Leben eines Römers. Raffael hat das Motiv des Opfers in seinem Bildteppichentwurf „Das Opfer von Lystra" verwendet. Serie von 10 Wandteppichen mit Szenen aus der Apostelgeschichte, zum Schmuck der Sixtinischen Kapelle bestimmt. Raffaels Kartons z. T. jetzt in London. Im Auftrag von Papst Leo X. von dem flämischen Teppichwirker Pierre van Aelst 1515/16 bis 1519 gefertigt. Vatikan, Galleria degli Arazzi. Thieme-Becker 1, 1907, S. 97 f. Saur 1, 1992, S. 441.

[69] Der in Anm. 57 Genannte?

Den 22 ten hielten wir unseren lieben Herrn Wendt[70] für verloren. Er kam die ganze Nacht nicht nach Hause, aber zu unserem größten Erstaunen kam er morgens mit Leib und Seele wieder. Er war auf den Ball gegangen. Der Teufel holt ihn einmal nicht, denn zum Braten ist er nicht speckig genug.

In Florenz gehen gewisse Leute herum, die alle Katzen füttern. Sie schreien, so wie sie Gassen auf und nieder gehen, „Miau", dann kommen die Katzen, welche schon das Zeichen kennen und fressen ihr Futter, welches in Sülzen besteht. Dafür bekommen die Katzenfütterer etwas weniges an Geld.

Florenz, den 23 ten Jänner.

Gestern ging ich nochmal zur Madame Niobe und ihren Kindern. Man kann sich nicht satt sehen. Überhaupt findet sich zu viel Schönes fast in jedem Zimmer, das Auge und Gefühl wird zu viel zerteilt, dadurch verliert jedes in seinem Wert, auch ist es einmal so bei uns Menschen herkömmlich, daß alles, was uns Mühe kostet, den Wert erhöht. Wenn jede vorzüglich gute Statue und Tableaus abgesondert zu sehen wäre, man würde gern ein Promenädchen von einer Meile machen, ohne müde zu werden.

Die Niobe, an welche sich das Jüngste von ihren 14 Kindern furchtsam schmiegt, ist vortrefflich, es herrscht in ihrem Kopf viel Schönheit und Ausdruck von Schmerz, der aber nichts Furchtsames verrät, sondern mit Stolz verbunden ist. Das Gewand ist schön geworfen. Bei mir hat sie den Preis vor ihrem Herrn Ehegemahl. Aber 2 von den Söhnen, wovon ich schon gesagt, such ich unter der ganzen Gesellschaft aus. Die Stärke von Ausdruck, wo einer im höchsten Affekt von Rache glüht und im nämlichen Augenblick seine Unkraft fühlt, ist nach meinem Begriff nicht besser und getreuer auszudrücken, als ichs bei der ersten Figur fand, die rechts, wenn man in den Saal tritt, steht. Der andere, wo am besten die Furcht ausgedrückt ist, steht dem Vater zunächst auf rechter Hand. Er hat seine rechte Hand ins Gewand versteckt, die aber ganz deutlich vorscheint, das er über den Kopf hält, um das Stürmen der Blitze zu wehren. Durch den Schlagschatten gewinnt der ausdrucksvolle Kopf voll steigender Furcht noch mehr. Er ist im Begriff zu fliehen. Die Gewänder sind fast an allen recht gut, auch ist keines, das nicht Leben und Ausdruck hat, aber

[70] Johann Wilhelm Wendt (1747-1815) kam 1783 an den Hof in Erbach. Er zeichnete als Begleiter des Grafen Franz während der Italienreise antike Gebäude und Plastiken. Auch er schrieb ein Tagebuch. 1805 wurde er zum Landesbauinspektor ernannt.

keines kommt diesen beiden bei. Der sterbende Alexander[71] ist auch vortrefflich. Unter allen Gemälden, die ich sah, machte eins einen besonderen Eindruck auf mich. Gleich beim ersten Sehen blieb ich, ohne es selbst zu wissen, viel länger als bei all den anderen Gemälden stehen, und je öfter ichs sehe, mit umso mehr Mühe konnt ich davon wegkommen. Es ist gemalt von Vannini[72], stellt vor einen verwundeten Krieger, der in den Armen eines Alten liegt. Ein schönes Weib verbindet ihm den Arm mit größter Vorsicht, sie möchte ihm wehe tun, aber sein Gesicht ist so ganz unfühlbar vor Entkräftung. Was mit ihm vorgeht, ist vortrefflich gemalt. Ich bin nicht imstande, das zu beschreiben, was ich itzt noch fühle, wenn ich nur das Bild denke. Ich vergaß, daß es ein bloßes Gemälde ist. Wenn ich gestern noch einige Minuten dabei stehen wär geblieben, so würd ich ein Gesetzchen herunter geweint haben. Es mag vielleicht, der Kunst nach, gegen die von Raphael, Rubens, Tizian und noch andere mittelmäßig sein, aber wenn ich die Erlaubnis hätte, unter allen Gemälden die da existieren, nur eins wählen zu dürfen, so wirds dieses sein. Noch kein Kolorit hab ich natürlicher gefunden als das bei der Venus vom Tizian[73]. Wie Joseph der Potiphar[74] entflieht, nähm ich auch geschenkt, es ist sehr schön gemalt. Ein schlafendes Jesuskind[75], Johannes in der Wüste von Raphael[76] und noch etliche von van der Werff[77] nähm ich auch, ohne mir eine Sünde daraus zu machen, wenn ich geschickt genug dazu wäre, es unbemerkt zu stehlen.

---

71 Kopf eines Giganten (sog. „Sterbender Alexander"), Marmor, 0,42 m hoch, Inv. Nr. 338. Original aus Pergamon, 2. Jhdt. v. Chr. Seit 1579 im Besitz der Medici, spätestens Ende 17. Jhdt. in die Uffizien gekommen. Mansuelli I, S. 94-96, Nr. 62.

72 Pflege Tancreds durch Erminia. Öl auf Leinwand, 231 x 318 cm. Von Ottavio Vannini (1585-1643). Thieme-Becker 34, 1940, S. 100. Pieraccini S. 207 Nr. 1278. Nicht bei Berti.

73 Venus von Urbino, Öl auf Leinwand, 119 x 165 cm, Inv. Nr. 1439. 1538 für Guidobaldo da Rovere, Herzog von Urbino, gemalt von Vecellio Tiziano (1489/90-1576). Thieme-Becker 34, 1940, S. 158-172. Berti S. 86 Nr. 1.

74 Der keusche Joseph, Öl auf Holz, 34 x 29 cm. Von Gregorio Pagani (1558-1605). Thieme-Becker 26, 1932, S. 137. Berti S. 107 Nr. 12.

75 Die heilige Familie, Öl auf Holz, 117 x 89 cm, Inv. Nr. 8377. Von Bronzino (Agnolo Allori) (1503-1575). Thieme-Becker 5, 1911, S. 60-63. Berti S. 79 Nr. 16.

76 Der junge Johannes der Täufer in der Wildnis, Öl auf Leinwand, 165 x 147 cm, Inv. Nr. 1446. Ca. 1518 nach Raphaels Zeichnung gemalt von Giovanni Francesco Penni, gen. il Fattore (1488? - 1528/30). Thieme-Becker 26, 1932, S. 384. Nach Berti S. 67 Nr. 32 auf 1446 datiert.

77 Adrian van der Werff (1659-1722), niederl. Maler. Thieme-Becker 35, 1942, S. 393-395. Gaehtgens verzeichnet 7 Werke in den Uffizien, darunter: Selbstbildnis, 1697, Öl auf Leinwand, 89 x 73 cm. Kat. A 971. Gaehtgens Nr. 108 a. Pieraccini S. 37 Nr. 456. Anbetung der Hirten, 1703, Öl auf Holz, 51 x 34 cm. Gaehtgens Nr. 62. Kat. P 1778. Pieraccini S. 37 Nr. 985. Urteil Salomons, 1697, Öl auf Holz, 70,5 x 53 cm. Gaehtgens Nr. 47. Kat. P 1777. Pieraccini S. 166 Nr. 905.

Die Porträtsammlung von den Malern und Malerinnen ist sehr interessant, weil sich jeder selbst gemalt. Man sieht da die so mannigfaltigen Stellungen, Gedanken etc. Die Angelica Kauffmann[78] ist auch dabei. Sie hat sich ein ganz leichtes, weißes Gewand angelegt, eine Schärpe gibt dem Ganzen eine angenehme Abwechslung. Sie ist nicht grell angebracht. Die eine Hand mit der Reißfeder legt sie ganz leicht auf das Portefeuille auf. In etwas hat es Gleichheit mit dem, das ich zu Hause habe, besonders die Augen und die Stirn. Von dem florentinischen Mosaik[79] sieht man die herrlichsten Tische. Diese Art wird auch an keinem Ort in ganz Europa so gemacht als hier. Aber wenn ich so lang zusehen müßte, als an so einem Tisch gearbeitet wird und beim Ende bekäm ich ihn geschenkt, ich dankte gar schön dafür. 40 Menschen haben an dem einen, der in der Galerie steht, ist ungefähr 10 Schuh im Durchschnitt, 12 Jahre lang gearbeitet. Morgen wollen wir diese schöne, aber langsame Kunst machen sehen.

In der Erzherzoglichen Galerie sind wir nun zu Ende, freilich bräuchten wir noch so viele Wochen als wir Stunden darinnen zugebracht dazu, wenn mans so, wie es verdient, besehen wollte. Der Palast Pitti[80], wo die Erzherzoge wohnen, hat auch noch sehr schöne Sachen, die wir noch vor unserer Abreise sehen wollen, und dann noch etliche Kirchen, und dann gehts weiter nach Livorno, wo ich mich recht freue, die See zu sehen. 3 von den Hauptkirchen sahen wir heute. Die erste oder nächste bei unserem Gasthause ist die Taufkirche[81], es soll einst ein Tempel des Mars gewesen sein. Das Gebäude ist achteckig, steht ganz frei, hat die schönsten Türen von Bronze, deren sind 3[82]. Von außen mit schwarzem und weißem Marmor überzogen, welcher aber sehr totenmäßig aussieht. Es kam mir seltsam vor, eine Kirche zu sehen, wo ringsum Altäre stehen. Was mir aber am besten gefiel, waren die zwei großen Säulen von

---

[78] Selbstbildnis (Inv. Nr. 471) der Angelica Kauffmann (1741-1807). Thieme-Becker 20, 1927, S. 1-5. Noack II, S. 303 f.

[79] Einlegearbeiten in verschiedenfarbigem Marmor.

[80] Palazzo Pitti. Um 1446 begonnen von Brunelleschi (1377-1446), 1558-1570 umgebaut und vergrößert, seit 1550 fürstliche Residenz.

[81] Baptisterium. 1059 geweiht, Marmorverkleidung im 12. Jhdt., bis 1128 Kathedrale von Florenz.

[82] Die südliche 1336 von Andrea Pisano (um 1295 - um 1358), die nördliche 1403-1424 und die östliche („Paradiespforte“) 1425-1452 von Ghiberti Lorenzo (1378-1455).

Porphyr[83], die vor der Hauptpforten stehen. Solche sind im 1406 ten Jahr zu Pisa erbeutet worden. Den Dom[84] konnten wir nicht so ganz ungeniert begaffen, weil just Messe gehalten wurde, doch ist es lange nicht so auffallend, wenn man von einem Altare zum anderen spaziert, als es bei uns sein würde. Die Leute sind schon gewöhnt, immer Fremde zu sehen. Außen ist diese Kirche schön verziert mit weißem und schwarzem Marmor, der weiße ist schon gelb geworden, und das gefällt mir besser als der an der Taufkirche. Die Vorderseite ist nicht ausgearbeitet[85]. Die Kirche hat inwendig ein schönes Ansehen, aber sie verliert von ihrer Größe durch einen Chor, der mit jonischen Säulen geziert ist, die aber sehr ins Kindische fallen. Die Basreliefs sind allein daran zu beloben. Aber die Kuppel[86] ist nach Aussage des Michelangelo eines der größten Meisterstücke der Baukunst. Der Fußboden ist sehr schön mit Marmor eingelegt nach Michelangelos Zeichnung. Es sind viele Statuen darinnen. Der Turm[87], welcher nicht an die Kirche gebaut, sondern frei steht, ist prächtig gearbeitet mit schwarzem, rotem und weißem Marmor, eines der besten Gebäude in gotischem Geschmack. 416 Stufen hat man zu steigen, bis man hinaufkommt. Oben ist eine Galerie von weißem Marmor, wo man die schönste Aussicht hat. Die ganze Stadt und unzählige Menge Landhäuser präsentieren sich prächtig. Wenns 800 Stufen hinauf wären, ich stieg sie doch nochmal, man wird vielfältig für seine Mühe belohnt.

Die Franziskanerkirche S. Croce[88] sieht von außen nicht viel gleich, wie die meisten Kirchen hier, aber inwendig hat solche sehr viel Merkwürdiges, sowohl von Grabmälern, Statuen und gemalten Kapellen, deren nicht wenig sind, mit allen Sorten von kostbarem Marmor verziert. Das Grabmal von Michelangelo[89] muß jedem, der Gefühl für Kunst hat, interessant sein. Es ist auch schön gearbeitet, wie die Bildhauerei, Malerei und Baukunst seinen Tod

---

[83] Nach einer alten Tradition im Jahre 1117 den Florentinern von den Pisanern geschenkt als Dank für die Hilfe im Krieg gegen die Balearen.

[84] S. Maria del Fiore. 1296 von Arnolfo di Cambio (um 1245-1301) begonnen.

[85] Die Fassade erst 1875-1887 nach dem Entwurf von Emilio de Fabris (1808-1893) errichtet.

[86] 1420-1434 errichtete Brunelleschi (1377-1446) die Kuppel.

[87] Der Turm 1334-1337 von Giotto (1266-1337) begonnen, 1387 vollendet.

[88] 1296 von Arnolfo di Cambio (um 1245-1301) begonnen, 1442 vollendet. Die Fassade erst 1857-1863 errichtet.

[89] Michelangelo Buonarotti (1475-1564), Bildhauer, Maler, Baumeister und Dichter. Thieme-Becker 24, 1930, S. 515-526. Das Grabmal nach dem Entwurf Vasaris (1511-1574) im Jahre 1570 errichtet.

beweinen. Oben ist sein Brustbild[90] und dabei ein Gemälde[91], von ihm selbst verfertigt. In allen Kirchen, wo wir gingen, mußten wir beim Eingang unsere Hüte abnehmen.

Florenz, den 24 ten Jänner.

Gestern Nachmittag fuhren wir vor die Stadt, wo eine Art von englischem Garten[92] angelegt ist. Was mich außerordentlich freute, war das schöne Grün von einer Art Bäumen, die Gleichheit mit unseren Eichen, auch Lorbeerblätter haben und das ganze Jahr grün bleiben. Dann die Oliven, Zypressen und dergleichen. Dies Gemenge von Grün gab der Gegend ein Ansehen vom Frühjahr, auch haben die schon ganz grün gefärbten Wiesen viele Blumen, wo man bei uns erst zu Ende des März hervorschlüpfen sieht. Unser Spaziergang war sehr angenehm, der Fluß Arno fließt da vorbei, die herrliche Aussicht vom Hügel, woran Schlößchen und Gartenhäuser die Menge gebaut sind, in der Ferne die beschneiten Tirolergebirge, das Ganze war prächtig anzusehen.

Heute waren wir im Palast Pitti, worinnen ich viele schöne Sachen gesehen, aber auch vieles mir Langeweile gemacht hat, zum Beispiel die prächtigen, modernen Zimmer, die Menge Tische von Florentiner Arbeit, große Spiegel, gestickte Tapeten etc. Von den Gemälden kann ich kein Wörtchen sagen, weil ich keine Zeit gehabt, nur eins mit Nachdenken zu betrachten. Was mich aber recht gefreut hat, war, eine Malerin da anzutreffen, die soeben ein Gemälde von Raphael[93] kopierte. Was mich aber auch doppelt dabei geärgert, war, daß sie just ein Original gewählt hat, wo die eine Hand abscheulich verzeichnet ist und sie solche getreu nachahmte. Und das 2 te

---

[90] Die Büste von Battista Lorenzi (1527-1594).

[91] Nach Volkmann I, S. 613: „Die heiligen Frauen beim Grabe Christi, von Michelangelo." Jedoch ein Fresko von Battista Naldini (1537-1591): Pieta, 1578. Thieme-Becker 25, 1931, S. 335 f. Hier: S. 335. Schiavo I, S. 589.

[92] Nicht näher zu identifizieren. Vielleicht beim heutigen Piazzale V. Emanuele?

[93] Die rechte Hand des hl. Augustinus in dem Gemälde „Madonna in trono con il Bambino, quattro santi e quattro angeli", 1507-08, Öl auf Leinwand, 276 x 224 cm. Prisco Nr. 79. Gemalt von Raffael, eigentlich Raffaelo Santi (Sanzio) (1483-1520). Thieme-Becker 29, 1935, S. 433-446.

Ärgernis war, weil sie kein Deutsch und ich nicht ihre Sprache konnte, folglich unsere Bekanntschaft beim Sehen blieb. Aber ein deutscher Maler[94], den ich da kennen lernte, freute mich recht, weil ich ihm gleich ansah, daß er ein Landsmann und Maler war. Ich freue mich, solchen Morgen in der Galerie nochmal zu sehen. Durch ihn lerne ich auch Maler in Neapel kennen, er versprach mir, Briefe mitzugeben.

Noch eine Kirche besuchten wir im Nachhausegehen, S. Spirito[95]. Sie ist die schönste in Ansehung der Bauart, hat auch viele gute Gemälde und Statuen.

Die Kirche des Hl. Laurentius[96] ist wegen der großherzoglichen Begräbniskapelle[97] sehr merkwürdig, doch hat mich beim Ansehen derselben das viele Geld, wo's gekostet hat, gedauert. Es ist noch nicht völlig ausgebaut und wirds auch schwerlich werden. Die Bauart ist außerordentlich schön, auch die Formen von den Särgen, aber was das Kostbare von guten Steinen, Lapis lazuli und Marmor, Jaspis, Gold etc. betrifft, dafür gäb ich, wenn ich auch den Medici ihr Geld gehabt hätte, nicht so viel aus.

Beim Nachhausegehen begegnete uns eine lange Reihe von Barmherzigen Brüdern, die einen Kranken abholten. Sie sahen aus wie die Schornsteinfeger und hatten auch schwarze Kapuzen über den Kopf gezogen wie eine Maske. Nur die Augen sahen hervor. Es sind gewiß Leute von Stand dabei. Um nicht erkannt zu werden, daß sie ihren Mitmenschen was Gutes tun, maskieren sie sich.

Den Triumphbogen[98], welcher dem Kaiser Franz zu Ehren bei seinem Einzuge als Großherzog errichtet worden, nahmen wir auch in Augenschein. Er ist zierlich gearbeitet und war das Erste, das ich in der Art sah, folglich mir von ganzem Herzen gefiel. Diese Pforte steht bei der Einfahrt von Bologna her.

---

[94] Noack II, S. 398 erwähnt ohne weitere Angaben einen Meyer, Maler aus Göttingen, der Anfang Mai 1790 Rom verließ. S. Anm. 57, 69. Nicht der dort Genannte.

[95] Von Brunelleschi (1377-1446) 1444 begonnen, 1487 fertiggestellt.

[96] S. Lorenzo. 1421 von Brunelleschi übernommen, fertiggestellt 1460 von Michelozzo di Bartolommeo (1396-1472).

[97] Capella dei Principi. 1600-1604 von Matteo Nigetti (gest. 1649) errichtet. Berühmt durch die 1520-1534 von Michelangelo geschaffenen Grabmäler für Giuliano (1453-1478) und Lorenzo (1449-1492) Medici.

[98] Für Kaiser Franz 1739 errichtet.

Den 25 ten Jänner.

Für heute werd ich nicht viel zu schreiben haben, denn wir waren nur etliche Stunden ausgeflogen, und das in der Galerie, von der ich schon alles merkte, was mir vorzüglich darinnen gefiel. Den deutschen Maler traf ich auch da an, es hat mich recht gefreut, daß er das Bild, wo ich den Ausdruck so wahr fand, auch sehr gut gefunden. Die Tribüne besah ich auch noch einmal, besonders die 5 schätzbaren Statuen. Der Apollo gefällt mir am wenigsten darunter, aber die göttliche Venus[99], der Schleifer[100], der Ringer[101] und der Faun[102], das sind Sachen, dafür muß man Respekt haben. Ein großes Gemälde[103] hängt auch darinnen, ich weiß den Meister nicht mehr zu nennen, aber es mag gemalt sein, von wem es will, mir gefiels, es stellt vor 2 Weiber, die Maria und Elisabeth, wie sie einander so recht freundschaftlich empfangen. Es sind schöne Figuren, eine herrliche Haltung darinnen und in einer großen Manier gemalt. Eine Bacchantin[104] von Annibale Carracci hängt über dem Eingang, sehr schön. Von Raphael sind 3 Stück in verschiedener Manier. Die erste kommt seinem Lehrmeister ganz bei. Es hängt ein großes Gemälde[105] von demselben dabei, mir gefiels nicht viel, es hat viel Gutes und besonders in den Gesichtern

---

[99] Statua di Afrodite detta „Venere dei Medici": Venus von Medici, hellenistisch, 1. Jhdt. v. Chr., unbekannter Meister. Vielleicht Kopie nach einem Bronzeoriginal des Praxiteles oder Sohn oder Nachfolger. Parischer Marmor, 1,53m, Inv. Nr. 224. Kam 1688 hierher. Mansuelli I, S. 69-74, Nr. 45.

[100] Statua dello scita, Der Schleifer, hellenistisch, 2 Jhdt. v. Chr., unbekannter Meister, Marmor, 1,05 m, Inv. Nr. 230. Vor 1538 in Rom gefunden, seit 1688 hier. Gehörte zu einer, mindestens aus drei Personen bestehenden Gruppe, welche die Bestrafung des Marsyas darstellte. Marsyas wagte es, mit seinem Flötenspiel Apoll zum Wettkampf herauszufordern. Apoll hing den Vermessenen an einer Fichte auf und zog ihm die Haut ab. Mansuelli I, S. 84-87, Nr. 55.

[101] Die Ringer, hellenistisch, 3. Jhdt. v. Chr., unbekannter Meister, Marmor, 0,89 m, Inv. Nr. 216. Zugleich mit der Niobidengruppe 1583 in Rom beim Lateran gefunden, seit 1688 in Florenz. Kopie nach einer Bronzegruppe (pergamenische Schule?) oder der Schule von Nachahmern des Lysippos. Mansuelli I, S. 92-94, Nr. 61.

[102] Satiro col Kroupezion, Tanzender Faun, 3. Jhdt. v. Chr., Marmor, 1,43 m, Inv. Nr. 220. Ab 1688 in den Uffizien. Kopie nach einem Bronzeoriginal. Mansuelli I, S. 80-82, Nr. 51. Haskell S. 205-208, Fig. 106, Nr. 34.

[103] Albertinelli, Mariotto di Biglio di Bindo (1474-1515). Thieme-Becker 1, 1907, S. 213-215. Heimsuchung Mariae, Öl auf Holz, 235 x 150 cm, Inv. Nr. 1587. Berti S. 79 Nr. 10.

[104] Annibale Carracci (1560-1609). Thieme-Becker 6, 1912, S. 55-60, Baccante (Venere, Satiro e due Amorini), ca. 1588, Öl auf Leinwand, 112 x 142 cm, Inv. Nr. 1452. Berti S. 110 Nr. 1.

[105] Perugino, eigentlich Pietro Vannucci (1445-1523). Thieme-Becker 26, 1932, S. 450-452. Thronende Madonna mit Heiligen (Madonna tra i Ss. Giovanni Battista e Sebastiano), 1493, Öl auf Holz, 178 x 164 cm, Inv. Nr. 1453. Scarpellini S. 96 Nr. 51.

viel Grazie, aber die Hände und Füße sind sehr verzeichnet. Raphaels zweite Manier ist halb noch seinem Lehrer Gleichheit schuldig, aber viel weniger Steifes. Die 3 te und letzte, auch beste, ist ganz selbst Genie von ihm, es stellt Johannes in der Wüste[106] vor. Es hat ein kräftiges Kolorit und doch nicht hart, der Ausdruck ist sehr lebhaft und sprechend. Aber unter allem Kolorit kommt des Tizian seines der Natur am gleichsten.

Die schöne Florentiner Arbeiten sahen wir diesen Nachmittag. Es ist sehr mühsam, aber wenn man zugesehen hat, dann wunderts einem nicht mehr, daß es soviel Zeit erfordert, bis eine große Arbeit fertig wird. Wir sahen auch den Vorrat von Steinen. Hier beging ich den ersten Diebstahl in meinem ganzen Leben, ich ward aber auch dabei totenblaß, daß mich die Gräfin fragte, ob ich krank wäre. Ich versicherte aber das Gegenteil. Ein kleines Fetzchen Arbeit, es ist ein Blatt in Lapis lazuli eingelegt, bloß um eine Art von dieser Kunst zu besitzen, verleitete mich hierzu. Ich habs aber wahrlich durch die dafür ausgestandenen Ängste teuer bezahlen müssen. Wenn mirs aber einer mit einer Karolin bezahlte, ich gäbs nicht dafür. Der schöne Porphyr tat mir leid, ich hätte gerne ein großes Stück nach Haus geschleppt, aber das Stehlen ging da nicht. Zu kaufen bekommt man von dieser Arbeit selten etwas Gutes, denn offensichtlich dürfen diese Leute nichts hergeben. Das ganze Jahr müssen sie für den Kaiser arbeiten. Was sie als nebenher verkaufen, müssen sie verstohlen arbeiten, es wird also gewöhnlich gehudelt, doch kaufen die mehrsten Fremden was, bloß, um etwas von dieser Arbeit, die an keinem Ort als hier gemacht wird, zu besitzen. Derjenige, so uns alles zeigte, war ein sehr höflicher Mann, überhaupt sind die Herren Direktors und Aufsehers insgesamt hier sehr höfliche Leute. Wo sie kein Präsent annehmen dürfen und auch dieses Verbot strikt halten, ist es umso mehr zu bewundern, daß sie mehr als sie schuldig sind, tun.

Wenn ich so viel Zechinen hätte, als der Mann in der Galerie mir umsonst Worte auf Französisch über die Statuen und Gemälde gesagt, so wollt ich den Großherzog fragen, wie teuer er seine Galerie hier hielte. Der gute Mann sah mir's an, daß ich ihn nicht verstand, und doch perorierte er mir Viertelstunden

[106] S. Anm. 76.

voll über das Objekt, was ich angaffte. Des Michelangelo seine Braut[107] sah ich auch, sie gefiel mir auch, es ist die Kirche S. Maria Novella, von einfacher simpler Bauart, aber dabei schön geordnet. Hat viele gute Altarblätter, worunter aber etliche, durch die allzu gut gemeinte Freigebigkeit andächtiger Leute viel von ihrer natürlichen Schönheit verloren: Silberkronen, mit Steinen besetzt, haben besonders die Muttergottesköpfe aufsitzen. Nun sind wir auch ein bißchen geschwärmt. Um guten Appetit zum Nachtessen zu bekommen, liefen wir in der Stadt herum. Es ist recht angenehm, die Straßen an sich sind nicht beleuchtet, aber die unzählige Menge Boutiquen machen alles hell. Es ist ein wahres Durcheinander, man kann sich aber in der Welt nichts Lebendes, Totes und Geschundenes denken, das man nicht da alles bekommen kann. Die vielen Kaffeehäuser, worinnen lange Tafeln stehen, die mit allerlei Gattung von Konfekt besetzt sind, sehen auch gut aus. Sie haben alle große gläserne Türen, um daß der Vorbeigehende alle die darin sich befindlichen Menschen bemerken kann. Gefällt ihm die Gesellschaft, so geht er auch hinein, wo nicht, so gehts weiter. Es sind sehr wenig Leute hier, die zu Nacht essen, die mehrsten machen erst um 3 Uhr Mittag und den Abend ins Kaffeehaus. In Rom werden wirs wohl auch so machen, es ist eine recht angenehme Unterhaltung.

Florenz, 26 ten Jänner.

Nun bin ichs schon ganz gewöhnt, italienisch zu schlafen, fast ganz gleich, nur ein einziges kleines Kopfkissen mit Wolle ausgefüllt. Federn benutzt man hierzuland gar nicht für Betten, vermutlich wegen der großen Hitze.

Winckelmann behauptet, daß die Hände von der Venus von Medici[108] neu wären, und ich bin der nämlichen Meinung. Besonders eine Hand hat ziemlich steife Finger, die mit den anderen nicht so ganz übereins kommen. Es wäre auch eine fast unglaubliche Sache, wo die Fingerchen so niedlich gearbeitet sind und einmal gewiß ist, daß diese schöne Statue mit vielen Stücken gefunden ist worden, da ist es nicht möglich, daß die ganze Hand antik bleiben konnte. Den Arm will ich glauben.

---

[107] Volkmann II, S. 596: „Michelangelo soll sie (die Kirche) seine Braut genannt haben, weil ihm der Geschmack gefiel.“ Nach 1279 von den Dominikanern begonnen, Fassade 1350, Portal 1456-1470 nach Zeichnungen von Leon Battista Alberti (1404-1472), das Innere nach 1350 von Fra Jacopo Talenti (um 1300-1362) vollendet.

[108] Johann Joachim Winckelmann (1717-1769), Geschichte der Kunst des Altertums, V. Buch, 1764, 6. Kapitel: „Diese sind an der Mediceischen Venus völlig neu.“

In dem alten Palast[109] sah ich nichts als den großen Huldigungssaal, der 162 Fuß lang und 74 breit ist, die Fenster könnten dem Saale gemäß größer sein. Er ist ganz gemalt, teils Öl und Fresko. Es sind lauter Geschichten von den Medici. Von den Statuen gefielen mir keine als die von Vincenzio Rossi[110], welche Taten des Herkules abbilden. Die Ausdrücke sind kräftig und haben Leben.

Rom, den 31 ten Jänner.

Endlich bin ich an dem Ort, wo ich mich aus mehreren Ursachen so sehnlich hinwünschte. Ich übergehe die Reise von Florenz bis hierher, weil ich nichts besonders merkwürdig fand. Volkmann schreibt interessanter, als ich mich überzeugen konnte. Ich verweise also andere und mich an Volkmann. Vorgestern abend 7 Uhr kamen wir hierher. Es tat mir recht von Herzen leid, daß ich das erste Mal Rom nicht bei Tag sehen konnte, aber die Freude, wo ich hatte, als man uns beim Eintritte in unserem Logie[111] deutsch anredete, kann ich nicht beschreiben. Ich glaubte mich auf einmal wieder in Deutschland versetzt zu sehen. Der Pantheon[112] war das Erste, wo ich sah, und dann die große Peterskirche[113]. Beides machte viel Eindruck auf mich, aber es wäre lächerlich, wenn ich itzt schon eine Beschreibung davon machen wollte, wo ichs nur einmal, und das flüchtig, übersah. Ich habe mir vorgenommen, mein Tagebuch hier so zu führen also, wie ich den Tag durch was in meinem Kopf fasse, so merk ich mir's zum Nichtvergessen. Gestern lernte ich auch Herrn Hirt[114] kennen, der mir sogleich alle mögliche Freundschaft zeigte und versprach, mir Bekanntschaften mit großen Künstlern zu verschaffen. Er hielt auch Wort,

---

[109] Palazzo Vecchio. Vorderer Teil 1288-1314, ausgebaut 1548-1593 durch Giorgio Vasari (1511-1574), Bernardo Buontalenti (1536-1608) und andere.

[110] Vincenzio di Rossi (1525-1587). Thieme-Becker 29, 1935, S. 72 f. 6 Marmorgruppen der Taten des Herkules.

[111] Hotel d'Allemagne, Via Condotti 86/88. Damaliger Besitzer Vinzenz Rößler (gest. 1793) und seine Frau Maria Theresia Kronthaler aus Kaufbeuren (gest. 1809). Vinzenz und sein Vater Franz (gest. 1765) aus Friedland in Böhmen begründeten das Hotel. Heute ein Neubau aus dem Jahre 1913.

[112] Pantheon. Piazza della Rotonda. Von M. Agrippa 27 v. Chr. errichtet. Verdankt seine Erhaltung der Umwandlung in eine Kirche 609. Neubau unter Hadrian 120 n. Chr. nach Brand.

[113] Peterskirche. 1506-1620 errichtet. Bramante, Raffael, Sangallo, Michelangelo, Maderna und andere wirkten mit.

[114] Aloys Ludwig Hirt (1759-1839), Archäologe und Kunstdilettant, 1796 Professor der Altertumskunde in Berlin. Thieme-Becker 17, 1924, S. 143. Noack II, S. 266.

heute brachte er mir Herrn Gmelin[115], einen geschickten Kupferstecher, der alle Abend zu mir kommen will, um mit mir zu zeichnen. Von all diesen Künstlern, die ich nun schon kenne und noch kennen lernen werde, werd ich mit der Zeit eine Beschreibung davon machen, wie ich sie fand, denn für itzt wärs noch zu früh. Der berühmten Angelica Kauffmann[116] machte ich heute meine Aufwartung. Ich fand sie, wie ich sie mir wünschte, sehr gefällig. Ich war so Enthusiast über alle die guten Gemälde, die ich bei ihr sah, daß ich kaum so viel sagen konnte, um keinem echten Simpel gleich zu passieren. Wenn ich den Trieb, den ich soeben für die Kunst fühle, schon vor 15 Jahren gekannt hätte und dabei gescheite Leute um mich gehabt hätte, dann wäre was aus dem Mädchen geworden. Nun fühl ich erst so ganz den Verlust meiner Zeit. Morgen hoffe ich anfangen zu können, was zu lernen. Ich kann den Augenblick kaum erwarten. Wenn ich nur eine Minute dem lieben Gott ins Handwerk greifen dürfte, husch, sollte Rom mit Frankfurt und der dortigen Gegend verwechselt sein. Angelica gleicht meinem Porträt zu Hause gar nicht, so viel zur Nachricht, und hat einen alten Mann[117], welches mich nicht wenig gewundert hat. Morgen will ich mehr von ihr schreiben, denn wir besuchen sie recht oft, sie gab uns die Erlaubnis dazu. Heute hatte ich eine 4 tel Stunde abscheuliches Zahnweh und den Abend besonders gute Laune, aber man verdarb sie mir - itzt will ich noch ein wenig Italienisch lernen und dann ins Bett gehen.

Rom, den 3 ten Februar.

Nun muß ich, um gewissenhaft zu sein, 3 Tage nachholen. Nichtlaune und teils auch ein bißchen Geschäfte hielten mich ab vom Schreiben. Ich merke aber, wenns noch etliche Male aufgeschoben wird, so gibts meinem Tagebuch einen garstigen Stoß. Es kommt mir hart an, nun für 3 Tage zu kritzeln. Merkwürdiges sah ich dieser Tage nicht viel. Herr Hofrat Reiffenstein[118], der des Herrn Grafen Führer ist, hat noch eine Prinzessin abzufertigen und dann gehört er uns. Herr Hirt machte mich gestern zwei der schönsten Kirchen

---

[115] Wilhelm Friedrich Gmelin (1760-1820), Kupferstecher. Thieme-Becker 14, 1921, S. 273 f. Noack II, S. 209 f.

[116] Angelica Kauffmann, s. Anm. 78.

[117] Antonio Zucchi (1726-1795). Damals 64 Jahre alt. Heiratet 1781 in London Angelica Kauffmann und geht mit ihr nach Venedig, 1782 nach Rom. Von seinen Werken kaum etwas erhalten. Thieme-Becker 36, 1947, S. 576 f.

[118] Johann Friedrich Reiffenstein (1719-1793), Altertumsforscher, diente vielen in Rom als Fremdenführer. Thieme-Becker 28, 1934, S. 111. Noack II, S. 476 f.

sehen, S. Maria Maggiore[119] und Karthäuser[120], beide sehr prächtig. In der päpstlichen Kapelle[121] sah ich Maria Lichtmeß alle Zeremonien mit an, der Gegenstand ist zu groß, um darüber zu schreiben. Die Vokalmusik gefiel mir nicht. Ob es an der Musik oder meinem verdorbenen Geschmack liegt, darüber will ich nicht streiten.

Bei Angelica war ich nicht mehr aus Ursache, wenn die Frau Gräfin und Herr Graf hingingen, welches immer abends war, hat ich Gesellschaft von Malern und Musikern. Ich kenne itzt bald alle deutschen Maler, die hier existieren, sie sind alle sehr gefällig gegen mich. Einem mit Namen Valentini[122] wünscht ich 20 000 Gulden geben zu können. Gestern hab ich angefangen, bei Herrn Gmelin Zeichnen zu lernen, ich hoff', es soll recht gut gehen. Heute gehe ich ans Tuschen. Heute tat ich verschiedene Wünsche. Wenn solche ins Wirkliche gekommen wären, ich hätte mich für mein ganzes Leben gefreut.

Rom, den 7 ten Februar.

Daß ich wieder so viele Tage zusammen kommen ließ, war nicht meine Schuld, sondern Mangel an Schreibzeug. Itzt hab ich aber alles in der größten Ordnung, da soll mich auch nichts mehr abhalten, alle Abend vor Schlafengehen meinen verlebten Tag aufzuschreiben. Den 4 ten und 5 ten verlebt ich so ganz ohne was Besonderes zu sehen. Um frische Luft zu schöpfen und sich wieder einmal zu erwärmen, fuhren wir in die Peterskirche. Wenn man in die Kirche tritt, so glaubt man, es wäre eingeheizt. Den Sommer solls ebenso kühl als es im Winter warm ist, darinnen sein. Mein lieber Gmelin war vorgestern bei mir und zeichnete mir ein recht schönes Bildchen, NB unbegehrt, ins Stammbuch[123]. Wenn er so fortfährt, mich Anweisung im Zeichnen zu geben,

---

[119] S. Maria Maggiore, Piazza dell' Esquilino. Papst Sixtus III. (432-440) ließ den heutigen Bau aufführen, unter Clemens X. (1670-1676) entstand die Apsisfassade, Benedikt XIV. (1740-1758) ließ von Ferdinando Fuga (1699-1781) die Hauptfassade errichten.

[120] S. Maria degli Angeli, Piazza della Republica. Nach einem Entwurf von Michelangelo (1475-1564) in die 306 vollendeten Diokletiansthermen gebaut. 1749 von Luigi Vanvitelli (1700-1773) renoviert.

[121] Sixtinische Kapelle im Vatikan. 1473-1484 von Giovanni de Dolci (gest. 1486) im Auftrag Sixtus IV. (1471-1484) erbaut. Fresken der Decke von Michelangelo. Altarwand „Jüngstes Gericht" von ihm.

[122] Ernst von Valentini (1759-1835). Porträtierte in Florenz den Großherzog (und späteren Kaiser) Leopold. Geriet 1788 beim Tod seines Gönners in Not. Marianne Kraus erwirkte beim Regenten von Lippe eine Rente für ihn. Wurde 1795 lippischer Hofmaler. Thieme-Becker 34, 1940, S. 66. Noack II, S. 610 f.

[123] Italienische Landschaft. Sepiazeichnung 1791. Das Stammbuch der Marianne Kraus befindet sich im Freien Deutschen Hochstift Frankfurt. Es enthält auf 119 Seiten 19 Handzeichnungen und einige handschriftliche Eintragungen. 1910 im Antiquariat Klein erworben.

so bin ich gewiß, was zu lernen. Er ist einer der besten Menschen, die ich noch kannte. Gestern war ich bei ihm und sah die schönsten Gegenden von Neapel, Griechenland, Tivoli[124] etc., alle in brauner Tusche[125], so wie ich itzt eines angefangen unter der Aufsicht dieses Künstlers zu tuschen. Er gab mir die tröstliche Versicherung, daß es noch gehen soll. Angelica Kauffmann war gestern früh mit ihrem Mann bei uns. Ich kann mirs gar nicht zusammenreimen, daß dieses Weib, wo so viele Vorzüge sowohl an Geschicklichkeit als Charakter hat, so einen Mann, welcher schon recht alt ist und einer Brummeltippe gleicht, nehmen konnte. Angelica ist auch eine Physiognomistin[126], es hat mich nicht wenig gefreut, daß ihr mein Fratzengesicht gut geschienen. Nun rat ich jedem, Respekt dafür zu haben. Heute Mittag aß Herr Hofrat Reiffenstein bei uns, und zum Unglück ward der Reisbrei vergessen. Herr Hirt im j —— a sagte uns heute früh einen schönen guten Morgen, wo wir uns just eingesperrt hatten, weil alle Minuten eins kam, so Italienisch welschte. Herr Graf war ausgegangen, der Lohnbediente mit Luis[127] auch, folglich hatten wir nichts zu tun, als die Leute fortzuschicken. Um dieses Pantomimenspiel zu endigen, schlossen wir die Türe zu und sprachen just vom bedächtig sprechenden Herrn Hirt und er selbst in eigener Größe kam, bracht uns die Nachricht, daß uns eine gewisse Gräfin von Solms[128] heute Abend erwartete, die schön zeichnet, Klavier spielt und sich unserer Bekanntschaft und Schönheit freuen würde. Herr Hirt hat also die Ehre, uns in Zeit einer Stunde dahin zu begleiten. Einen s v. Noch was: heute bei Tisch tranchierte ich einen Welschhahn und bespritzte mein Kleid so, daß ich so gut sein mußte und aufstehen, einen Mantel anzuziehen. Ich profitierte doch was dabei, denn es war tüchtig kalt.

Wir waren bei der Gräfin Solms gewesen, hatten da Tee getrunken. Ein kleines Mädchen[129], das viel Geschicklichkeit besitzt, Klavier spielen gehört, ein gewisser Herr Professor Rehberg[130] spielte Violine dazu. Die Gräfin

---

[124] Tivoli. S. Anm. 499.

[125] Sepia. Ausscheidung des Tintenfisches. Um 1780 von dem Dresdener Jakob Crescentius Seydelmann (1750-1829) für künstlerische Zwecke nutzbar gemacht. War dann bei Künstlern und Dilettanten beliebt.

[126] Gesichtsdeuterin.

[127] Georg Friedrich Louis (1759-1846), Oberförster, später Gräflich-Erbachischer Forstrat.

[128] Friederike Wilhelmine Luise Gräfin von Solms-Baruth (1755-1832), Gemahlin des Grafen Nikolaus von Burghausen (gest. 1815). Nach der Scheidung 1783 zog sie nach Rom. Seit 1789 am Corso.

[129] Jenny, Ziehtochter der Gräfin Solms.

[130] Friedrich Rehberg (1758-1835), Maler und Lithograph. Der „nasuriccio" bei Goethe. Thieme-Becker 28, 1934, S. 93. Noack II, S. 474 f.

scheint eine artige Dame zu sein, die mit ganzer Seele von der Kunst spricht. Sie soll recht artig zeichnen, Herr Gmelin gibt ihr Anweisungen. Alle Freitag hat sie ein kleines Konzert von lauter Malern, ich bin auch dazu invitiert, worauf ich mich recht freue. Von da aus fuhren wir zur Angelica, welche uns recht freundlich nach ihrer Gewohnheit empfing. Sie hat einen außerordentlich sanften Charakter. Wir spielten eine Art von Billard, dann kutschten wir wieder nach Hause, wo wir itzt sind und soeben Eis gegessen. Herr Hirt ist noch da, sonst würden wir schlafen gehen. Aber er wird hoffentlich bald gehen.

Rom, den 8 ten Februar.

Heute Morgens ging ich zu Gmelin, aber er war eben im Begriffe, zu Tische zu gehen, ich wollte ihn nicht davon abhalten und ging wieder meines Weges. Meine Gräfin machte große Visite bei einer der reichsten römischen Damen[131], Herr Graf ebenfalls und ich hatte auch Visite von Herrn Hirt, Herrn Dies[132] und Herrn Trippel[133], welcher das erste Mal sich präsentiert. Es soll der geschickteste Bildhauer sein, der hier existiert. Ein Herr Augustiner[134] war auch da, ein gescheiter Mann. Herr Hirt hielt uns eine große Rede über das Weisesein, welches in gutem Essen, Trinken und Schlafen bestehen soll. Wer des Hirt Verstand kennt und ihn so sprechen hört, wird ihn nicht für den nämlichen halten. Dies widerlegte ihm alles mit völligem Ernste, das war zum Totlachen, ich hab mich recht dabei amüsiert. Herr Wendt hatte Langeweile dabei, saß am Kamin und ärgerte sich, weil der Daniel[135] den Schlüssel zu seinem Zimmer mitgenommen hatte, folglich er nicht seiner Gemächlichkeit pflegen konnte, auf seinem Bett zu liegen. Mein Hauswirt wunderte sich nicht wenig, deutsch singen zu hören. Er versicherte mich, daß ich auch auf dem Theater singen könnte lernen. Itzt weiß ich nichts mehr für heute. Morgen früh hören wir eine schöne Musik bei Augustinern[136], es ist ein Fest. Außer dieser ist keine ordentliche Musik als Choral.

---

[131] Wahrscheinlich Giuliana Fürstin Santacroce, geb. Falconieri (geb. 1748). Heiratete 1767 Antonio Publicola Santacroce. „Eine der schönsten und galantesten Frauen Roms".

[132] Albert Christoph Dies (1755-1822), Maler und Kupferstecher. Thieme-Becker 9, 1913, S. 248. Noack II, S. 141 f.

[133] Alexander Trippel (1744-1793), Bildhauer (Büste Goethes). Thieme-Becker 33, 1939, S. 405 f. Noack II, S. 602.

[134] Nicht festgestellt.

[135] Daniel Leidemann, Leibjäger und Begleiter des Grafen Franz.

[136] Sant' Agostino, Piazza di S. Agostino, Via dei Pianellari. 1479-1483 von Jacopo da Pietrasanta (gest. um 1495) für Kardinal Guillaume d'Estouteville (ca. 1403-1483), größtenteils aus Steinen des Kolosseums erbaut.

Den 9 ten Februar.

In der Augustinerkirche waren wir und hörten recht schöne Musik. Wenn der Anblick von den abscheulichen Bettlern nicht wäre, dann würde alles einen besseren Eindruck auf einen machen. Es ist die schlechteste Ordnung hier, wo soviele Stiftungen für Armenpflege sind und doch die armseligsten Geschöpfe zum Abscheu aller Menschen, die nicht ganz wie Holz sind, herumgehen. Es gereicht dem Papst zu keiner Ehre. Heute war niemand bei uns als Herr Hirt, der eben erst wegging. Er unterhielt uns vom Kaiser[137], wie er Toskana eine so vortreffliche Finanzverfassung gemacht. Ich hab mich recht gefreut darüber, denn in Florenz klagte alles über ihn vom Ersten bis zum Letzten. Nun hat uns aber Hirt alle die Ursachen der Nichtzufriedenheit vom Adel, der Geistlichkeit, der Gelehrtesten und Bürger erklärt. Itzt bin ich Ihro Majestät ganz gut geneigt und wünsche, daß er als Kaiser ebenso rechtschaffen handeln möge. Morgen werden wir anfangen, mit Verstand zu sehen.

Den 10 ten Februar.

Von heute früh 9 Uhr bis 2 Uhr Mittag waren wir im Vatikan, der Wind pfiff uns aber so unhöflich an, daß wir die vielen Schönheiten nur frostig sehen konnten. Der itzige Papst[138] trägt vieles zur Erweiterung der Galerie[139] bei. Er ließ einen schönen Salon bloß für Statuen und Büsten bauen. In den Nischen stehen kolossalische Figuren, welche recht gut zum Ganzen passen, weil alles groß angeordnet ist. Aber ein sehr dummer Streich wird nun in die Wirklichkeit gebracht: der Fußboden ist Mosaik, sehr gut und antik, nun wird ein großes ungeheures rundes Gefäß von Porphyr[140] in die Mitte gesetzt, also das Schönste vom Mosaik verdeckt. Das Licht ist nicht gut für die Statuen, das ist recht schade. Unter allem, was ich gesehen, blieb mir wenig im Gedächtnis,

---

[137] Leopold (1747-1792) war ab 1765 Herzog der Toskana. Er regelte mit Gesetzen das Fideikomiß- und Lehenswesen neu und verbesserte das Finanz- und Schuldenwesen. Der weisen, wenn auch rücksichtslosen Regierung verdankt das Land seine spätere Blüte. Regierte als deutscher Kaiser (Leopold II.) von 1790-1792.

[138] Pius VI. (Giovanni Angelo Graf Braschi) (1717-1799). 1775 zum Papst gewählt, fuhr 1782 zu Joseph II. nach Wien. Nach der Umwandlung des Kirchenstaates in eine Römische Republik wurde er am 18. 2. 1798 gefangen gesetzt und starb am 29. 8. 1799 in der Zitadelle von Valence.

[139] Ab 1776 schon Erweiterung der Galleria delle Statue, 1780 Gabinetto delle Maschere, Sala a Croce Greca und Sala Rotonda. Pius VI. mehrte auf jede Weise die Antikensammlung. Dazu sicherte er sich z. B. das Vorkaufsrecht bei Ausgrabungen und verschaffte sich durch die Einrichtung einer Lotterie Mittel für die Ankäufe.

[140] Prachtschale aus einem Stück Porphyr. Sala Rotonda. Inv. Nr. 557. Vor den Thermen des Diokletian gefunden.

weil wir zu viel sahen. Den berühmten Apoll[141], den begaffte ich am meisten, es ist ein Meisterstück, womit der Künstler die höchste Schönheit mit der Natur zu vereinigen gesucht hat. Es ist schade, daß die Venus von Medici[142] nicht neben diesem schönen Jüngling steht, um den höchsten Grad von weiblicher und männlicher Schönheit beisammen zu sehen. Diese beiden Statuen sind am vorteilhaftesten von der rechten Seite her zu betrachten, denn ihre Profile sind wunderschön. Ein sitzender Redner[143] ist sehr interessant, mit vieler Feinheit und Kunst gearbeitet. Er wird durch seinen Wert dem gegenübersitzenden tiefdenkenden Redner[144] ein großer Feind. Letzterer verliert sehr gegen ihn, obgleich er auch viel Kunst hat. Man sieht ihm aber an, daß der Stuhl für ihn gemacht ist, ersterer aber dem Stuhl nur die Ehre erweist, ihn ein bißchen zu besetzen. Aber es kommt mir sonderbar vor für all die Büsten, wo man ihnen den Namen der schönsten Weiber beilegen will. Sie sind nicht sonderlich schön, zum Beispiel eine Aspasia[145], des Hadrian seine Frau[146] etc. Sie sind doch so sehr wegen ihrer Schönheit in den Geschichten berühmt, und sind in ihren Büsten nichts weniger als schön. Auch eine Statue: soll Alcibiades[147] vorstellen, ist weder an Körper noch Kopf schön. Mich dünkts, die Herren Paten haben die Kinder nicht so ganz echt aus der Taufe gehoben. Eine große, liegende Frau wurde lange für eine Lucretia gehalten, und nun soll sie auf einmal Ariadne[148] sein. Ich glaube einmal fest, daß es in diesem herrlichen Rom auch

---

141 Apoll von Belvedere, Marmorreplik 2. Jhdt. v. Chr. (das Original 4. Jhdt. v. Chr., griechisch, von Leochares?, wahrscheinlich aus Bronze), 2,24 Meter. Inv. Nr. 1015. Von Papst Julius II. (1503-1513) zum Schmuck des von ihm erbauten Belvedere im Vatikan verwendet. Mit der Aufstellung dieser Figur beginnt die Sammlung antiker Statuen im Vatikan. Helbig I, Nr. 226.

142 In Florenz. S. Anm. 99.

143 Sitzstatue eines Römers, sog. Menander, Komödiendichter (342-291 v. Chr.). 3. Jhdt. v. Chr., hellenistisch, Pentelischer Marmor, 1,66 Meter. Inv. Nr. 588. Durch Pius VI. (1775-1799) aus dem Besitz von Thomas Jenkins in die päpstliche Sammlung gekommen. Über Jenkins s. Anm. 311. Helbig I, Nr. 130.

144 Sitzstatue des Komödiendichters Poseidippos (um 256 v. Chr.), 3. Jhdt. v. Chr., hellenistisch, Pentelischer Marmor, 1,47 Meter. Inv. Nr. 735. Mit letzterem gefunden und ebenfalls aus Jenkins Besitz in die Vatikanischen Sammlungen gekommen. Helbig I, Nr. 129.

145 Herme der Aspasia, Pentelischer Marmor, 1,7 Meter. Inv. Nr. 272. 1777 bei Civitavecchia gefunden. Helbig I, Nr. 70.

146 Büste der Sabina, Frau Kaiser Hadrians (76-138), weißer Marmor, 0,78 Meter. Inv. Nr. 634. In Lanuvium ausgegraben und von Gavon Hamilton Pius VI. geschenkt. Helbig I, Nr. 185.

147 Statue eines Vorwärtsstürmenden, sog. Alkibiades, parischer (?) Marmor, 1,75 Meter. Inv. Nr. 2357. 1773 vom Vatikan erworben. Helbig I, Nr. 499.

148 Schlafende Ariadne, römische Replik 1. Jhdt. n. Chr. (Original: Kleopatra, 2. Jhdt. v. Chr.), Marmor, 1,62 Meter hoch, 1,95 Meter lang. Inv. Nr. 548. Ab 1512 durch Papst Julius II. (1503-1513) im Vatikan. Helbig I, Nr. 144.

Leute gibt, die sich irren können, denn es sind ja Menschen. Unter den größten und mittelgroßen soll, so wie ich sagen hörte, gar kein Mangel an Dummköpfen sein. Heute machte uns Herr Professor Rehberg Visite. Er spielt eine große Rolle bei einer gewissen Dame von Stande[149], die sich aus Liebe zu ihm großmütig ihresgleichen gut Nacht gesagt. Sie tat in meinen Augen besser als manche Dame hier, aber daß manche ihren Entschluß für eine Heldentat halten, find ich für sehr übertrieben, besonders von Leuten, die Menschenverstand und Menschenkenntnis haben und doch so albern sprechen können, aus nichts viel machen und zu größeren Sachen keine Worte mehr wissen. Ich könnte noch viel von diesem gewissen Jemand sagen, aber weil ich mir einmal vorgenommen, bloß Sachen zu merken, die ich wünschte, nicht zu vergessen, so will ich, was ich gerne vergessen will, nicht zur Rückerinnerungen anwenden.

Den 12 ten Februar.

In dem Palast Colonna[150] sahen wir sehr schöne Gemälde, aber desto schlechtere Statuen und Büsten. Ich kanns nicht begreifen, daß Leute, die doch nicht ganz vor den Kopf geschlagen sind, so abscheuliche, schlechte Sachen bei was Gutes lassen. Täten sie's bloß, um den Abstand von beiden begreiflicher zu machen, so würde eins schon hinlänglich dazu sein, aber ganze Säle, die reich und gut geordnet sind, mit so Ungestalten beklecksen, das ist unverzeihlich. Ein Monument, das dem vorigen Papste[151] zu Ehren aufgeführt ist in dem Kloster, wo er Mönch war, ist sehr gut und tut die edle Wirkung beim Anschauenden, was des Künstlers Wunsch war, hervorzubringen. Der große gute Clemens sitzt auf seinem päpstlichen Stuhl, hebt die rechte Hand auf, um sein Volk zu segnen, nicht in der alltäglichen steifen Stellung, sondern so ganz wie ein alter ehrwürdiger Vater seinen Kindern den Segen gibt. Unten steht ein Sarg, worauf die Mäßigung sich weinend hinüberbeugt, auf der anderen Seite des Sarges sitzt die Demut mit niedergesenktem Kopf, ganz dem

[149] Gräfin Solms. S. Anm. 128.

[150] Palazzo Colonna, Piazza SS. Apostoli und Via Quattro Novembre. Ursprünglicher Bau aus dem Mittelalter, in der Renaissance umgebaut. Heutige Form von 1703. Die Gemäldegalerie (einst 1362 Bilder) durch Erbteilung heute sehr verkleinert.

[151] SS. Apostoli, Piazza dei SS. Apostoli. Wahrscheinlich 560 zum Dank für die Vertreibung der Goten errichtet. 1702 durch Carlo Fontana (1634/38-1714) fast völlig erneuert. Clemens XIV. (Gangeli), Papst 1769-1774. Das Grabmal, Marmor, 7,40 x 2,95 Meter, in den Jahren 1783-1787 geschaffen von Antonio Canova (1757-1822). Thieme-Becker 5, 1911, S. 515-521.

Schmerz überlassen, da. Diese zwei Figuren haben sehr viel Grazie in den Gesichtern und eine gute Anordnung. Die Gewänder sind sehr gut geworfen, der Papst soll auch sehr gleichend sein. Das Monument kostet 12 000 Skudi, man weiß aber noch nicht, wer's eigentlich machen hat lassen. (Canova).

Flüchtig sahen wir heute das Kolosseum, die alten Ruinen von Tempeln, Palästen, Triumphbogen etc. Sobald es etwas wärmer wird, so wollen wir's zu Fuß ganz ordentlich begaffen. Wir umfuhren nur diese Gegend, um einstweilen eine kleine Idee davon zu bekommen. Gestern waren wir bei der Musik bei Gräfin Solms. Es wurden hübsche Quartette gespielt, die Leute verstehen sich so ziemlich gut miteinander, ich bekam mehr Respekt für sie. Herr Dies und Rehberg spielten beide vortrefflich. Heute hatte ich Visite von unserem Herrn Kapellmeister Schmidt[152], welcher Herrn Valentini und mir zu unserem Duettchen Klavier spielte. Herr Hirt war Zuhörer zu seinem höchsten Mißvergnügen, nur gut, daß für seine antiquarische Seele etliche Büsten dastanden, sonst wäre er eingeschlafen. An Herrn Dies hab ich einen scharfen Lehrmeister. Was mir Herr Gmelin zu viel nachsieht, ist mir dieser zu strikte. Gestern sah ich noch einen deutschen Maler[153] bei Rehberg, aber ich hatte das Herz nicht, ihm meine aufgetragenen Komplimente von Schütz[154] auszurichten. Er hat so einen schönen Rock und charmante Knöpfe darauf an, auch ein schönes Toupet, daß ich mich vor Respekt entfernt hielt. Ich habe heute große Lust gekriegt, Musik zu kripsen, aber es ging nicht an. Herr Schmidt hat schöne spitze Manschetten an. Gut Nacht!

Den 13 ten Februar.

Heute sahen wir nicht viel, weil unser Herr Antiquarius (Reiffenstein) bei Angelica alle Sonntag zu Mittag speist und eher einen guten Augustus[155] ließe als diese Wohltat. O Signor Antonio[156]! Wäre dein Rivale 40 Jahr jünger, es sollte dir schlimm gehen! Einen recht schönen Spaziergang machten

---

[152] Heinrich Schmitt (1750-1821), in Rom 1782-1798, später hessischer Hofmaler. Bei Goethe „Fornaro" = Bäcker. Nach Goethes Abreise zog er mit Rehberg in dessen Quartier Via Vittoria, Corso 18/20. Heiratete sein Modell Teresa Banducci. Thieme-Becker 30, 1936, S. 144 f. Noack II, S. 527.

[153] Alexander Macco (1767-1849), Historien- und Porträtmaler. Thieme-Becker 23, 1929, S. 507 f. Noack II, S. 374. List, S. 133 f.

[154] Johann Georg Schütz (1755-1813). Thieme-Becker 30, 1936, S. 317. Bei Goethe „Schütz, der Römer". Entfernter Verwandter von Marianne Kraus.

[155] Eine Statue oder Büste des Kaisers Augustus.

[156] Antonio Zucchi. S. Anm. 117.

wir in den Garten der Villa Medici[157], sahen des Raphaels Wohnung[158], welche wir dem würdigen Mann zuliebe nächster Tage zeichnen wollen. Heute war so schönes Wetter als bei uns im Anfang Mai. Herr Hirt speiste mit uns, Herr Trippel und Macco[159] machten Nachmittag Visite. Macco möcht ich keine 2 Stunden täglich zur Gesellschaft haben, man würde sich geschwind ausschwatzen. Dafür ist er aber ein schöner, junger Herr und kleidet sich sehr gut. Ich hatte das Glück, diese Gesellschaft mit Tee zu bedienen, und Herr Hirt trank mir zu Gefallen 3 Tassen. Nur schade, daß ich ihn schon mehr so viel trinken sah, sonst hätte ich mir wirklich was darauf zugute tun können. Herr und Frau Gräfin fuhren noch aus zur Gräfin Solms und Angelica, ich hatte aber keine Lust, Gesellschaft mitzumachen und blieb also zu Haus, spielte Klavier, mehr als ich seit einem 4tel Jahr gespielt habe. Einen schönen Anzug habe ich heute gesehen, er verdient's, aufgezeichnet zu werden. Einen frisierten Kopf von einem Mädchen, ungefähr 15 Jahre, eine Toke[160] darauf mit Blumen und Band schwer beladen, darüber eine große schwarze Florkappe, ein schwarzes flornes Halstuch, eine weiße kurze musseline Schürze und einen weißen flanellenen Oberrock, zurückgeschnitten, eine violette Bandschärpe darüber gebunden. Auf diese Art sieht man so viele, daß einem das Lächerliche gar nicht mehr auffällt. Auch machen sie Kinder von 3 Jahren schon zu alten Männern und Weibern. Das Spielen ist hier sehr allgemein, besonders eins, wo zwei zu gleicher Zeit Finger auswerfen und im nämlichen Augenblick muß der eine benennen, wie viel. Rät er's, so ist der dafür bestimmte Preis sein, darüber gibt es aber sehr oft Mord, 4 sind schon seit unserem Hiersein erstochen worden deswegen. Nachts um 11 Uhr hört man das Gesindel noch kreischen. Heute früh hab ich den ersten Brief aus Deutschland bekommen, ich habe vor Freude darüber bei der Schokolade mein Maul verbrannt.

---

[157] Villa Medici, Via Trinità dei Monti. 1544 von Annibale Lippi (2. H. 16. Jhdt.) für Kardinal Ricci da Montepulciano (1497-1574) erbaut.

[158] Sogenanntes Kasino Raffaels innerhalb der Villa Borghese. Fiel den Kriegsereignissen 1849 zum Opfer.

[159] Alexander Macco, S. Anm. 153.

[160] Toque. glatter, schmalkrempiger, oben faltiger Samthut.

Den 14 ten Februar.

In dem Palast auf deutsch Degen[161] sahen wir die merkwürdige kolossalische Statue Pompejus[162], woran Julius Caesar[163] ermordet worden. Etliche gute Gemälde, worunter eine Judith von Guido[164] eines der besten ist. Ihre Stellung ist edel, sie sieht voll des Danks gegen den Himmel über ihren Sieg, hält mit der einen Hand den Kopf, der, um das Ekelhafte zu vermeiden, im Sack liegt, mit der anderen Hand hält sie das Schwert gesenkt. Ein Bild von Caravaggio[165], wenns keine Anna vorstellen sollte, wie sie Garn wickelt und die Maria nähen lehrt, dann wärs sehr gut. Er hat außerordentlich viel Natur und sehr keck gut gezeichnet, aber die Figuren zu plump gemalt. 2 Kinder, die lachende Genien vorstellen, von Correggio[166], interessierten mich sehr. Die haltbarste Stukkaturarbeit ist an diesem Palast, wo es, dem Wetter ausgesetzt, schon etlich 100 Jahr lang ist, und doch noch sehr gut. Auch ist in dem Gärtchen ein schöner Betrug zu sehen. Es ist eine doppelte Kolonnade[167], aber schon an sich selbst perspektivisch gebaut, der Fußboden geht aufwärts und die Säulen nehmen an Größe ab, daß sie einem 3 mal länger dünkt, als sie an sich ist. Nun fuhren wir ans Kapitol, eine schöne breite hohe Treppe, wo zu Ende Kastor und Pollux[168] stehen, macht einen großen Anblick zum Ganzen. In der Mitte

---

[161] Palazzo Spada alla Regola, Piazza di Ferro. 1550-1555 für Papst Julius III. Ciocchi erbaut durch Giulio Mazzoni (1525-1618?). Trägt heute den Namen des späteren Besitzers Kardinal Bernardino Spada (1584-1661). 1927 vom Staat erworben, heute Sitz des Consiglio di Stato.

[162] Kolossalstatue, 1552 oder 1553 in einem Keller der Via Leutari gefunden und an Kardinal Capodifero (1502-1559) geschenkt, der sie am heutigen Standort aufstellen ließ. Marmor, 3,45 Meter. Auf Trajan oder Cäsar, seit Martinelli 1658 auf Pompejus gedeutet. Kopf nach antikem Vorbild gearbeitet, aber nicht zugehörig. Alle Ergänzungen schon seit 1584. Helbig II, Nr. 2008.

[163] Pompejus (106-48 v. Chr.), römischer Feldherr und Staatsmann. Caesar wurde an den Iden (15.) des März 44 v. Chr. ermordet.

[164] Judith mit dem Haupt des Holofernes. 1625-1630. Öl auf Leinwand, 234 x 150 cm. Von Guido Reni (1575-1642). Thieme-Becker 28, 1934, S. 162-166. Zeri I, Nr. 35, Ramdohr 2, S. 82.

[165] Die hl. Anna mit der Jungfrau, Öl auf Leinwand, 101 x 131 cm. Von Giovanni Antonio Galli, genannt Spadarino? (um 1615). Thieme-Becker 13, 1920, S. 119 f. Vielleicht nur eine Kopie. Zeri IV, Nr. 162. Ramdohr 3, S. 84.

[166] Antonio Correggio (1489-1534), eigentlich Allegri. Thieme-Becker 7, 1912, S. 459-466. Nicht bei Bevilaqua und Zeri.

[167] Galleria prospettiva von Francesco Borromini (1599-1667). Bernini soll durch sie zum Bau der Scala Regia im Vatikan angeregt worden sein.

[168] Kolossalstatuen der Dioskuren (Kastor und Pollux). Zwei antike Statuen, die einst beim Theater des Pompejus standen. 1560 in der Nähe der damaligen Piazetta dei Cenci beim Bau der Synagoge gefunden. Unter Papst Pius IV. (1559-1565) wurden sie hier aufgestellt. Ergänzungen durch Antonio Paracca, genannt Valsoldo (gest. 1642/46). Marmor. Der linke Jüngling 5,80 Meter, der rechte 5,50 Meter. Helbig II, Nr. 1164.

des Vorplatzes sitzt Marcus Aurelius[169] auf einem Pferd von vergoldeter Bronze, es ist gut gemacht. In dem Capitol[170] sind viele Statuen, ägyptische, griechische und römische. An den ägyptischen ist bloß der gute Stoff, woraus solche gemacht sind und das Antike, Seltene zu schätzen, Schönheit und Grazie findet man wenig. Eine Statue vom Antinous[171] ist sehr schön, aber ein sterbender Herold[172] ist mir noch lieber. Er stützt seinen rechten Arm auf, fühlt die Schmerzen seiner Wunden, aber nicht wie ein Weichling, sondern als Krieger. Man sieht die zunehmende Todesschwäche auf dem etwas gesenkten Kopf deutlich. Er liegt auf seinem Schilde. Büsten sind die Menge da, worunter mir wenige gefielen. Die Gräfin und ich haben uns Kopfweh gegafft, ich bin wirklich noch nicht ganz davon los. Nachmittag war die Gräfin Solms bei uns, und diesen Abend Herr Dies, Hirt und Valentini, es wurde also Musik probiert. Herr Hirt antiquierte einstweilen mit Herrn Graf, itzt gingen sie weg, es ist 10 Uhr und ich gehe schlafen.

Den 15 ten Februar.

Heute früh 7 Uhr bis Mittag 2 Uhr ging nichts vor, das ich aufzuschreiben wüßte. Ich habe gezeichnet, und wenn ich müde war, guckte ich zum Fenster hinaus, wo ich einen Kapuziner seinen Esel selbst treiben sah. Er ging Holz terminieren[173]. Nachmittag kam Herr Hofrat Reiffenstein mit Herrn Hirt in einen Antiquariusstreit über 2 Büsten, die der eine behauptete, antik zu sein und der andere das Gegenteil. Es ist schlimm mit diesen Herren. Wenn sie einmal ihren Machtspruch über was getan, und sollten sie auch hernach mit mehr Nachsinnen eines anderen überzeugt sein, so bleiben sie fest auf ihrem

---

[169] Mark Aurel (römischer Kaiser, regierte 161-180 n. Chr.). Bronze, 3,52 Meter hoch, 3,87 Meter lang. Einst in der Nähe des lateranischen Obelisken, 1473 restauriert und 1583 auf das Kapitol gebracht. Unbekannter Meister, zeitgenössisch. Helbig II, Nr. 1161.

[170] Museo Capitolino. Unter Papst Clemens VIII. (1592-1605) 1603 der Grundstein zum Gebäude gelegt. Die Sammlung ist eine Schöpfung der Päpste.

[171] Statue des Hermes, sogenannter Antinous vom Kapitol. Antinous war der Liebling des Kaisers Hadrian, ertrank 130 n. Chr. im Nil. In der Hadriansvilla Tivoli gefunden. Zeitgenössisch, Marmor, 1,80 Meter. Inv. Nr. 741. Helbig II, Nr. 1424.

[172] Sterbender Gallier. Römische Marmorkopie einer Bronzefigur. Zusammen mit dem Original von Paetus und Arria für Attalos von Pergamon (241-197 v. Chr.) gemacht. Kurz vor 1623 gefunden, 1737 von Papst Clemens XII. (1730-1740) für das Kapitolinische Museum erworben. Höhe 0,93, Länge 1,85, Breite 0,89 Meter. Inv. Nr. 747. Haskell Nr. 44. Helbig II, Nr. 1436.

[173] Betteln. Die Bettelmönche hatten dafür genau abgegrenzte Bezirke.

ersten Wort, sie wollen absolut für unfehlbar passieren. Auch ist bei vielen zur Natur geworden das Disputieren. Ich macht einen kleinen Sprung zur Gräfin Solms, die nicht ganz wohl war, meine Gräfin hat auch Medizin eingenommen, folglich war ich Abgesandter. Ich fand die Gräfin im Malzimmer des Herrn Rehberg. Er arbeitete just an einem großen Bild, wo Kain nach dem Mord an seinem Bruder[174] in der Verzweiflung herumirrt. In der Ferne stehen Adam und Eva bei der Leiche des Abel, staunend über den ersten Toten und Traurigkeit mit dem höchsten Schmerz verbunden. Es sind zwar nur Nebenfiguren, aber zu dem ganzen Gedanken tun sie gute Wirkung. Das war der erste schön geschaffene Kain, den ich noch gemalt sah. Rehberg ging mit mir nach Hause. Er bewies sehr seine Unparteilichkeit. Indem ihm Herr Graf den Streit von Hirt und Reiffenstein sagte, gab er Reiffenstein seiner Meinung nach recht und ist doch gut Freund zu Hirt, und die Gräfin ist Reiffenstein gar nicht gut, für Hirt ist sie aber ein wenig blind. Gmelin war heut da und gab mir Unterricht, die Gräfin liegt nun im Bette und ich will's nachmachen. Morgen essen wir zu Mittag bei Gräfin Solms.

Den 16. Februar.

Eine Migräne, die diese Nacht unserer Gräfin uneingeladen kam, machte einen Strich durch unser Vornehmen. Sie lag diesen ganzen Tag im Bett und ich hütete die Stube. Es kam zum Glück niemand als Herr Hirt und Rehberg. Letzterer blieb nicht lange, Hirt aber geriet wieder mit Herrn Grafen in Disput über zwei Büsten. Da war das Ende nicht so geschwind zu vermuten. Er wollte seinen Kopf gegen einen Gaul setzen, daß die Köpfe modern wären, ich muß es aufrichtig gestehen, nach meinem Begriff gab ich der Meinung des Hirt recht, aber das ärgerte mich, daß er keine wichtigen Gründe angegeben, warum er sie nicht für antik hielt. Er sprach mehr durch Pantomime als wörtlich, aber für einen, der das Gegenteil glaubt, ist dies keine überführende Sprache. Hirt ging und Herr Graf ließ Herrn Trippel, der für den geschicktesten Bildhauer, nämlich bei einer Partei, gefiel - denn es geht alles parteiisch hier zu - bitten, zu uns zu kommen. Er kam, sah die Köpf und verwarf sie als alt, fand überhaupt gar nicht die Kunst und den kühnen Meisel darin, den Herr Hofrat Reiffenstein fand, sprach ganz verstehlich, warum er sie so fände. Ich gesteh's, es hat mich sehr gefreut, daß dieser des Hirt seiner Meinung war, denn wo Herr Graf mit Hirt bekannt ward durch mich, so hätte michs in diesem Betracht schon geärgert, daß er sehr durch seine unrechte Behauptung gesunken

[174] Kains Brudermord. ADB 27, 1888, S. 584.

wäre, und dann fürs 2 te, wenn wirklich diese Büsten nicht antik sind, wofür sie doch Reiffenstein mit Herrn Graf kaufen hilft, so lernt Herr Graf durch dieses Einsehen, daß Reiffenstein auch fehlen kann. Morgen will Trippel nochmal solche bei Tag recht genau ansehen und noch mehr Kunstverständige mitbringen. Wenn diese alle der entgegengesetzten Meinung von Reiffenstein sind, dann wünscht ich nur nicht, daß Dies dazu käme, denn er ist Egoist wie alle Antiquare, jeder will am unfehlerhaftesten denken. Gestern ist ein deutscher Bäckergesell erstochen worden. Die Fasching solls der Späßchen mehr geben. Den ersten Faschingstag soll ein Jud, der einen Mitjuden ermordet hat, gehängt werden.

Den 17 ten Februar.

Der Antikenstreit ist entschieden. Trippel war heute mit einem Bildhauer[175] da, der selbst schon viele falsche Büsten gemacht. Sie besahen die Köpfe hinten und vorne, endlich kam der Machtspruch, daß solche antik wären, aber die Köpfe vorne neu überarbeitet, also haben beide Streitende in etwas recht. Zu Mittag aßen wir bei Gräfin Solms, welche Hirt und Trippel dazu bat. Hirt disputierte nach seiner löblichen Gewohnheit, sprach aber mitunter viel Unüberlegtes, besonders wegen der Jagd. Unsere Gräfin erhielt den Sieg.

Rehberg gewinnt sehr im längeren Umgange mit ihm. Er zeigte uns sehr gute Zeichnungen und gab uns auch Figuren zum Nachzeichnen. Die Gräfin[176] wies auch ihre Zeichnungen. Wenn sie solche allein ohne Hilfe des Gmelin getuscht hätte, da würd ich sie um ihr Wissen beneiden. Sie ist aber eine Frau von sehr vieler Wissenschaft, kann 4 Sprachen, Italienisch, Englisch, Französisch und Deutsch, spielt Klavier, versteht einen Unterschied vom Guten und Nichtguten in der Kunst zu machen, weiß, was in der großen Welt vorgeht, macht alle weiblichen Arbeiten und hat wahre Menschenkenntnis, ausgenommen: ein klein bißchen Parteigeist hat sie. Man muß es aber werden, wenn man länger als 6 Wochen hier ist, denn es ist alles davon angesteckt. Meine arme Gräfin hat rasendes Zahnweh bekommen und war kaum frei von Migräne, wenn das so fortgeht, so hat sie nicht viel Vergnügen hier zu genießen.

---

[175] Bartholomeo Cavaceppi (um 1716-1799). Bildhauer. Ergänzte antike Statuen und handelte damit. Thieme-Becker 6, 1912, S. 209 f. List, S. 123 und S. 202.

[176] Gräfin Solms. S. Anm. 128.

Den 18 ten Februar.

Heute kam ich nicht zur Stube hinaus, weil es regnerisch Wetter war. So traute sich die Gräfin nicht auszufahren wegen dem beständigen Rheumatismus, den sie hat seit unserem Hiersein. Ich kann noch über keine Krankheit klagen, ich werde wohl einen dicken Kopf mit nach Hause bringen, denn meine Kleider werden mir täglich enger. Wenn die italienische Hitze einmal kommt, so wird's wohl auch wieder ans Abnehmen gehen. Herr Trippel aß heute bei uns zu Mittag, ich will diesen lieber eine Stunde schwatzen hören als Hirt. Es hat mich recht gewundert, daß er sich heute sehen ließ nach dem gestrigen Streit mit der Gräfin. Gmelin kam mit schön gefältelten Manschetten, die er versicherte, mir zu Gefallen angezogen zu haben, weil ich so eine schöne Frisur hätte.

Den 19. Februar.

In der Peterskirche machten wir heute früh von 12 bis 2 Uhr Promenade, sahen den Papst dem Hl. Petrus[177] gewiß 6 Minuten den Fuß küssen. NB, er wurde aber erst abgeputzt. Heute sah man ihm sein Alter[178] an, aber wie er auf Maria Lichtmeß die Zeremonie hielt, da tat er sich Gewalt an, ganz aufwärts und frisch zu gehen. Nach Tisch kam Hirt, gegen Abend Herr Rehberg, Herr Schmidt, Valentini, die Gräfin Solms und ihr Mädchen, gingen von da aus mit Rehberg in die Komödie, blieben als nicht über eine Stunde. Wie diese weg waren, machten wir Musik, es harmonierte alles zusammen: das Klavier war verstimmt, Herr Schmidt, unser Kapellmeister, hatte die Hände erfroren, Valentini hatte einen Husten, ich ein bißchen rauhen Hals und wir sangen ein Terzett. Um 8 Uhr ging alles zum größten Vergnügen des Herrn Grafen weg, die Gräfin und ich aßen Pfannkuchen, ich zeichnete noch bis 10 Uhr und nun schrieb ich diesen Wisch und gehe schlafen.

Den 20 ten Februar.

Fürs erste muß ich sagen, daß heute ebenso ungezogen kaltes Wetter war als es nur immer im April in dem Odenwald sein kann. Die ganze Nacht hörte es auch nicht eine Stunde auf. Dies Wetter hinderte aber doch nicht zwei

---

177 Bronzestatue des hl. Petrus. Wahrscheinlich Weihgeschenk eines byzantinischen Kaisers des 5. Jhdt. an die Peterskirche.

178 Pius VI. war damals 73 Jahre alt.

Menschenmorde: einer wurde mit 3 Stichen tot gefunden und der andere sterbend. 2 Stunden lag er im Spital und dann ging er auch ab in die Ewigkeit. Es wundert sich aber kein Mensch mehr viel, wenn ihm gesagt wird, heute ist einer ermordet worden. Man wird's so gewöhnt, daß man glaubt, es wär nicht recht, wenn 2 Tage ohne Mordtat vergehen. Wenn mich nur der liebe Gott davor bewahrt, einmal zu so einer abscheulichen Tat zu kommen. Nun weiß ich nicht mehr, als daß die Gräfin Solms bei uns Tee trank, Herr Rehberg, die kleine Jenny, Herr Hirt, Schmidt, Valentini und Trippel ebenfalls da waren, unsere berühmte Kapelle schöne Katzenmusik gemacht und daß wir itzt schlafen gehen.

Den 21 ten Februar.

Heute aßen zwei intime Nichtfreund bei uns zu Mittag. Reiffenstein und Hirt, die beiden waren mit Herrn Grafen in dem Palast von Strozzi[179], um die geschnittenen Steine da zu sehen. Auf den Abend freute ich mich so sehr, meine zwei angelegten Zeichnungen austuschen zu können. Herr Graf und Frau Gräfin fuhren in die Gesellschaft, ich wollte also mein Alleinesein einmal recht genießen, aber Hirt ging nicht gleich mit ab, also konnte ich meinem Vornehmen gemäß, die Türe nicht verschließen. Es kam darnach Dies und Valentini, wo ich also nicht so ganz ungestört zeichnen konnte. Valentini verdarb mir noch dabei meine gute Laune. Er erzählte mir seine Lage und ich wurde doppelt traurig, weil ich ihm nicht helfen konnte. Heute hab ich das erste Mal Wendt über eine Lüge rot werden sehen.

Morgen essen meine Tischgesellschaft beim spanischen Gesandten, ich sollte bei Gräfin Solms kommen, aber ich habe Kopfweh. Ich werde also meinen Tag recht vergnügt allein verleben. Ich will aber früher die Tür zuschließen wie heute, wenn mir Hirt nicht wieder einen dummen Streich macht und länger dableibt, als ichs wünsche. Es ist, wenn ich's genau nehme, unrecht von mir gehandelt, daß ich nur des Hirt seine Gegenwart gewünscht habe, als ich ihn brauchte zur Bekanntmachung mit Künstlern, aber wie kann man eines Mannes Gesellschaft lieben, der mit seiner ganzen Seele in Altertümern herumwühlt, wenn man 6 Minuten mit ihm gesprochen hat, er erst fragt: M--n-, was sagten Sie?“ Und dann, wenn er anfängt, zu explizieren, eine Kleinigkeit

[179] Kabinett des Prälaten Leone Strozzi, berühmte Sammlung. Besitzer der „Medusa Strozzi“ (heute Britisches Museum London). Geschnittene Steine: Gemmen (vertieft geschnitten, als Siegel verwendet) und Kameen (erhaben geschnitten).

ins Unendliche hinausdehnt, daß also keine Zeit für Hauptsachen übrig bleibt. Überhaupt schicken wir beide sich zusammen wie Schnee und Feuer, ich wollte nur, daß ich sein Wissen besäße, seine Art vorzutragen schenkt ich ihm. Zu allen Meinungen, auch einzelner Worte, die Frau Gräfin sagt, spricht Herr Reiffenstein „Bravo!"

Den 22 ten Februar.

Das war wieder einmal ein dummer Tag verlebt. Frau Gräfin lag im Bett wegen Kopfweh, Halsweh, Frost, kalter Füße etc. Wenn ich jemand um mich habe, das nicht wohl ist, so bin ich für alles untätig. Herr Graf ging also alleine zum spanischen Gesandten, ich saß allein am Tisch und ein schwarz gekleideter Herr Doktor[180] stand am Bett der Gräfin. So war die Lage bei uns um 3 Uhr. Um 6 Uhr kam Herr Graf wieder zurück, dann wurde Tee getrunken, Herr Trippel, Hirt und Rehberg kamen auch noch, da wurden neu gekaufte Statuen und Büsten begafft, zerlegt, gelobt und getadelt. Um 9 Uhr ging alles auseinander, ich zeichnete noch ein wenig und gab der Gräfin die vorgeschriebene Medizin, und so ging dieser Tag zu Ende.

Den 23 ten Februar.

Heute früh lief ich mit Herrn Grafen von 8 bis 12 Uhr auf dem Markt herum. Da ist's eine Freude, all das Mischmasch beisammen zu sehen, der Lärm, wo jeder seine Waren mit lauter Stimme auskreischt, dann die Menge der Käufer, die für ihre noch sanft schlafenden Weiber einkaufen. Der Platz ist sehr geräumig, es steht ein schöner Obelisk[181] darauf, der aber zu nahe an einem großen Palast steht, auch etwas zu klein für den großen Platz ist. Von 12 bis 2 Uhr fuhren die Gräfin und ich spazieren. Wir kamen zur Porta del Popolo hinaus und bei dem Petersplatz wieder zurück, waren auf einer Anhöhe, wo man ganz Rom übersehen kann. Papst Borghese ließ einen der schönsten Springbrunnen[182] da aufrichten, das Wasser schießt zu dreifach so brausend heraus, daß man sehr laut sprechen muß, um verstanden zu werden. Das Gebäude ist mit Säulen von Granit geziert. Es ist dabei ein großer schöner Garten, der dem

[180] Agostino Frey (1733-1811). Er hatte seiner Zeit den Armbruch des Dichters Carl Philipp Moritz (1756-1793) behandelt, der in Rom mit Goethe zusammen wohnte. Noack II, S. 184.

[181] Piazza Navona. Den Obelisk ließ Papst Innozenz X. Pamfili (1644-1655) aus dem Circus Maximus hierher bringen.

[182] Fontana dell' Aqua Paola. Von Giovanni Fontana (1540-1614) und Carlo Maderna (1556-1629) im Jahre 1612 im Auftrag von Papst Paul V. (1605-1621) auf dem Janiculus errichtet.

Papst gehört. Wir haben uns einen guten Appetit angefahren, mußten aber noch warten bis nach 3 Uhr, da bekamen wir erst zu Mittag Essen. Unser Herr Hauswirt steht zu spät auf, kommt vor 10 Uhr nicht auf den Markt, einzukaufen, es ist überhaupt eine unökonomische schlechte Haushaltung. Reiffenstein hat viele Leute hier, die ihn nicht mögen und grade sinds die, wo meine Freunde sind. Es ist halt grade so hier wie überall. Einer räsoniert über des anderen Parteilichkeit und ist's selbst im höchsten Grade. Wenn ich nur so, wie Herr Hauptmann Wiebel[183] behauptete, recht politisch wäre. Ich hab aber Sorge, meine Aufrichtigkeit könnt mir noch Verdruß machen. Heute waren da Hirt, Rehberg, Trippel und Dies, welcher über Blumauers Gedichte[184] räsonierte, was mich recht verdroß. Der freundliche Herr Doktor war auch da, morgen gibt er uns die Ehre, beim Mittagessen Gesellschaft zu machen. Er sieht einem Spinnenfresser gleich, heißt Frey, erzählt in einem Atem fort all seine gemachte Kuren. Die, wo er in die Ewigkeit geschickt, zählt er freilich nicht mit. Beim ersten Eintritt saßen wir just am Tische, er retirierte sich gleich ans Kamin, guckte starr vor sich hin und sprach keine 2 Wort. Ich sah ihn so ein wenig von der Seite an, Luis stand mir gerade gegenüber und schnitt dem Doktor seine Gesichter nach, ich bin bald erstickt vor Lachen und mußte mich doch wegen Reiffenstein in Acht nehmen, der neben mir saß und diesen acharmanten Menschen rekommandierte. Also blieb mir nichts übrig, als an alles mich zu erinnern, was mich nur ein bißchen traurig umstimmen konnte. Ich dachte geschwind an meine 2 Engel in Erbach[185] und ich erhielt, was ich wünschte. Ob wohl Herr Reiffenstein die Pillen und Pulver auch umsonst bekommt? Es sollte dem Gang der Sache gemäß so gehen. Hirt spielte in seinem siebenten Jahr schon gut Schach. Was aus dem Kind werden soll, artet sich beizeiten. Wieder einmal: probatum est. Hirt hat eine erzböse alte Frau in Wien[186] gut gemacht. Dies spielte schön Klavier. Dies verglich das Leben hienieden einem Zuchthause, wo der Gefangene alle Tag Prügel bekommt, ausgenommen eine einzige Stunde, die er frei hätte. Ob er sich dieser Stunde wegen seines Daseins freuen könnte? Hirt und ich widersprachen ihm meisterhaft, zum wenigsten schwatzte ich immer 6 Wort, bis Hirt eines sagte. Zuletzt hatten beide Parteien

[183] Karl Friedrich von Wiebel (1738-1811). 1769 Hauptmann und geadelt. Nach Auflösung des Erbacher Kontingents hessischer Major.

[184] Alois Blumauer (1755-1798). Gedichte. 1782 und 1787.

[185] Die beiden jüngsten Mädchen von Graf Franz? Augusta Karoline (1783-1833) und Louise Charlotte Polyxene (1781-1830). Jüngster Sohn Franz Georg Friedrich (1785-1854).

[186] Neuer Nekrolog Jg. 1837 (1839), S. 675 über den Weggang von Wien: „Er entzog sich nun mit blutendem Herzen den Lockungen der Hauptstadt.“

recht und unrecht. Gestern Nacht ist ein deutscher Koch, der noch Salat kaufen wollte, von 3 Meuchelmördern überfallen worden. Zum Glück wendete er sich, so wie er was nah hinter ihm merkte. Und eben war schon ein Messer auf ihn gerichtet, als sie aber seine Stimme hörten - natürlich schrie er - so sagten sie ihm, daß er der recht nicht wäre und liefen ihrer Wege. Es wurden heute früh 2 tot gefunden, die vermutlich die rechten waren. Des sitzenden Juden sein Prozeß ist noch nicht aus, vermutlich kauft ihn die Judenschaft wieder los. Den Samstag wird ein anderer gehängt, der Streit mit jemand hatte, sich wieder mit ihm ausgesöhnt und tags darauf aufgepaßt und ihn vorsätzlich daniederstach.

Den 24 ten Februar.

Der heutige Tag wurde meistens zu Hause verlebt. 2 Stunden fuhren wir spazieren in die Villa Albani[187], wo viele schöne Statuen und Büsten sind. Ein schönes Haus und herrlicher Garten, ein artiger Springbrunnen in der Mitte des Gartens, viele Säulen von Granit. Den Doktor trafen wir schon zu Hause an, es fror ihn gewaltig, bis die Suppe kam. Aber er behielt seine blauen Nägel auch noch beim Essen und Trinken. Kein Kostverächter ist er nicht. Ich hab mich sehr bei ihm insinuiert, weil ich ihm Gesellschaft beim Gina Kaffee geleistet habe. Der schön geputzte Herr Macco ließ sich auch wieder einmal blikken, Pater Decker[188] ebenfalls, Herr Rehberg, Hirt, Valentini und Gmelin waren auch da. Letzterer konnte aber zu meinem höchsten Leidwesen nur eine halbe Stunde bleiben. Schade, schade, daß Rehberg keine andere Nase hat.

Den 25 ten Februar.

Um 8 Uhr heute früh machte mir Herr Reiffenstein eine große Freude mit 3 in brauner Tusche gezeichneten Landschaftchen, Original Hackert[189], zum Nachzeichnen. Ich ließ alles andere liegen und fing gleich an, brachte auch den Kontur noch fertig. Angelica war sehr damit zufrieden. Sie besuchte die Gräfin, die immer noch nicht ganz wohl ist. Ich ging nach dem Mittagessen ein

---

[187] Villa Albani (jetzt Torlonia), Via Salaria. Kardinal Alessandro Albani (1692-1779) ließ sie 1746-1763 durch Carlo Marchioni (1702-1788) erbauen. Winckelmann richtete hier ein Antikenmuseum ein. Teile davon heute in München.

[188] Exgeneral der Jesuiten? Siehe auch Anm. 302. Der letzte General der Jesuiten hieß Lorenzo Ricci. Er war bereits 1775 verstorben.

[189] Jakob Philipp Hackert (1737-1807). Bedeutendster damaliger Landschaftsmaler. Goethe schrieb seine Biographie (Philipp Hackert, Tübingen 1811). Thieme-Becker 15, 1922, S. 412-414. Noack II, S. 229 f. Marianne trifft später in Neapel mit ihm zusammen.

wenig in die Villa Medici, wo ich angefangen, ein Haus, das dem Raphael gehörte, zu zeichnen. Schmidt lud uns zu den Karnevalsspektakeln ein. Er wohnt gerade da, wo der größte Lärmen ist. Morgen früh wird der Anfang gemacht mit Hängen. Goethe beschreibt den Römischen Karneval[190] sehr schön, Schütz[191] machte die Zeichnungen von Mappen dazu, wir habens heute gelesen. Von dem Fisch, wo die Os Sepia bei sich auf dem Rücken hat und die schwarze Sepia[192] im Leibe, aß ich, aber er schmeckt nicht gut, sehr zähe, und sieht ekelhaft aus. Ich habe ihn abgezeichnet. Rehberg, Valentini, Reiffenstein und Signor Antonio waren bei uns. Hirt muß gestorben sein.

Den 26 ten Februar.

Heute ist der Tag, wo sich die Römer schon lange darauf freuten, der Tag, wo alle Köpfe bloß darauf sinnen, einen Narren zu machen. Alles ist mit einer Art von Tollheit überfallen. Der Anfang dieser lustigen Karnevalszeit fällt mehr ins Tragische als Komische, es wird immer ein zum Tod Verurteilter hingerichtet auf dem nämlichen Platz, wo das Pferderennen und Narrenlaufen ist. Der arme Sünder wird vor Mittag noch abgeschnitten, von den Barmherzigen Brüdern, die meistens von Stande sind, Prinzen, Prälaten etc. zu Grabe getragen. Sobald die Glocke auf dem Kapitol läutet, stürmt fast alles maskiert dem Corso zu. Gegen Nachmittag 4 Uhr glaubt man den Corso einen großen Saal, denn es sind auf jeder Seite an die Häuser Schaffotte[193] aufgebaut, worauf eine Figur an der anderen sitzt. Die Straße ist sehr breit, zwei Reihen von Wagen, worunter sehr schöne Pferde und gustose Wagen sind. In diesem Zwischenraum laufen die Menschen gedrängt ineinander wie rasend, kreischen, tanzen, hüpfen, machen allerlei Vorstellungen von Advokaten, Zahnärzten, Stutzer, Koketten, Wilden, kurz, alles, was ihnen am Närrischsten dünkt, treiben sie. Man kommt nicht durch, ohne mit Konfekt geworfen zu werden, der aber meistens von Gips gemacht ist. An den Fenstern hängen Teppiche heraus, meist von Damast. Wo eine Herrschaft wohnt, ist Samt mit goldenen Borten. Alle Fenster sind voll Köpfe, den ganzen Corso, der eine Meile lang ist, fahren 2

[190] Das römische Carneval. Weimar und Gotha 1789. Georg Melchior Kraus (1733-1806) schuf nach den Zeichnungen von Schütz die Kupferstiche für die Buchausgabe (s. Anm. 154).

[191] S. Anm. 154.

[192] Os sepia: kalkige Rückenschulpe des Tintenfisches. Einst Arzneimittel, dann zum Polieren verwendet. Schwarze Sepia: s. Anm. 125.

[193] Schaugerüst, erst später: Blutgerüst, Hinrichtungsstätte.

Reihen von Chaisen eine an der anderen. In der Mitte darf nur der Gouverneur, Senators und Gesandten fahren. Es war recht komisch anzusehen, wie die Herren Senators und der Gouverneur gefahren kamen, in alten vergoldeten Wagen, die Häuser glichen, da saßen sie darin mit großen, weiß gepuderten Perücken, spreizten sich groß auseinander. Vorher ritten viele aus der Garde mit bloßem Schwert, auch wurden die Preise für das Pferderennen daher geritten. Ein ungefähr 5 Ellen langes Stück Goldstoff wird dem Pferd, so zuerst das Ziel erreicht, zum Preis. Wenns einmal gegen 24 Uhr geht, so sind alle Augen gespannt, die schön geputzten Rennpferde kommen zu sehen. Es sitzen keine Reiter darauf, das wilde Geschrei der Menge Menschen und die an sich habenden Kugeln, wo kleine spitzige Stacheln, so wie sie widerprellen, einstechen, das viele Gerausche von Schellen und Rauschgold, wo man ihnen umhängt, trägt sehr zu ihrem geschwinden Laufen bei. Sie sind einem aber wie einen Augenblick vorüber. In 3 Minuten machen sie eine hiesige Meile. So wie sie ans Ende kommen, werden sie mit einem Tuch, das ausgespannt ist, aufgefangen und sobald sie sicher festgemacht sind, werden Kanonen gelöst. Dann darf wieder jeder Wagen von seiner Stelle. So wie das Pferderennen bald angeht, müssen alle Wagen stille halten, der Herr General mit seiner Suite kommt in einem artigen Galöppchen, um Platz zu machen. Und dann, wie dieses Rennen vorbei ist, hört alle Ordnung auf, ein jeder fährt vor- oder rückwärts, wo er will. In einer Zeit von 1/4 tel Stunde ist der Corso in seinem gewöhnlichen Zustande, alle Masken verlieren sich in die Komödie, Bälle etc. Dieser Karneval dauert 8 Tage, und mit jedem Tag soll die Narrheit zunehmen, Sonntag und Freitag ausgenommen. Wir sahen diese Komödie aus dem Fenster bei Gräfin Solms, tranken einen Tee, sahen hübsche Kupfer[194] und fuhren wieder nach Hause. Meine Gräfin nahm Hollunderlatwerg[195] und Tee zum Schwitzen ein, es half aber nicht viel. Sie lag mit 2 Pelzen zugedeckt von 7 Uhr bis nach 12 Uhr und schwitzte keinen Tropfen, vermutlich ist das Gina[196] schuld, den sie heute früh einnahm.

Den 27 ten Februar.

Heute ist Sonntag, also nichts von Karnevalsfreude. Herr Trippel aß bei uns zu Gast, hat eine Geschichte von einem seiner guten Freunde erzählt, der mit 14 Stichen ermordet wurde. Das hat mich ganz traurig gemacht. Auch mich dabei

---

[194] Kupferstiche.

[195] Holundermarmelade.

[196] Chinin? Chinarinde?

einen Mörder kennen gemacht, der 3 Menschen schon ins Reich der Toten geliefert. Weil er aber Geld hat, ließ man ihn frei. Er ist ein reicher Kornwucherer, und das Ärgerlichste ist, daß ich ihn alle Tage, sooft ich zum Fenster gucke, sehen muß. Es ist unser nächster Nachbar gegenüber. Hirt, Rehberg und die Gräfin Solms besuchten uns den Abend. Was das Sonderbarste ist: wenn Rehberg da ist, so bleibt Hirt nicht. Es muß eine Jalousie sein wegen der Gräfin Solms.

Den 28 ten Februar.

Diesen Morgen hat ich recht gute Laune für meine Arbeit gehabt, die Zeichnung von Hackert ist halb fertig geworden. Um 1 Uhr hörte ich auf, und wurde mir versichert, daß es ganz unrecht wäre, wenn Jüngere den Älteren was lehren wollten. Also, wer viele Jahre hat, hat auch viel Verstand. Probatum est, ich will mirs merken. Heute hab ich mich das erste Mal seit meinem Hiersein frisiert. Freilich könnten böse Leute sagen, es geschähe dem Hofrat Reiffenstein zu Gefallen, weil dieser gerade hängendes Haar nicht schön gefunden. Nach unserem Mittagessen fuhren wir auf den Corso, um den ganzen Zusammenfluß von Narren wieder zu sehen. Es ist heute viel brillanter als den ersten Tag, fast jeder Kutscher ist verkleidet, sogar Hunde putzen sie und stellen solche oben auf die Chaise. Eine Maske gefiel mir recht wohl. Sie spazierte diesen Morgen schon ganz pathetisch die Straßen auf und nieder, ganz in Papier gekleidet. Sie stellte eine stolze Dame vor. Wir wollten zu Schmidt fahren, um die Rennpferde ablaufen zu sehen, aber wir kamen den Corso nicht ganz hinauf, wurde schon Stillstand gemacht. Wir ließen also die Pferde an unserer Kutsche vorbeifliegen und stiegen bei der Gräfin Solms ab, tranken Tee, ich spielte etliche Sonaten, wo Rehberg recht schön dazu Violine spielte. Die kleine Jenny spielte auch eine Sonate mit mir zu 4 Händen. Das ist ein Kind mit den Jahren und schon so viele Kenntnis, hab ich noch keines kennen gelernt. Spricht Deutsch, Französisch, Italienisch und Englisch, spielt Klavier, auch Generalbaß, singt, ist belesen in der Geschichte, macht Auszüge davon, zeichnet, kann schon viele nötige weibliche Arbeiten. Morgen essen wir bei der Gräfin wieder zu Mittag. Einen Kupferstich von Guidos Aurora[197] hab ich gesehen, das ist so schön, daß ich mich eine Stunde davor gesetzt habe, es begaffte und mir eben erst vornahm, es recht ansehen zu wollen. Ich will noch keine Beschreibung hiervon machen, bis ich das Original gesehen habe.

[197] Der bekannteste von Raphael Morghen (1758-1833) 52,0 x 91,3 cm. Über das Original: s. Anm. 266.

Den 1 ten März.

Heute hat eine gewisse Dame[198] viel bei mir verloren. Ich hörte mit Staunen zu, wie sie einem Gewissen, den sie anspeien möchte, die schönsten Sachen dahersagte, ihn nötigte, von allem, was ihr geschmackvoll dünkte, zu essen, und im nämlichen Augenblick, daß sie ihn allerliebster Herr NN hieß, sagte sie ganz leise zu mir: der alte infame Kerl ist mir noch nie gut gewesen etc. Ich sah heute Angelica in großer Verlegenheit. Es wurde ihr sozusagen ein Lob abgezwungen, Signor Antonio knaukte auch dazu. Der Karneval machte heute wie die vorhergehenden Tage seine nämliche Wirkung auf eine Menge Menschen, ich bin es nun schon ganz satt.

Den 2 ten März.

Nun ist der Entschluß bei mir gemacht worden, alle meine Farben zum Teufel zu werfen. Ich war bei Gmelin, sah seine Zeichnungen in brauner Tusche. Der Ausdruck und die Nettigkeit in dieser Manier ist unbeschreiblich schön. Ich muß es aufrichtig gestehen, daß mir fast noch kein Gemälde von Landschaften so gefallen hat. Wenn ichs wüßte, einst noch so schön zeichnen zu können, ich würde vor Freude ein Narr werden. Den Vesuv, wie er Feuer speit, nach Natur gezeichnet, werde ich nächstens kopieren. Wenn ich mich nur 3 fach machen könnte: zu Hause zum Kopieren, nach Natur zu zeichnen und die Schönheiten Roms zu sehen. Der gute Gmelin war heute über 2 Stunden bei mir. Er pappte meine 2 Zeichnungen auf und ich spielte ihm dabei Klavier. Er ist ein großer Liebhaber von Musik.

Den 3 ten März.

Was ich heute sah, könnte mich bewegen, hier zu bleiben, wenn eins nicht wäre. Wir fuhren in die Villa Borghese[199]. So vergnügt, als ich mich da befand, war ich noch nie Zeit meines Hierseins. Wenn ein reicher Mann sein Geld so verwendet, hab ich Respekt für ihn. Er läßts doch andere auch mit genießen. Von der Villa will ich noch nichts sagen, weil wir noch einmal hinaus fahren, um dieses Haus, das ganz voll Kunst prangt, recht genießen zu können. Unter allen guten Statuen und Büsten ist da zu bewundern der sehr berühmte

---

[198] S. Anm. 128 (Gräfin Solms).

[199] Villa Borghese, Viale dell' Ucceleria. Das Kasino von Jan van Santen (Giovanni Vasanzio, um 1550-1621) zwischen 1605 und 1613 erbaut.

Fechter[200], ein Überbleibsel griechischer Arbeit, davor jeder den größten Respekt haben sollte. Man sieht ihn auch in Gips bei allen Malern, die sich kein besseres Modell wählen können. Ein großer englischer Garten, der diese Villa einschließt, steht jedem allzeit offen. Es ist nicht allein gesorgt, das Aug und Gefühl zu befriedigen, sogar der Magen kann da sich auf allerlei Weis belustigen, man bekommt Getränke und Konfektüre da. Ich habe mir fest vorgenommen, alle Morgen da zu frühstücken und zu zeichnen. Es ist eine so große Mannigfaltigkeit da, daß man lange Zeit studieren kann. Stille Wasser, wo sich die Bäume hineinspiegeln, kleine Wasserfälle, Aussichten nach S. Peter, ländliche Ansichten, wo die schönsten Partien von Bäumen zu zeichnen sind, Tempelchen[201], wo unter anderen einer dem Aeskulap gewidmet ist. Der ist sehr schön, liegt in einem großen See wo man auf einer Zugbrücke hinüber geht. Die schönsten Spaziergänge, die alle geziert sind mit Statuen und den schönsten Monumenten. Ich wäre so gerne da geblieben statt nach Hause zu gehen und die Narren nochmal auf dem Corso zu sehen. Heute war aber einer ihrer Haupttage, so ward beschlossen, zu Schmidt zu gehen, der nicht weit von dem Obelisk wohnt, wo die Pferde ablaufen. Wir trafen Schmidt nicht an, er hinterließ aber, daß wir ein Fenster bekommen, wo wir das Spektakel auch recht gut sehen. Die arme Gräfin profitierte nicht viel davon, denn sie hatte rasendes Zahnweh. Bei Schmidt sah ich etliche sehr schöne Gemälde, worunter das Porträt seines Mädchens[202] war. Sie ist in einem weißen Gewande, auf Rosen hingelehnt, den einen Arm auf der Laute. Sehr schön, die Gegend ist ein Hain, die Bäume sind mit vieler Delikatesse gemalt. Die alte Frau[203] im Haus freute sich recht herzlich, daß sie des Schütz[204] sein Bäschen gesehen. Sie muß ihn sehr lieb haben.

Den 4 ten März.

Früh um 9 Uhr wurde in die Villa Albani gefahren, wo wir schon einmal waren, aber nicht all das Merkwürdige sahen. Die Gräfin hatte nicht Lust, halbe Stunden lang bei einer Statue oder Büste stehen zu bleiben, wie Herrn Graf seine löbliche Gewohnheit ist. Wir sahen also alles flüchtig, machten, was uns

[200] Der borghesische Fechter. 100 v. Chr. von Agasias von Ephesus. Marmor, 1,99 Meter. Anfang 17 Jhdt. zu Capo d'Anzio gefunden. Prinz Camillo Philippo Lodovico Borghese heiratete 1803 Maria Paolina Bonaparte und wurde von seinem Schwager Napoleon Bonaparte gezwungen, die Sammlung der Villa Borghese an ihn zu verkaufen. Die Statue heute im Louvre in Paris. Catalogue des Marbres Antiques, S. 30, Cat. 527.

[201] Aeskulaptempel im griechischen Stil.

[202] Teresa Banducci aus S. Severino, die er am 5. 8. 1792 heiratete.

[203] Piera Colina, Hauswirtin von Johann Georg Schütz und Goethe.

[204] Wie Anm. 154.

schön dünkte, einen freundlichen Knicks und gingen in den Garten, welcher sehr schön ist, aber doch behält vor allen der Garten bei der Villa Borghese den Vorzug. Ich hab auch nach Natur ein wenig gezeichnet, womit mein lieber Gmelin zufrieden war. Ich ging mit der Gräfin Solms und Rehberg zu ihm und sah schöne Sachen. Hirt gäbe eine gute Kammerjungfer, wenn er nur nicht so groß wäre. Von 6 bis 7 war eine böse Stunde für mich, ich half der Gräfin anziehen zur Visite bei Kardinal Bernis[205], versäumte darüber, eine halbe Stunde bei Gmelin zu zeichnen. Er kam um halb 7. Wie alles weg war, wurde meine Zeichnung, eine Gegend von Neapel, wo Herr Vesuv raucht, fertig gemacht. Hirt ging seines Pfades schon um halb 8 Uhr, Gmelin um 1/2 9. Valentini kam, wir sangen ein Duettchen und sprachen das dümmste Zeug, wo man sich nur denken kann. Um 10 Uhr kamen die Ausgegangenen wieder, ich aß noch einen Pfannkuchen, die Gräfin Schokolade, ich zeichnete noch bis 11 Uhr und itzt schreib ich und gehe schlafen.

Den 5 ten März.

Heute hab ich viel Gutes gesehen. Wir fuhren in die Villa Ludovisi[206]. Die Statuen ausgenommen, will die andere Einrichtung gar nichts sagen. Es sind aber 3 der besten Gruppen da. Die erste ein sitzender oder mehr ruhender Krieger[207]. Seine beiden Arme sind mit der Brust vorwärts gebogen, man vergißt, daß er harter Marmor ist, so nachgiebig sind alle Muskeln gearbeitet. Die Hände liegen auf dem linken Knie, in der einen hat er sein Schwert, zu Füßen schmiegt sich ein kleiner Amor. Man bemerkt noch nebenbei, daß noch mehrere Figuren dazu gehörten. Die zweite Gruppe soll vorstellen Orest[208], wie ihn seine Schwester, nachdem er sich erkennen gab, mit Wohlgefallen ansieht. Das Gewand ist in großer Manier, die Profile sehr schön. Hierüber wurde viel disputiert, die Herren Antiquarii sind nicht einerlei Meinung. Die dritte[209] ist

[205] François de Pierre de Bernis (1715-1794). Französischer Gesandter beim Vatikan. Wohnte im ehemaligen Palazzo Verospi am Corso neben dem P. Doria. Noack II, S. 86.

[206] Villa Ludovisi, Via Ludovisi, auf dem Pincio. Von Kardinal Ludovico Ludovisi (1595-1632) in den ehemaligen Gärten Sallusts errichtet. Hauptpalast von Domenichino (1581-1641). Fiel 1870 der Bodenspekulation zum Opfer.

[207] Ares Ludovisi. Griechisch, unbekannter Meister, 4. Jhdt. v. Chr. Marmor, 1,44 Meter. Zwischen Palazzo S. Croce und Campitelli gefunden. Heute Thermenmuseum. Inv. Nr. 8602. Helbig III, Nr. 2345.

[208] Gruppe des Menelaos. Mitte 1. Jhdt. n. Chr., unbekannter Meister. Marmor, Orest 1,70 Meter, Elektra 1,92 Meter. Heute Thermenmuseum. Inv. Nr. 8604. Helbig III, Nr. 2352.

[209] Paetus und Arria, auch: Gallierfürst und Frau. Kopie der trajanischen oder frühen antoninischen Periode einer Bronzegruppe, geweiht Attalos I. nach seinem Sieg über die Gallier. Hier im Garten gefunden. Marmor, 2,11 Meter. Jetzt Thermenmuseum. Inv. Nr. 8608. Helbig III, Nr. 2337.

auch sehr meisterhaft gearbeitet, in keinem so edlen Stil, aber außerordentlich viel wahrem Ausdruck. Ein Held, der überwunden ward, entgeht seiner Schande, indem er sich den Dolch in die Brust stößt, und mit dem linken Arm hält er seine sterbende Frau, die sich schon erstochen und will zusammensinken. Man möchte ihr zu Hilfe kommen. Das Ganze ist sehr gut, nur schade, daß die Ergänzung des rechten Arms so schlecht und ganz unnatürlich gemacht ist.

Zwei einzelne Statuen, der Bacchus[210] und ein junger Faun[211], sind auch sehr gut. Ein schöner Garten ist da, welchen ein Teil der alten Stadtmauer einfaßt. In dieser Villa hat man die schönste Aussicht über ganz Rom, Tivoli und umliegende schöne Gegend. Von da aus besuchten wir Madame Angelica. Sie malte just ein Porträt, wo sie ganz Natur mit Kunst verbunden hat. Wir gingen mit ihr in ihr kleines niedliches Blumengärtchen, welches recht angenehm liegt und nur drei Schritte von ihrem Malzimmer ist. Signor Zucchi wies mir seine Zeichnungen, nun habe ich ihn viel lieber, weil er mir zwei davon zum Nachzeichnen aussuchen ließ und gab mir auch sogar Papier dazu. Ein herrliches Französisch und Italienisch sprach ich mit ihm, er kann kein Wort Deutsch. Die Gräfin ist mit Herrn Graf zur Gräfin Solms nach Tische gefahren, um den Corso, welchen man mit Recht einen Stall voll Narren nennen kann, zu sehen. Ich bin das tolle Zeug satt und blieb zu Hause, zeichnete. Ins Spektakel fand ich auch keinen Beruf, denn es ist zum Totärgern. Wo die schönsten Arien gesungen werden, ist so ein Lärmen, daß man nichts hört. Santa Croce[212] war da, um die Gräfin nach ihrer Abrede zum Corsofahren abzuholen und die Gräfin hat es vergessen gehabt, sich nicht in großen Staat gesetzt, und konnte also nicht mit. Sonst war für heute außer Hirt niemand da.

Den 6 ten März.

Der Tag ist nicht viel wert. Meine Frau Hauspatron putzte sich so lange, bis sie mit mir in die Kirche ging, daß ich spät anfing, ein bißchen zu zeichnen. Nach Tisch fuhren wir spazieren in die Villa Borghese, wo wir die Gräfin Solms antrafen. Rehberg kam spät, gewisse Augen warteten schon lange auf ihn. Er sieht aber nicht gesund aus, ich versprech ihm keinen alten Mann[213]. Um 6 Uhr gings wieder nach Haus, die Gräfin machte Toilette und ging in die Oper. Herr

210 Herme des Dionysos. Kopie 2. Jhdt. v. Chr. Marmor. 1,71 Meter. Jetzt Thermenmuseum. Inv. Nr. 8617. Helbig III, Nr. 2333.

211 Statue des einschenkenden Satirs. 4. Jhdt. v. Chr. Nach Praxiteles. Schon im Inventar von 1633. Marmor. 1,56 Meter. Jetzt Thermenmuseum. Inv. Nr. 8597. Helbig III, Nr. 2338.

212 S. Anm. 131.

213 Er starb erst 1835, fast 77 Jahre alt.

Graf war so complaisant, mitzugehen - und hatte Halsweh. Ich bin nun ganz alleine zu Hause, sitze beim Kaminfeuerchen und schreibe Briefe nach Hause. Um 10 Uhr wird alles wieder nach Hause kommen, dann Gut Nacht! Das liebe Lieschen[214] klopft eben an der Türe und will mich besuchen, um mir Langeweile zu machen. Ich sitze aber so still wie ein Mäuschen, vielleicht glaubt sie, ich schliefe.

Den 7 ten März.

Das gibt ein kleines Kapitelchen. Ich war den ganzen Tag zu Hause, zeichnete, und wenn ich ausruhen wollte, begaffte ich die Narren von meinem Fenster hinab und machte so mancherlei Gedanken hierüber. Valentini war da und schwatzt alle Tage dümmer. Ich kanns gar nicht begreifen, wie Ludwig seine Bekanntschaft hat machen mögen. Hirt tat meine Kleider an, sah charmant aus, ein bißchen größer als die Treutchen[215]. Er erzählte mir eine Ahnung von seinem Bruder, die mich schaudern machte. Monsieur Caracalla[216] spazierte heute in unsere Reisegesellschaft, ich freu mich seiner Schönheit. Sabina[217] will Hirt noch nicht ganz für echt annehmen, sie ist ihm nicht schön genug. Meine Gräfin ist auf dem Ball mit Prinzessin Santa Croce[218], Herr Graf liegt im Bett und ich will eben schlafen gehen.

Den 8 ten März.

Endlich ist das Ende vom tollen Römischen Karneval, es beschloß sich mit Regenwetter. Nun sind noch alle Gasthäuser voll Leute, die sich nochmal recht satt Fleisch essen. Die Gräfin und ich haben schon angefangen zu fasten: unser Zunachtessen war ein Pfannkuchen. Heute früh war ich Arrestant in meinem Schlafzimmer bis 11 Uhr. Die Gräfin kam heute Nacht um 4 Uhr erst nach Hause und schlief länger als gewöhnlich. Ich wollte sie nicht aufwecken und konnte nicht anders als durch ihr Schlafzimmer in den Saal gehen. Die Zeit wurde mir freilich ein wenig lang, bis ich frühstücken konnte. Um 1 Uhr fühlte ich mich größer als andere, dabei auch kleiner. Hirt speiste bei uns. Er war heute wider seine Gewohnheit artig. Der Vergleich, wo er mit der Ähnlichkeit des Caracalla und Pater Rembert[219] machte, war nicht übel. Die Gräfin

---

[214] Tochter des Wirtes Vinzenz Rößler.

[215] Nicht festgestellt.

[216] Kopf des römischen Kaisers Caracalla (198-217). List, S. 208, Nr. 28. Eberhard, S. 40, Nr. 654.

[217] Büste der Sabina, Gattin des Kaisers Hadrian (117-138). Nicht bei List. Eberhard, S. 37,. Nr. 6.

[218] Tochter der Fürstin Santacroce. S. Anm. 131.

[219] Nach Muthmann: Johann Heinrich Ramberg (1763-1840), doch dieser gehörte nicht dem geistlichen Stande an und traf erst im März 1792 in Rom ein. Thieme-Becker 27, 1933, S. 587. Noack II, S. 468.

und ich guckten zum Fenster hinab, um das Narrengeläuf zu sehen. Es kamen zwei Masken, die Maler vorstellten. Der eine hatte ein großes Portefeuille und zeichnete darauf mit einer Reißfeder, der andere hatte Palette und Pinsel. Wie sie an unser Haus kamen, stellten sie sich gerade gegenüber und deuteten auf uns. Mit viel Emsigkeit zeichneten sie vermutlich unser Porträt, denn sie zeigten an ihre Nase, Augen etc. Wir dankten ihnen auf italienisch, und sie machten einen Knicks und gingen ihrer Wege. Es müssen vermutlich Leute gewesen sein, die uns gekannt haben. Rehberg kam, wir schwatzten wohl eine Stunde beim Kamin. Wenn der Mann, wo just in der nämlichen Stube war und eine Büste putzte, Deutsch verstanden hätte, so wäre ich übel dran, denn wir sprachen so ganz von der Leber weg über verschiedene Leute, die wir im Grunde alle beide nicht lieb haben. Hirt machte dieser Konversation ein Ende. Rehberg ist Hirt mehr gut als Hirt dem Rehberg. Herr und Frau Gräfin kamen, wir tranken Tee, Gmelin und ich zeichneten und dieser Tag ging zu Ende.

Den 9 ten März

hab ich den ersten Esel hier gezeichnet. Gmelin freute sich, daß ich seine Rosinante[220] so getreu nachgezeichnet, Hirt und Trippel kamen gleich nach Tisch, Reiffenstein und Gmelin speisten bei uns. Meine Herrschaft fuhr mit Santa Croce zu Kardinal Bernis, Dies blieb noch eine Stunde bei mir, spielte mir was daher auf dem Klavier, invitierte mich zu meiner Jungfer Nachbarin, welche sehr gut singen, harfen, Klavierspielen und geigen soll. Dies ist ihr standhaftester Anbeter. Er erzählte mir Sachen vom hinter dem Vorhang versteckten 18. Jahrhundert, ich staune noch und habe nun ein merkliches mehr Respekt für seinen Verstand. Santa Croce geht in Trauer[221]. Ich bin sehr froh darum, nun legts meine Gräfin noch nicht so bald ab, es ist also weniger Unglück zu befürchten.

Den 10 ten März

sahen wir endlich wieder einmal eine Bildergalerie im Palast Doria[222]. Dies ist nach Borghese das reichste Haus hier, hat alle Jahr bei 99 000 Zechinen zu verzehren. Ich habe mir nur diese Einnahme einmal gewünscht, was wollte ich

---

[220] Name des Hengstes von Don Quichote in Cervantes Roman.

[221] Nicht geklärt.

[222] Palazzo Doria, Via del Corso. 1435 von Kardinal Acciapacci erbaut. Die Fassaden aus verschiedener Zeit. Galerie Doria-Pamfili.

da mir und den anderen Gutes tun. Also an die Galerie zu kommen: was mir am merkwürdigsten schien und gemacht wurde, will ich, ums nicht zu vergessen, aufschreiben. Soviel habe ich aber gemerkt, daß Reiffenstein Mengs[223] für seinen Gott hält. Was dieser schön gefunden, wird ganz himmelhoch von Reiffenstein angepriesen. Wenn wirklich neben so einem Gemälde ein viel besseres hing, so blieben wir doch da 6 Minuten länger, wo Mengs einmal eine Hand oder einen Zug im Kopf gut fand. In den paar ersten Zimmern sind große Gemälde in Gouache von Poussin[224], bloße Skizzen, keck gezeichnet, aber schlecht koloriert. Die eigentliche Galerie hat zwei lange und zwei kurze Gänge. Es ist die Einfassung eines kleinen Hofes, hat das schönste Licht nämlich auf einer Seite, denn wo die Fenster sind, hängen auch nur mittelmäßige und schlechte Bilder. Etwas schmal ist sie, wenn viele große Gemälde da hingen, würde man sie zu nahe bei den Augen haben. Hieronymus von Spagnoletto[225] fällt jedem auch nicht ganz Kenner als ein gut gezeichnetes Gemälde ins Auge, das viel Ausdruck hat, aber keine Grazie. Es sind noch verschiedene von diesem Meister da, aber meist Alte, wo aber das Alter mehr ekelhaft als ehrwürdig dargestellt ist. Eine hl. Familie von Leonardo da Vinci[226], Lehrmeister von Raphael, wo die Köpfe sehr viel Schönes haben. Es kommt aber Raphaels letzten Gemälden lange nicht bei, besonders in der richtigen Zeichnung und sanften Form. Eine Kopie, wo Nikolaus Poussin[227] nach einem sehr alten Gemälde auf die Mauer gemacht hat, ist wegen der alten Manier schätzbar. Er stellt eine Braut vor. Eine Hochzeit von Teniers[228], worauf er sich ganz gemächlich auf einen Stuhl zu Anfang der Tafel gesetzt, seine Frau neben ihm, wo ein Kind auf dem Schoß hat und eins spielt an ihr. Die ganze Vorstellung ist recht natürlich, man sieht, wie's gekocht, aufgetragen und gefressen wird. Die vier Elemente

---

[223] Anton Raphael Mengs (1728-1779), Maler und Kunstschriftsteller. Thieme-Becker 24, 1930, S. 390-392. Noack II, S. 393 f.

[224] Gaspard Poussin (1615-1675), Thieme-Becker 27, 1933, S. 320 f. Schüler seines späteren Schwagers Nicolas Poussin (1594-1665). Im Katalog 10 Bilder genannt. Ramdohr 2, S. 127, 128, 135, 136.

[225] Jusepe Ribera (lo Spagnoletto) (um 1590-1652). Thieme-Becker 28, 1934, S. 232-236. Kat. 297 (190): S. Girolamo, Öl auf Leinwand, 110 x 90 cm. Kat. 381 (441): S. Pietro contrito. Den weinenden Petrus schreibt Volkmann II, S. 321 dem Annibale Carracci zu. Ramdohr 2, S. 122.

[226] Leonardo da Vinci (1452-1519). Thieme-Becker 23, 1929, S. 76-80. Ihm wurde bis 1869 das Bild zugeschrieben. Es ist jedoch von Giovanni Pedrini (um 1520/40). Thieme-Becker 26, 1932, S. 343 (hier: S. 343)

[227] Nicolas Poussin (1594-1665). Thieme-Becker 27, 1933, S.321-327. Kopie der Aldobrandinischen Hochzeit. Kat. 385, Inv. Nr. 359, Öl auf Leinwand, 141 x 242 cm.

[228] David Tenier d. J. (1610-1690). Thieme-Becker 32, 1938, S. 527-529. Kat. 215-350: Convito all' aria aperta. Öl auf Leinwand, 120 x 120 cm. Volkmann II, S. 321: Eine Bauernhochzeit. Ramdohr 2, S. 123.

vom Samt Breughel[229] sind nach seiner gewöhnlichen Art außerordentlich fleißig gemalt. Jedes Blättchen vom Baum hat sein eigenes Licht und Schatten. Die vielen Tiere und Gräschen sind alle mit der großen Akkuratesse gemalt, im Kolorit ist er nicht stark, alles blau.

Von Tizian[230] ein Abraham, wie er seinen Sohn schlachten will. Ist schön, aber doch, wenns vom Tizian wirklich ist, keines seiner allerbesten. Besonders die grade, steife Lage des Isaak gefiel mir nicht, das Fleisch ist sehr gut, sanft, natürlich und rund gemalt. Viele wollten daran tadeln, daß der Junge schreit und sich nicht gerne metzeln wollt lassen, auch, daß der Engel den Arm zu leicht hält. Ersteres scheint mir sehr der Natur gemäß, als wenn Isaak sich wie ein Schaf ohne Furcht bückte, und die zweite Ausstellung glaube ich kommt bloß vom verwöhnten Auge her, das fast bei jeder Vorstellung dieser Szene den Engel gradezu des Abraham Faust mit dem Schwerte packen sieht. Eine große Landschaft vom Domenichino[231] ist gar nicht übel und besonders wegen der Staffage zu beloben, sie ist ganz der ländlichen Gegend angemessen. Eine Frau mit mehreren Kindern steht an dem Bach, um hinüber zu waten, der älteste Junge häkelt eines seiner kleinen Geschwister im Wasser, ein etwas kleinerer zieht seine Kleider ab, um noch ein Kleines, das da steht und nach ihm langt, ebenfalls zu transportieren, das ganz jüngste schmiegt sich fürchtend an die Mutter. Es ist doppelt schön, wenn in einer schönen Landschaft nicht bloße Maschinen steif spazieren gehen. Von Bartolommeo[232], einem Dominikaner, wo vom Raphael profitierte, eine schön gemalte Hl. Familie, wie Johannes Früchte dem Kind Jesus darbringt, Joseph hat Johannes an der Hand, zwei Engel sehen mit Wohlgefallen diese Handlung. In den Köpfen ist viel Grazie. Ein Christuskopf von Augustin Carracci[233], mit sehr vielem Ausdruck gemalt.

---

[229] Jan Brueghel d. Ä. (1568-1625). Thieme-Becker 5, 1911, S. 98 f. Nach seiner Vorliebe für Samt- und Seidenstoffe „Samtbruegel" genannt. Kat. 24, Inv. 332: Allegoria del Fuoco, Öl auf Holz, 53,8 x 94,3 cm. Kat. 23, Inv. 328: Allegoria dell' Aria, Öl auf Holz, 54 x 94,7 cm. Kat. 22, Inv. 322: Allegoria della Terra, Öl auf Holz, 54,2 x 94,5 cm. Kat. 21, Inv. 348: Allegoria dell' Aqua, Öl auf Holz, 54,9 x 94 cm.

[230] Nicht von Tizian, sondern von Jan Lievens I (Livens, Lyvius) (1607-1674). Thieme-Becker 23, 1929, S. 214 f. Kat. 291 (343): Sacrificio di Abramo, Öl auf Leinwand, 250 x 76 cm. Lafenestre S. 204, Nr. 291, Ramdohr 2, S. 124.

[231] Domenico Zampieri, gen. il Domenichino (1581-1641). Thieme-Becker 9, 1913, S. 399-403. Kat. 405 (227): Passagio di un guado, Öl auf Leinwand, 47 x 59,5 cm. Ca. 1604/05. Spear I, Nr. 16. Ramdohr 2, S. 124.

[232] Das Bild stammt von Fra Paolino (um 1490-1547). Thieme-Becker 26, 1932, S. 209 f. Kat. 156 (320): La Sacra Famiglia e due angeli, Öl auf Leinwand, 150 x 100 cm. Lafenestre S. 156.

[233] Kopie nach Annibale Carracci (1560-1609). Thieme-Becker 6, 1912, S. 60 f. Kat. 191, Inv. 137: Pietà, Öl auf Leinwand, 160 x 154,5 cm. Ramdohr 2, S. 132.

Quinten Massys[234] war Schmied und wurde aus Liebe für eine Malerstochter Maler. Von diesem sind mehrere Tableaus da, unter anderem ist das beste, worauf zwei Wucherer sitzen, die sich von zwei armen Bauern Geld pressen. Der eine ist in sich selbst vergnügt mit seinem dicken Geldbeutel und Bauch, der andere lechzt noch nach mehr und mehr. Der Bauer, so eben den Beutel ausleert, scheint sagen zu wollen, er hätte nichts mehr und bitte um Geduld, der andere Bauer kratzt aus Angst hinter den Ohren.

Eine sehr schöne Bataille von Barchini[235]. Er ist Jesuit geworden. Sassoferrato Salvi[236] zwei Gemälde. Das eine ist eine andächtige Maria. So viel Sanftes mit der größten Grazie verbunden hab ich noch in keinem Gemälde gesehen. Wenn er so gut kolorierte wie Tizian, dann wüßt ich nicht, ob ich letzteren noch vorzöge, besonders in anmutigen Köpfen.

Guercino[237]: seine drei Manieren, in denen er gemalt hat, hängen bei einander. Johannes[238] in seiner kräftigen, etwas schwarzen Manier, den verlorenen Sohn[239] in rötlicher, S. Agnes[240] sanft. Wenn ich zu wählen hätte, so nähm ich Johannes. Guido: ein schlafendes Jesukind, wo Maria anbetet[241]. Die Formen sind sehr gut, Ausdruck, Schönheit, aber das Fleisch am Kind etwas zu blau. Das Porträt von Papst Innocenzio dem 10 ten, von einem geschickten Spanier gemalt mit Namen Velázques[242]. Ein böser Mann, den Michelangelo

---

[234] Les deux Avares. Öl auf Holz, 60 x 90 cm. École flamandes. Lafenestre, S. 221, Nr. 173. Fälschlich Quinten Massys (1465/6-1530) zugeschrieben.

[235] Jaques Courtois, gen. il Borgognone (1621-1675). Thieme-Becker 7, 1912, S. 591 f. Trat 1657 in den Jesuitenorden ein. Schlachten- und Historienmaler. Kat. 301-221: Scontro di fanti e cavalieri. Kat. 305-226: Una battaglia. Kat. 355-350: Miscia di armati a cavallo.

[236] Giovanni Battista Salvi (Sassoferrato) (1609-1685). Thieme-Becker 29, 1935, S. 361-363. Kat. 376-225: La Madonna in orazione a mani giunto. Kat. 288 (302): La Madonna, il Bambino e S. Giuseppe. Ramdohr 2, S. 126.

[237] Giovanni Francesco Barbieri, gen. il Guercino (1591-1666). Thieme-Becker 15, 1922, S. 216-222.

[238] Saint Jean lisand. Öl auf Leinwand, 120 x 80 cm. Lafenestre, S. 204, Nr. 70. Cat. 70-264: S. Giovanni, genuflesso, assorto, nella Lettura. Oder: San Giovanni Battista alla Fonte. 1652, Öl auf Leinwand, 227 x 180 cm. Salerno, 1988, Nr. 290, Cat. 154-293. Ramdohr 2, S. 126.

[239] Il figliolul Prodigo, Öl auf Leinwand, 114 x 153,5 cm. Salerno, 1988, Nr. 279. Cat. 81-279. 6 Versionen bekannt. Guida 16, 1977, S. 153, Nr. 143. Ramdohr 2, S. 126.

[240] Guercino, Kat. 348 (284): Sant' Agnese sul rogo, Öl auf Leinwand, 226 x 178 cm. Ramdohr 2, S. 126.

[241] Guido Reni (s. Anm. 164), Kat. Nr. 295 (288): La Vergine in adorazione del Bambino dormiente. Öl auf Leinwand, 90 x 110 cm. Ramdohr 2, S. 127.

[242] Diègo Rodrígez de Lilvay (Velázquez) (1599-1660). Thieme-Becker 34, 1940, S. 189-197. Kat. 118-289: Papst Innozenz X. (1644-1655), 1650, Öl auf Leinwand, 140 x 120 cm. Asturias Nr. 107. Ramdohr 2, S. 126.

unter die Verdammten als Kardinal gemalt[243]. Einen Claude Lorrain[244], so schön ich noch keinen von ihm gesehen, Bäume, Luft, Ferne, alles so wahr, so schön. Er bleibt, seine geringen Fehler ausgenommen, der beste Landschaftsmaler. Etliche Gegenden von Venedig von Canaletto[245], die aber sehr steif und eintönig herauskommen. Roelant Savery[246] im Gout von Sammetbreughel, aber viel besseres Kolorit, auch das Vieh besser. Eine Frau, wo deutlich ihre Miene merken läßt, daß sie ihrem Mann, der bei ihr steht, nicht außerordentlich gut ist: vom Tizian[247], recht gut, nur schade, daß es nicht so ganz gut konserviert ist.

Aus de Sarto's[248] Schule eine Maria und Joseph. Die Gesichtchen und Gewänder schön, Johannes bekam aber einen alten Kopf, weil's ein Porträt sein mußte. Eine schöne große Landschaft vom Claude Lorrain[249], der in der Mitte stehende Bauer macht aber keine gute Wirkung, auch ist Dunkel ausgewaschen.

---

243 Der Zeremonienmeister Papst Paul III., Biagio Martinelli von Cesena, hatte das Gemälde wegen der Nacktheit der Figuren getadelt. Daraufhin hatte ihn Michelangelo unter die Verdammten gemalt und dem König Minos seine Züge samt Eselsohren gegeben. Daniele da Volterra (um 1509-1566) mußte später Lendentücher und Gewandzipfel über allzu nackte Partien malen und wurde deshalb „brachetone" = Hosenmaler genannt.

244 Claude Gellée (Lorrain) (1600-1682). Thieme-Becker 13, 1920, S. 366-372. Röthlisberger Nr. 187: Veduta di Delfi con una prozessione. 1650, Öl auf Leinwand, 150,5 x 200 cm. Ebda. Nr. 56: Paesaggio con il riposo durante la fuga in Egitto. 1639, Öl auf Leinwand, 100 x 125 cm. Ebda. Nr. 155: Paesaggio con Apollo che custodisce gli armenti di Admeto e Mercurio che lo deruba. 1645, Öl auf Leinwand, 55 x 45 cm. Ebda. Nr. 156: Paesaggio con Cefalo e Procri riuniti da Diana. 1645, Öl auf Leinwand, 55 x 45 cm. Ebda. Nr. 181: Paesaggio con figure danzanti. 1648, Öl auf Leinwand, 150 x 200 cm. Ramdohr 2, S. 127: Flucht nach Ägypten.

245 Antonio Canal (Canaletto) (1697 1768). Thieme-Becker, 5, 1911, S. 485 f. Weder Lafenestre noch Berti weisen Werke dieses Künstlers in der Galerie nach.

246 Roelant Savery (1576-1639). Thieme-Becker 29, 1935, S. 507. Landschaften mit mythologischen Szenen und reichen Tiergruppen.

247 Sofonisba Anguisciola (1527- nach 1623). Thieme-Becker 1, 1907, S. 524 f. Lafenestre S. 193, Nr. 373. Cat. 373-446: Ritratto di uomo e donna ignoti. Öl auf Leinwand, 70 x 65 cm. Ramdohr 2, S. 128?

248 Andrea d'Agnolo (de Sarto) (1486-1530). Thieme-Becker 29, 1935, S. 473-475. Kat. 142, 439: La Vergine, il Bambino e S. Giovanni. Öl auf Leinwand, 112,7 x 96 cm. Auch als Kopie eines deutschen Meisters bezeichnet.

249 Röthlisberger Nr. 181, s. Anm. 244. Ramdohr 2, S. 127, 129, 131.

Aus Tizians Schule[250] sind viele gute Gemälde da, meist Heilige Familien. Carracci[251] sieben ovale große Gemälde, die in Kirchen waren, drei davon sind sehenswert: die Himmelfahrt Mariae[252], Heimsuchung[253], Flucht nach Ägypten[254]. Zwei Tauben Wegweiser[255]. Ein Porträt von Rubens[256]: es stellt den Beichtvater vom Hause Doria vor. Er hat nichts Gutes im Gesicht, aber dafür sehr gut gemalt. Wenn man aber des Tizian Magdalena[257], welche gleich zwei Gemälden von Raphael[258] über hängt, betrachtet, so sehen erstere hart aus, das Klare, auch im größten Schatten noch immer Fleisch, das konnte nur Tizian. Angelica studiert diesen würdigen Meister sehr stark, sie hat es aber noch nicht dahin gebracht, wie der kolorieren zu können. In der Komposition übertrifft sie ihn weit. Benvenuti[259] malt in einer großen Manier, besonders die Gewänder. Vasari[260] malt mitunter schön, aber ohne Seele. Eine Abnehmung

[250] Unbekannter Nachfolger Tizians: Sacra conversatione. Öl auf Holz, 84 x 115,5 cm. Cat. 130, Inv. 363. Ramdohr 2, S. 122.

[251] 6 Lunettenbilder für die Kapelle Aldobrandini. Vier davon werden verschieden zugeschrieben: Domenichino (1581-1641), Albani (1578-1660), Lanfranco (1582-1647) und Badalocchio (1581/5-1647). Sicher von Annibale Carracci ist die „Flucht nach Ägypten". S. Anm. 254. Ramdohr 2, S. 130 f.

[252] Himmelfahrt Mariae, Öl auf Leinwand, 115 x 230 cm. Lafenestre S. 198, Nr. 78. Cat. 78-240.

[253] Heimsuchung, Öl auf Leinwand, 90 x 124 cm. Lafenestre S. 199, Nr. 90. Cat. 90-238.

[254] Flucht nach Ägypten, Öl auf Holz, 122 x 230 cm. Lafenestre S. 198, Nr. 80. Cat. 80-236.

[255] Zwei Tauben fliegen gleichsam als Wegweiser dem Zug voran. Auch ein Schwarm Vögel am Himmel fliegt in dieselbe Richtung.

[256] Peter Paul Rubens (s. Anm. 63) früher zugeschrieben. Bei Lafenestre S. 213, Nr. 231 ein Dominikanermönch. Nach Kat. 231-233 ein Franziskanerpater. Nach Morelli unsicher als Beichtvater Tizians vom Predigerorden bezeichnet. Cagli Nr. 477: San Domenico. 1567. Öl auf Holz, 92 x 78. cm.

[257] Volkmann II, S. 320: „Eine Magdalena von Feti, die über einen Totenkopf nachdenkt." Das Bild stammt von Mattia Preti (1613-1699). Thieme-Becker 27, 1933, S. 385 f., nach Lafenestre S. 202 und Kat. 100-272 von Domenico Feti (Fetti). Thieme-Becker 11, 1915, S. 508 f.: La Maddalena, Öl auf Leinwand, 100 x 72 cm. Ramdohr 2, S. 131.

[258] Nach Kat. 48, Inv. 358 flämische Kopie nach Raffael: Ritratto di Giovanni d'Aragona, principessa Colonna. Öl auf Holz, 125,7 x 99 cm. Prisco Nr. 123: Ritratto di Andrea Navagero e Agostino Beazzano von Raffael. 1516. Öl auf Leinwand, 76 x 107 cm.

[259] Giovanni Battista Benvenuti (Ortolano) (vor 1488-1525). Thieme-Becker 26, 1932, S. 67 f. Lafenestre S. 208, Nr. 165: Adoration de l'Enfant Jésu. Öl auf Holz, 300 x 160 cm.

[260] Giorgio Vasari (1511-1574). Thieme-Becker 34, 1940, S. 119-128. Lafenestre Nr. 233: Descente de croix. Öl auf Holz, 350 x 190 cm. Ramdohr 2, S. 135.

vom Kreuz sah ich so. Mehrere Porträts von Rubens[261], kecker, bestimmter als des Tizian seine, aber nicht so sanfter Schatten.

Caravaggio[262] machte ein Bild, das mich recht amüsierte. Um das Kind Jesu schlafen zu machen, geigt ein Engel, der vor dem Joseph steht. Dieser hält ihm die Noten, mit dem Fuß tritt der Geiger den Takt. Diese Musik tat so ihre Wirkung, daß Maria mit einschlief. Die Möbel sind den Räumen angemessen, folglich prächtig und schön.

Nachmittag fuhren wir in die Kirche S. Maria Nuova[263], wo ein Fest war. Die Kardinäle beteten in einer Art von Chor. Es war Musik, aber bloß vokal. Ich lernte einen deutschen Professor Meyer[264] kennen, er ist sehr unterhaltend. Madame Lebrun[265] ist hier angekommen, sie soll die erste Porträtmalerin sein, die lebt, lange über Angelica, nämlich, was Porträt ist.

Gräfin Solms bekam heute eine Anwandlung von Narrheit für Freude wegen Neapel. Rehberg wurde angesteckt und wir auch. Einbildung tut viel in der Welt. Rehberg fand die Originalzeichnung Dies hin und wieder unbestimmt gezeichnet, weil ers für meine Arbeit hielt.

Den 11 ten März

machten wir heute früh der schönen Aurora[266] eine Visite. Der Plafond ist in das Gartenhaus des Prinzen Rospigliosi von Guido gemalt. Die Zusammensetzung von großen Gedanken des ankommenden Morgen ist einmalig. Aurora ist göttlich schön gemalt. Nicht das interessante, gewöhnliche Schöne, sondern Majestät mit Schönheit verbunden, das einer Gottheit ähnlich ist. Den Körper

---

[261] Lafenestre S. 213, Nr. 188: Portrait d'homme, Öl auf Leinwand, 110 x 70 cm. Von einem Schüler Rubens. Ebda. Nr. 203: Portrait de femme, Öl auf Leinwand, 130 x 95 cm. Wahrscheinlich von einem holländischen Meister, ähnlich einem Gemälde von Mierevelt im Louvre, Paris (Nr. 2466). Buchowiecki I, S. 690.

[262] Michelangelo da Caravaggio (1573-1610). Thieme-Becker 5, 1911, S. 570-574. Ruhe auf der Flucht. 1594-1596. Öl auf Leinwand, 135,5 x 166,5 cm. (Marini Nr. 19, Guttuso Nr. 22). Ramdohr 2, S. 135.

[263] S. Maria Nuova (S. Francesca Romana), Piazza S. Francesca Romana 4. Von Papst Leo IV. (847-855) erbaut, nach dem Brand von 1216 restauriert. 1608-1615 erneuert und mit der jetzigen Fassade versehen.

[264] Friedrich Ludwig Wilhelm Meyer (1759-1840), Professor in Göttingen. Nach Noack II, S. 399 nur bis 2. 4. 1791 in Rom. ADB 21, 1885, S. 573 f.

[265] Elisabeth Louise Vigée-Lebrun (1755-1842). Thieme-Becker 34, 1940, S. 346 f. Lieblingsmalerin Marie Antoinettes. Beim Ausbruch der Revolution mußte sie Paris verlassen und ging nach Italien. 662 Porträts (fast ausschließlich Frauen), 200 Landschaften.

[266] Casino Rospigliosi Pallavicini, Via Nazionale. Ließ Kardinal Scipio Borghese 1603 durch Flaminio Ponzio (um 1560-1613) auf den Ruinen der Konstantins-Thermen erbauen. Am Ende des Gartens der Pavillon (Casino) mit Guido Renis Fresken-Deckengemälde: L'Aurora. 1612-1614, 700 x 280 cm (Garboli Nr. 72).

umgibt ein leichtes Gewand, da sieht man ordentlich den Wind mit spielen. Sie fliegt frei, hat Blumen in der Hand. Gleich nach ihr fliegt Hesperus, ein sehr schöner Knabe mit der Fackel in der Hand. Dann kommt Apoll als schöner junger Gott im Wagen, der von ausnehmend gut gruppierten Pferden gezogen wird, um ihn herum tanzen die sieben Morgenstunden. Da ließ sich viel darüber schreiben, und doch wärs zu wenig. Die Gruppierung, Schönheit in Bewegung der Glieder läßt sich nur sehen und fühlen. In der Ferne sieht man das blaue Meer, wo noch die Ankunft der Aurora erwartet, um seinen Nachtschleier abzuschütteln. Ich freue mich, daß Herr Graf das Kupfer[267] hiervon kaufen will, da kann mans noch besser genießen, besonders, wenn man das Original schon gesehen. All die schönen gebrochenen Farben kommen einem wieder in das Gedächtnis zurück und man hat das Unbequeme nicht, aufwärts zu sehen. Ich ärgere mich jedes Mal, wenn ich einen gut gemalten Plafond sehe. Man kann es nie recht genießen, ohne Halsweh zu bekommen durch das beständige Aufwärtsgucken.

Beim Nachhauseweg machten wir einen Sprung in das nette Kirchlein S. Andrea[268], wo einst den Jesuitern gehörte. Die Bauart hat viel von dem Pantheon, auch in den Verzierungen ist von der Peterskirche gestohlen. Der Fußboden ist meist modern, antikes Mosaik an einem Altar, wo unten der Sarg vom S. Stanislaus Kostka[269] ist, von lauter Lapis lazuli und guten Steinen besetzt. Ein Gemälde vom Carlo Maratti[270], die Köpfe außer S. Stanislaus haben sehr viel Grazie, besonders Maria und ein Engel.

Hirt kam mit seinem Artigkeitsrock, er hat eine polnische Dame herumgeführt, die eine sehr schöne Tochter hat und eine ebenfalls schöne Kammerjungfer. Trippel und Gmelin blieben noch bei mir, wie der Herr Graf und Gräfin wegfuhren zu Cardinal Hrzan[271]. Wie die weggingen, marschierten wir zur

---

[267] S. Anm. 197.

[268] S. Andrea al Quirinale, Via de Quirinale 29. Von G. L. Bernini (1598-1680) erbaut. Grundsteinlegung 1658, Weihe 1675.

[269] S. Stanislaus Kostka (1550-1568). Trat in den Jesuitenorden ein, starb aber schon als Novize. 1726 heilig gesprochen. Schutzheiliger Polens, Patron der studierenden Jugend.

[270] Carlo Maratti (1625-1713). Thieme-Becker 24, 1930, S. 52-54. In der Capella Stanislao Kostka: Altarblatt um 1687: „Der heilige Kostka empfängt das Jesukind aus den Händen Mariens." Im Sterbezimmer des Heiligen die Liegefigur von Pierre Legros (1666-1719). Thieme-Becker 22, 1928, S. 576 f.

[271] Franz Xaver Hrzan von Harras, Kardinal, Protektor von Deutschland und k. k. bevollmächtigter Minister am päpstlichen Hofe, (1735-1803). Noack II, S. 279.

Musik bei Gräfin Solms. Die kleine Jenny spielte recht gut eine Sonate von Kozeluch[272], sang auch, aber nicht schön, sie hat keine Stimme. Ich klimperte auch eine Sonate. Schöne Quartette von Pleyel[273] und Dies spielten die Herren, wovon ich nur zwei kenne: Rehberg und Dies. Die anderen sind Italienerische. Professor Meyer war auch da, hat Herrn Graf gut unterhalten, wird morgen dafür bei uns zu Mittag essen.

Den 12 ten März.

Heute mußte ich in den Zeichnungen von Zucchi meine Vorläufigkeit büßen. Hätte ich die Sache gleich überdacht und nicht bloß meinen Augen und Reden von Rehberg, der ganz parteiisch ist, nach gehandelt, so würde ich nichts unternommen haben, das mir mehr schadet als nützt. Jede Stunde, die ich ohne Fortschritte in der Kunst hier verlebe, ist unwiederbringlich für mich. Wir sind itzt schon sechs Wochen hier, und noch sechs Wochen, dann ist Ostern, dann gehts nach Neapel. Da hab ich meinen lieben Gmelin nicht, auch werde ich ihn beim Zurückkommen nicht mehr antreffen, das ist ein wahres Unglück für mich. Heute früh war ich bei ihm, um gute Laune zu holen, ich fand sie auch. Er zeigte mir sein Portefeuille, wo all seine Studien darinnen sind. Ich war ganz stolz darauf, denn die weist er nicht einem jeden. Dieser ist ohnstreitig der beste Mensch, den ich noch auf meiner Reise kennen lernte. Ich lobe ihn nicht bloß aus einem Interesse. Wie er gegen mich handelt, beweist er noch an mehreren. Ich freue mich sehr bei dem Gedanken, dieser edeldenkende Mensch ist mein Freund! Hirt sagte einen guten Morgen, und zwar mit seinem Artigkeitsrock. Ein Spaß: dieser eskalierte bei der Rede vom Professer Meyer recht herzlich und Meyer, der bei uns zu Mittag aß, beliebte ein Gleiches zu tun, noch mit dem Zusatz: ich bin Hirt von ganzem Herzen gut. Die Gräfin Solms und die ganz übrige Teegesellschaft machte sich ein kleines Amusement, Hirts Fehler detaillieren zu helfen. Hier ists in den Hauptsachen gut, Menschen kennen zu lernen, denn sie sind, was Räsonnieren betrifft, über einen Schlag. - Die Gräfin Solms bedauerte sehr, daß ich katholisch wäre, denn sie wollte mich, und das ganz im Ernste, an Herr Professor Meyer verkuppeln. Ich hätte doch bei langweiligen Stunden, wenn ich Frau Professorin würde,

[272] Leopold Kozeluch (1747-1818). Schuf 49 Klaviersonaten. MGG 7, 1958, Sp. 1658-1670. Grove 10, 1980, S. 224-227.

[273] Ignaz Pleyel (1757-1831). MGG 10, 1962, Sp. 1353-1359. Grove 15, 1980, S. 6-10. Schrieb mehr als 80 Quartette. Gründete in Paris eine Musikalienhandlung, in der er u. a. Joseph Martin Kraus' Flötenquintett verlegte.

eine vergnügte Unterhaltung. Er liest sehr gut vor, davon hatten wir heute die Probe. Herr Dies führte mich in seine Wohnung, wo ich viel Schönes sah. Er versprach mir auch, welche zum Kopieren zu geben.

März 13

waren wir bei Herrn Boquet[274], sahen eine große Landschaft, die mit vielem Fleiß bis aufs äußerste Gräschen mit Kunst und guter Haltung gemalt ist. Hier kann man erst kennen lernen, was ein guter, geschickter Maler ist. Diejenigen, so man in Deutschland, besonders Mannheim, Frankfurt, Würzburg etc. für ganz außerordentlich große Männer hält, werden hier kaum für mittelmäßig passieren. Man urteilt sehr strenge, teils wegen der Menge von Künstlern, und dann sucht der garstige Neid alle möglichen kleinen Fleckelchen auf. Man hat mich versichert, daß ich bei More[275] noch eine viel bessere Arbeit anträfe, und diesen Abend hörte ich von vielen Unvollkommenheiten, die Mores Gemälde haben sollen. Ducerain[276], der die Wirkung von Wasserfarbengemälden so hoch als möglich ist, getrieben hat, soll ein Mensch sein, der den Galgen verdiente. Man sieht ihm auch das Desinteressierte im Gesicht an. Mager, als wenn er alle 14 Tage nur einmal sich satt äße, eingefallene neidische Augen, spitze Nase und Kinn. Wenn man seine Arbeiten sieht, für die bekommt man Respekt, aber für ihn Abscheu. Es gefällt so gut, daß, wenn ich 1000 Zechinen im Sack gehabt, hätte ich keinen Heller beim Fortgehen behalten. Aber die zu brillanten Farben täten der Kunst gut, aber der Natur schaden.

Trippel, Hirt und unser charmanter Herr Doktor Frey waren unsere Tischgesellschaft. Hirt ging mit der Gräfin und mir in die Villa Borghese spazieren. Wie wir in den Garten traten, kam Meyer. Hirt war ordentlich jaloux, wenn Meyer ein Wort mit der Gräfin redete. Ich glaube wirklich, daß er verliebt in sie ist, denn allemal, wenn jemand anderer hierher kommt und er ist da, so geht er gewiß gleich. Er will absolut allein was gelten - ich hatte also das Glück, von Meyer unterhalten zu werden. Er ist meines Dünkens sehr unaufrichtig, spricht nach der Leier, könnte wirklich Professor der Höflichkeit vorstellen, behauptet, wer gerne Briefe schreibt, ist kein großer Kopf.

Beim Tee kamen die Gräfin Solms, Rehberg, Dies und Valentini. Die arme Gräfin war jaloux, ich spaßte mit Rehberg, er tat mir die Ehre an, darüber zu lachen. Die arme Jenny mußte ihr Böse-Sein büßen, es war mir recht leid.

---

[274] Didier Boquet (1755-1839). Thieme-Becker 4, 1910, S. 219 f.

[275] Jacob (James) More (Moore of Rome) (um 1740-1793). Thieme-Becker 25, 1931, S. 125.

[276] Louis Ducros (Abraham Louis Rodolphe) (1748-1810). Thieme-Becker 10, 1914, S. 48.

Wir wollten heute eine Musik hören in der Chiesa Nuova[277], weil wir aber Frauenzimmer sind, durften wir nicht.

Daß gestern keine Briefe von Zuhause gekommen sind, damit bin ich gar nicht zufrieden.

Valentini will Meyer zum Hofmeister nehmen, sobald er Kinder bekommt -

14 ter März.

Heute früh wurde mehr mit Spazierengehen als Kunstkenntnis zu erlangen, zugebracht. Wir fuhren in die Villa Pamfili[278], welche dem Prinzen Doria[279] gehört. Diese Villa hat die angenehmste Lage unter allen, auch die mehrste Abwechslung im Garten, das Ländliche mit der Kunst sehr schön verbunden. Wir werden nächstens da zu Mittag essen, ums recht genießen zu können. Das Haus an sich ist nicht sonderlich schön, was Gemälde betrifft, sinds lauter Auswürflinge. Von der Galerie hier im Palast von Doria, Statuen und Büsten, wollen wir auch nicht viel sagen. Eine Wiese trafen wir da, ganz überzogen mit Blumen[280], eine Art von Ranunkeln. Die schönsten Farben von rot, blau, violett und weiß, es sieht sehr schön aus. Das Wasser spielt eine wichtige Rolle da, ich bin auch tüchtig begossen worden. In einem kleinen Apollotempel hört man eine Orgel[281], die vom Wasser getrieben wurde.

Von da sahen wir bei S. Pietro in Montorio[282] das letzte Gemälde von Raphael. Es ist die Verklärung Christi[283]. Es ist gewiß nicht leicht, eine Handlung vorzustellen, wo noch kein menschliches Aug gesehen, und doch dünkts einem ganz natürlich. Die Leichtigkeit, wo in die drei Figuren gebracht ist, so in der Luft schweben, ist sehr merkwürdig, die firme Zeichnung in allen nah stehenden Objekten, die Harmonie der Farben, die Ausdrücke in jedem Gesicht so vieler handelnder Personen ist seines Meisters würdig. Im

[277] Chiesa Nuova, eigentlich: S. Maria in Vallicella, Piazza della Chiesa Nuova. Ließ der hl. Filippo Neri (1515-1595) erbauen. Neri ist der Stifter der Oratorien: heitere kirchliche Musikstücke mit Instrumentalbegleitung, jeden Sonntag vom 1. November bis Palmsonntag.

[278] Villa Doria-Pamfili, Via del Corso. Um 1560 von Alessandro Algardi (1602-1654) für den Fürsten Camillo Pamfili erbaut. Von den Römern „Belrespiro" genannt. Berühmte Galerie.

[279] Anton Maria Doria (1749-1821).

[280] Die berühmte Anemonenwiese.

[281] Eine Wasserkunst betreibt die Blasebälge.

[282] S. Pietro in Montorio, Gianicolo. Um 1500 nach Entwürfen von Baccio Pontelli (um 1450-1492) erbaut.

[283] Raffael: Transfiguration, 1518-1520, Öl auf Holz, 405 x 278 cm. Einst am Hochaltar. Nach Rückkehr von Paris gegen eine jährliche Rente an das Kloster in die Vatikanischen Sammlungen gekommen. (Prisco Nr. 153. Inv. Nr. 333).

Höfchen gleich neben der Kirche steht ein kleines Tempelchen[284], worinnen die Statue vom Hl. Petrus sitzt. Auf diesem Platz ist er gekreuzigt worden. Es liegt hoch, man kann auf diesem Platz fast ganz Rom übersehen. Herr Graf machte mir eine große Freude, den sehr berühmten Firnis von den Schweizern, wo 15 Zechinen kostet, zu lernen. Dies Geheimnis hat er meinem lieben Gmelin mitgeteilt. Aber einen Spaß hatten wir dabei. Gmelin wurde auf diesen Abend bestellt, er kam. Wie Herr Graf zur Türe hereintritt, kommt auch Hirt. Nun durfte kein Wort hiervon gesagt werden, denn Herr Graf gab sein Wort den Schweizern, so lang sie hier sind, es niemand zu sagen. Es wurde 9 Uhr, Hirt wollte nicht gehen. Er hatte einen starken Schnupfen, sonst hätte er's gewiß merken müssen, daß man ihn gerne fort hätte. Endlich wurde ihm das Schwitzen vorgeschlagen, um seinen Katarrh zu vertreiben. Nach langem Besorgtsein um seine Gesundheit, ging er um 10 Uhr. Es ist doch eine närrische Sache um Leute, die einem im ganzen genommen nützlich sind, aber doch zu gewissen Zeiten zu viel werden können. Nun bekam Gmelin das Rezept, worüber er sich sehr gefreut. Es wurde auch ein Plan gemacht für ein neues Zimmer in Erbach, es fiel zu meinem Wunsche aus. Gmelin machte 6 Zeichnungen. Dies gibt ein wahres Studium für mich. Dafür wurde aber auch erst um halb eins schlafen gegangen.

Den 15 ten März

wurde etwas Rechtes gegafft. Wir durchliefen die Galerie im Palast Barberini[285]. Bald werd ich ein bißchen bekannter mit den guten alten Malers. Ich laß mir kein Gemälde, das Tizian nicht geschaffen, dafür aufprellen, und wenns Reiffenstein noch hundertmal versichert.

Ein großes Gemälde von Nicolas Poussin[286] ist vortrefflich, es stellt vor Germanicus, wie er, schon mit dem Tode ringend, seine Freunde schwören ließ, seine Vergiftung zu rächen. Sein Weib sitzt weinend bei ihm, an der

---

[284] Donate d'Angelo (Bramante) (1444-1514) baute 1500-1502 das Tempietto an der Stelle, wo nach einer irrigen Überlieferung das Kreuz Petri gestanden haben soll. Altarstatue in der Unterkapelle, Anfang 16. Jhdt.

[285] Palazzo Barberini, Via Barberini. 1625 von Carlo Maderna (1556-1629) unter Beihilfe von Francesco Borromini (1599-1667) begonnen, von Giovanni Lorenzo Bernini (1598-1680) vollendet. Papst Urban VIII. (1623-1644) ließ den Palast für seinen Neffen Francesco Barberini erbauen.

[286] Nicolas Poussin (1594-1665). Thieme-Becker 27, 1933, S. 321-327. Der Tod des Germanicus. 1626-1628, Öl auf Leinwand, 148 x 196,5 cm. Später in Florenz, 1958 an das Institute of Arts Minneapolis verkauft. Volkmann II, S. 287. Thullier Nr. 43. Ramdohr 2, S. 290-309!

Hand ein Kind. Das Ganze ist sehr harmonisch gemalt und hat viel Wahres. Es sind schon 2000 Zechinen darauf geboten, aber die Prinzessin[287] darfs nicht verkaufen. Die besten Sachen sind alle aufgeschrieben, weil sie sonst alles verspielte.

Guidos Magdalena[288]: darinnen ist die Schönheit noch schöner, vereinigt mit Reue. Guercino: vier Evangelisten[289], kühn gemalt, aber nicht gefällig.

Ein schönes Mädchen, Fornarina[290], der man von rechts wegen nicht gut sein kann, weil sie schuld an dem frühen Tode des Raphael war, von ihm selbst gemalt. Es ist Geist und Leben darinnen.

Leonardo da Vinci: die Bescheidenheit und Eitelkeit[291], zwei schöne Weiber, etwas dunkel gemalt, aber sehr geschmolzen und dem Auge schmeichelnd. Aber es ist kein Tizian, Guido und Raphael. Andrea Sacchi[292], Lehrmeister des Carlo Maratti[293]: ein besoffener Nackter, den das jüngste von seinen Söhnen verspottet. Sehr viel Firmes im Zeichnen und Natur. Pietro da Cortona[294] hat den größten und reichsten Plafond gemalt, der existiert. Es hat viel Schönheit, aber zu voll, und wenn man Stück für Stück durchgeht, so kommen viele Fehler zum Vorschein.

---

[287] Eine Tochter von Cornelia Constanza Barberini (1716-1797) und Giulio Cesare Colonna di Sciarra (gest. 1796)?

[288] Guido Reni (s. Anm. 164): Büßende Magdalena. Öl auf Leinwand, 232 x 152 cm. Volkmann II, S. 291: „Die Magdalena von Guido ist eines von den berühmten Gemälden Roms." Heute Galleria Nazionale d' Arte Antica. Lafenestre S. 92, Nr. 3566. Garboli Nr. 116 a. Ramdohr 2, S. 285.

[289] Guercino (s. Anm. 237). Nach der Teilung Barberini-Sciarra blieben San Matteo und San Luca den Barberini, San Giovanni und San Marco den Sciarra und wurden 1899 mit einem großen Teil ihrer Sammlungen verkauft. San Luca, 1623, Öl auf Leinwand, 111 x 141 cm. San Marco, 1623, Öl auf Leinwand, 110 x 141 cm. Beide heute Galleria Nazionale d' Arte Antica. Ramdohr 2, S. 310.

[290] Raffael (s. Anm. 93): Ritratto di giovanne donna (La Fornarina). 1518-1519, Öl auf Holz, 85 x 60 cm. Prisco Nr. 146. Volkmann II, S. 286: „Raphaels Maitresse, eine schöne Brünette, ziemlich entblößt." Ramdohr 2, S. 312.

[291] Leonardo da Vinci (s. Anm. 226): La Modestia e la Vanità. Von Maffeo Barberini Sciarra Colonna nach Paris gebracht und an die Rothschild verkauft, in deren Sammlung sich das Bild heute noch befindet. Ramdohr 2, S. 310-312. Pomilio Nr. 91.

[292] Andrea Sacchi (1599-1661). Thieme-Becker 29, 1935, S. 289-291. Noè inebrato ed altre tre figure. 1671. Heute Salone Vecchio der Prefettura. Sutherland S. 96, Nr. 72.

[293] Carlo Maratti (s. Anm. 270).

[294] Pietro da Cortona (eigentlich Berretini) (1596-1669). Thieme-Becker 7, 1912, S. 486-498. Im großen Saal: Il trionfo della Providenza e il complimento dei suoi fini attraverso il potere spirituale del papato al tempo di Urbano VIII. 1633-1639, 25 x 15 Meter. (Briganti S. 196 ff., Merz S. 235 ff.).

Raphaels Freund[295], ein großer Violinspieler, von Raphael gemalt, schön, mit dem Bogen in der Hand.

Von Caravaggio[296]: Spieler, worin jede Person, deren drei sind, ihre Rolle wahr spielt. Ein dummer Junge sitzt da, und wird vor Dummheit rot. Ein Schurke sieht ihm in die Karten und zeigt dem anderen mit den Fingern die seinen Karten. Der Letztere zieht mit der einen Hand eine falsche Karte hinten vor und paßt gierig auf des dummen Jungen Auswurf.

Von dieser Galerie gingen wir in den Palast Colonna[297], wo wir noch eine ganze Seite nicht gesehen. Das Merkwürdigste war da eine Magdalena von Guido[298], nur Brustbild, aber mehr als schön. Etliche von Tizian, besonders die Anbetung des Hl. Geistes auf gelber Glorie[299]. All die Figuren ohne viel Schatten gesetzt, ist keine kleine Kunst, doch haben die Gesichter Wärme. Unter allen den besten Künstlern ist unstreitig Tizian der Erste. Es hat ihm keiner gleich gemalt, was Natur im Fleisch angeht. Andere haben mehr Grazie, sanfter Gefälliges fürs Auge, aber Tizian hat Wahrheit. Watheisen[300] der beste Seemaler. Die Bäder des Konstantin[301] sind zu einer alten Küche gemacht, darin ich aber keine Stunde sein möchte, so dunstig naßkalt ists darinnen. Die Mauern sind ganz grün geworden von der Feuchtigkeit.

Bei Gräfin Solms war ich heute Abend recht lustig, Herr Graf gähnte vor Langeweile, wir ließen's uns aber recht gut schmecken, unsere Eier, Schinken, Obst etc. Aber ein Unglück: ich schnürte der Gräfin die Schärpe auf, sie dachte nicht mehr an ihre Uhr und ich auch nicht. Sie fiel auf den steinernen Boden und die Emaille zerbrach - hätte noch was drum gegeben, wenn's meine Uhr

---

[295] Werk des Fra Sebastiano del Piombo? (1485-1547). Thieme-Becker 27, 1933, S. 71-74. Ritratto di violinista. 1517, Öl auf Holz, 74 x 63 cm. Gehörte zur Sammlung Sciarra, heute E. de Rothschild, Paris. Prisco Nr. 129.

[296] Michelangelo Caravaggio (s. Anm. 262): Il baro, 1594, Öl auf Leinwand, 101,5 x 127 cm. Aus der Sammlung Kardinal Antonio Barberini, später Sciarra, heute Rothschild, Paris. Marini Nr. 16. Guttuso Nr. 30.

[297] Palazzo Colonna (s. Anm. 150).

[298] Garboli 199 nennt: Busta della Maddalena, Pinacoteca Capitolina, 1635-1642, Öl auf Leinwand, 77,5 x 59 cm. Ramdohr 2, S. 66.

[299] Jacopo Tintoretto (Domenico Robusti) (1518-1594). Thieme-Becker 33, 1939, S. 188 f. Lo Spirito Santo adorato da una famiglia, Öl auf Leinwand, 109 x 89 cm. (Safarik Nr. 186).

[300] Gemeint ist Ludolf Backhuysen (1631-1708). Thieme-Becker 2, 1908, S. 325 f. Die Seebilder hier schuf jedoch Pieter Mulier d. J. (1637-1701). Thieme-Becker 25, 1931, S. 259 f. Hier: S. 260. Er nannte sich in Italien Cavaliere Tempesta. Volkmann II, S. 303: „Sieben schöne Marinen auf der Mauer von Tempesta."

[301] Im Garten des Palazzo Colonna: Eingangshalle der Konstantinischen Thermen.

gewesen wäre. Doch ist wieder ein Glück dabei, daß es doch nicht die kleine mit Perlen war, das hätte mich untröstlich gemacht. Es war Bestimmung, denn seit wir hier sind, hat sie die Gräfin nicht angehabt, nur heute, um sie kaputt zu machen. Ich will itzt auf den Schrecken schlafen gehen.

Den 16 ten März

haben die Italiener ihre mehr als zweitägige Ausnahme von Morden eingebracht: Fünf Personen sind tot gefunden worden. Zwei von den Spießern blieben von einem ihrer Mitbrüder, das ist sehr löblich. Diesen Nachmittag besuchte uns der gute alte Pater Exgeneral[302]. Er ist sehr unterhaltend und lustig. Unter anderem erzählte er uns eine Geschichte, so zwei deutschen Patres hier passierte. Diese sprachen in einer Kirche, die sie just besuchen gingen, Deutsch. Ein krüppelhafter Bettler, so eben Leute um Almosen ansprach, grüßte sie auf deutsch und sagte, weil sie doch seine Landsleute wären, sie sollten ihn besuchen, er wohnte gar nicht weit von hier, seine Frau würde sich auch freuen, sie zu sehen. Sie könnten auch Mittag bei ihm halten. Teils aus Neugier, was dieser arme Bettler ihnen vorstellen würde, und dann aus lieber Landmannschaft gingen sie mit ihm. Nach allerlei Schlupfwinkeln, die er vor ihnen durchwandert, klopfte er an eine Stelle, wo sie keine Türe vermuteten. Es ging eine Falltüre auf und eine Treppe erhob sich, worauf sie hinunter gingen. Sie trafen da ein recht gut geordnetes Zimmer, gute, saubre Möbel und eine junge Frau. Diese zankte mit ihrem Mann, daß er ihr nichts sagen ließ, wo er zwei Herren Patres zum Mittagessen mitgebracht. Sie hätte sich doch darauf richten können, nun müßten sie vorlieb mit ihrer alltäglichen Kost nehmen. Darauf wurde angerichtet: ein Essen, daß sich jeder recht gut begnügen könnte. Wie sie fortgehen wollten, zeigte er ihnen sein Kind, das in der Wiege lag. „Diesen hab ich auch schon versorgt. Ich brach ihm so die Beine, da kann er sich einmal, wenn ich tot bin, ebenso gut wie ich ernähren.“ Diese Geschichte bestätigte meine Gedanken, die ich schon lange bekam, wenn ich so die Menge von Krüppel sah, daß sich mitunter Selbstschuldige befinden. Herr Professor Meyer war da, ich hatte das Glück, ihm eine Stunde vorzukrähen, dafür schwatzte er mir auch ebenso lange vor. Es wäre schade, wenn er nicht Professor hieße.

---

[302] Bis zur Aufhebung des Jesuitenordens 1773 war Lorenzo Ricci (1703-1775) General. Marianne Kraus meint wohl den Generalvikar Gabriel Lenkiewicz (1722-1798) oder P. Decker. S. Anm. 188.

Den 17 ten März.

Heute waren bei uns Gräfin Solms, Rehberg, Hirt, Trippel und Reiffenstein. Wir fuhren mit der Gräfin Solms spazieren. Es war das schönste Wetter, und so eine Beleuchtung habe ich noch nicht gesehen. Wir haben alle nach der Natur gezeichnet. Die Gräfin Solms soll noch viel Kopieren und weniger gelobt werden. Ein zu frühes Lob kann viel die Fortschritte in der Kunst hemmen. Probatum. Morgen gehen wir zu Schmidt, sein geendigtes Gemälde zu sehen, worauf ich mich nicht wenig freue.

Den 18 ten März.

Bei Schmidt waren wir und sahen ein sehr schönes Bild: Orest kommt mit seinem Freunde an die Stelle, wo seine Schwester Iphigenie die Urne ans Herz drückt in dem Wahne, es wäre die Asche von Orest. Ihre Freundin steht ganz von Mitgefühl durchdrungen da. Es sind schöne griechische Figuren, die Gewänder in großer Manier geworfen, die ganze Komposition in altem Stil. Ich werde nächstens wieder zu Schmidt gehen, ums nochmal ordentlich zu betrachten. Die Landschaft ist sehr schön dabei, und in einem Male fertig gemalt.

Nach dem Essen kam die Gräfin Solms, Rehberg und Meyer, mich abzuholen in die Peterskirche. Wir trafen da viele hübsche junge Leute an. Alle Mädchen gehen diesen Tag vor St. Joseph dahin, in der Hoffnung, wenn sie beten, einen schöneren Mann zu bekommen. Von da aus fuhren wir an einen Platz, wo die herrlichste Aussicht über Rom ist. Eine lächerliche Geschichte ging da mit uns vor: die Gräfin zankte sich tüchtig mit Rehberg, und das aus Jalousie. Sie ist sehr heftig, ein bißchen viel mehr als meine Gräfin, aber sie findet sich doch auch bald wieder. Wir wurden gleich wieder gute Freunde, und so, daß die Gräfin wollte, daß mich Rehberg zeichnen sollte, welches denn auch geschah. Herr Schmidt, Bury[303], Meyer und Hirt hatten das Glück, mich dabei zu unterhalten. Es ist beinahe fertig geworden und viel gleichend. Meine Gräfin holte mich wieder ab, dann supierten wir und nun sind wir bereit, uns

303 Friedrich Bury (1763-1823). Thieme-Becker 5, 1911, S. 275 f. Noack II, S. 116.

schlafen zu legen. In dem Palast Giustiniani[304] sahen wir auch gute Statuen und Gemälde in Gesellschaft der zwei Prinzen Schwarzenberg[305] - unter anderem etliche von Tizian, Raphael und Guido.

Den 19 ten März.

Heute war meines lieben Vaters Namenstag[306], den hab ich so ganz in Gedanken mitgefeiert. In der Rotunde[307] hörten wir eine schöne Musik. Von da aus fuhren wir spazieren in die Villa Borghese. Zu Mittag speiste die Gräfin Solms, Rehberg und die kleine Jenny bei uns. Abends wurde meine Gräfin abgezeichnet, es glich aber nicht so ganz. Das sah Herr Graf wohl ein und lobte solches auch nicht sehr viel. War überhaupt trocken, welches gewöhnlich seine Manier ist, wenn er bei Leuten ist, die nicht sein Gout sind. Um 11 Uhr gingen wir beim Mondscheine nach Hause, wo ich nun mit Leib und Seele sitze und vor der vielen Flöheplagerei fast nicht mehr still sitzen kann.

Den 20 ten März

war diesen ganzen Morgen Herr Gmelin da, tuschte mein konturiertes Landschäftchen, welches ich nach Natur aus der Villa Patrizi[308] gezeichnet. Mittag aß er auch bei uns. Mit den Zeichnungen ist so gut als gewiß: wir sind so glücklich, die Kunst dieses geschickten braven Mannes in Erbach zu besitzen, welches mich recht sehr freut. Meyer schickte mir sehr rührende Verse auf meinem Tod. Die Gräfin kam heute früh von Angelika weinend zurück und ganz dabei entzückt über eine Frau[309], die alle mögliche Stellungen macht, im Affekt von lustig,

---

[304] Palazzo Giustiniani, Via Giustiniani. Fürst Vinzenz Giustiniani ließ den Palast durch Giovanni Fontana (1540-1614) und Francesco Borromini (1599-1667) erbauen. Marchese Vincenzo (1564-1637) gab heraus: Galleria Giustiniani, Rom 1640, 2 Bände. Die Sammlung kam 1807 nach Paris, wurde an Bonnemaison verkauft, ein Teil 1815 an den König von Preußen. Antike Statuen und Reliefs im Vatikan und im Besitz Torlonias, sowie Glyptothek München.

[305] Fürst Joseph Johann Schwarzenberg (1769-1833). Noack II. S. 546. Prinz Friedrich Schwarzenberg (1774-1795). Wurde 1795 in der Schlacht bei Mannheim tödlich verwundet, starb zu Weinheim/Bergstraße und wurde in der dortigen katholischen Kirche bestattet. List, S. 203. Noack II, S. 546.

[306] Josephstag. Joseph Bernhard Kraus (21.8.1724 Weilbach - 24.10.1810 Fürth/Odenwald).

[307] Das Pantheon.

[308] Villa Patrizzi, gegenüber S. Luigi de' Francesi gelegen. Existiert nicht mehr. Hier wohnte 1774 Karl III. Bourbon (gest. 1788).

[309] Emma Hart (Lyon) (um 1763-1815). Aus einfachen Verhältnissen. Lebte seit 1786 als Geliebte von William Hamilton (1730-1803) in Neapel. 1791 in Rom auf der Durchreise nach England, wo sie Hamilton am 6. 9. 1791 heiratete. Dann Geliebte Nelsons (1758-1805). Hamilton war englischer Gesandter in Neapel und Sammler von Altertümern.

traurig, tanzend in rasende Verfassung kommt. Ich werde sie übermorgen bei Gräfin Solms antreffen, worauf ich mich sehr freue. Ob ich aber weinen werde, zweifle ich. Eine ärgerliche Sache geschah mir eben: Hirt war da, Herr Graf und Gräfin fuhren in die Gesellschaft, Hirt blieb noch da. Ich legte dieses Buch zurecht, um etliche Tage nachzuholen, die ich nicht Zeit fand, einzuschreiben. Ich dachte, wenn Hirt die Schreibanstalten sieht, so geht er, wie ich wünschte, denn ich wollte alsdann meine Tür verriegeln, um von allen unwillkommenen Gesellschaften befreit zu bleiben. Hirt bat mich, ihm was hieraus vorzulesen. Ich ließ ihm etliche Blätter und es klopft an der Türe. „Herein!" Es kamen Herr Dies und meine Jungfer Rösler. Ich sprach etliche Worte mit Dies, wies ihm etliche Zeichnungen. Hirt nahm's Buch und las, und wie ich's betrachtet, just von Rom, wo sein Name oft brillierte. Ich hab mich nicht gefreut hierüber, denn er könnte mir die kleine Anmerkung von seiner großen Person sehr übel nehmen. Er ging, aber nun hatte ich Dies. Der ging nach einer Stunde. Lieschen schwatzte mir noch ein Weilchen und trippelte endlich ab. Nun sitze ich endlich, da es schon halb 11 Uhr ist, alleine. Die Gräfin und Graf sind noch nicht zu Hause, aber ich werde nicht lange mehr aufbleiben.

Den 21 ten März

wurde gezeichnet, zum Fenster hinaus geguckt, geschwatzt mit Trippel und Hirt. Von beiden hörte ich Sachen, die so ziemlich mit meinem Denken übereins kommen. Gräfin Solms tat mir die Ehre an, zum Nachtessen einzuladen, ich dankte aber gar schön. Meine Gräfin versicherte mich beim Nachhausekommen, daß ich sehr viel verloren hätte, es wären englische Kartoffeln gespeist worden.

Den 22 ten März.

Es wurde bei Gräfin Solms gefrühstückt in großer Gesellschaft. Chevalier Hamilton spielte die Hauptrolle mit seiner Schönen. Er einen alten verliebten Gecken und sie Komödie. Die wahnsinnige Ninna[310] war der Anfang. Gibt es doch nichtempfindsame Seelen! Ihr hart gebackenen Odenwälder, kommt hierher und lernt eure Fühllosigkeit einsehen! Ich schämte mich meiner starken Nerven, wie ich so alle Damens und Herren weinen sah. Wenn ichs so vorgesehen hätte, ich würde mir Salz mitgenommen haben. Da sitzt also die

[310] Die wahnsinnige Ninna. Nach der 1789 in Caserta uraufgeführten Oper „La pazza per amore" von Giovanni Paisiello (1740-1816) nach Marsollier. Graf Spaur schuf nach derselben Vorlage „Wahnsinn aus Liebe", vertont von Ignaz Beeke, uraufgeführt 1790 im Kurfürstlichen Schloßtheater zu Aschaffenburg, wo Marianne Kraus das Stück gesehen haben könnte.

hölzige Kraus neben einer Angelica, die so laut schluckte, daß sich Steine hätten bewegen können. Der arme Rehberg sah aus wie ein Knabe, der tüchtig Schläge vom Herrn Schulmeister bekommt. Herr Reiffenstein weinte doch noch zierlich, man konnte die langsam herabrollenden antikischen Tränen zählen. Miß Jenkins[311] stand das Weinen nicht sehr übel, es war der totenblassen Gesichtsfarbe sehr angemessen. Gräfin Solms weinte sich fast die Nase wieder in ihre alte Form, der Hofmeister von den Prinzen Schwarzenberg[312] weinte auch bitterlich. Er versicherte mir aber, eh die Miß Hart anfing, daß er weinen würde. Mich überlief ein Schauder bei dem Gedanken, wie ein Mensch seine Talente so unedel verwenden mag, eine Wahnsinnige zu imitieren. Ich kann mir nichts Traurigeres denken, als einen verrückten Menschen. Von Anfang an kostete es mir Mühe, mein Lachen zu verbergen über das Geheul, aber wie ich sie so mit ihren großen Augen auf uns zukommen sah, wich ich ordentlich zurück, denn ich vergaß, daß sie uns nur amüsieren wollte, Angelica war so hingerissen, daß sie der Schönen wohl zwanzigmal die Hand küßte. Nur schade, daß sie nicht schon Lady Hamilton ist, um in alle großen Konversationen gehen zu können, denn Hamilton führt sie herum wie ein fremdes Tierchen, das man ums Geld sehen läßt. Die außerordentliche Generosität des Herrn Zucchi machte mir einen sehr unangenehmen Tag, es kann auch Einfluß noch auf viele kommende Wochen haben. Der Gräfin Solms ihr Adelsstolz zeigte sich auch sehr deutlich bei dieser Gelegenheit, Rehberg seine Gefangenschaft, meiner Gräfin ihr Selbstgefühl, mein Eigensinn und des Hirt seine juristischen Sprünge. Sancta Croce ließ heute durch ihren Glanz unserem Hause Heil widerfahren.

Den 23 ten März.

Diesen Morgen verlebte ich in höchstem Grade misanthropisch. Den Mittag war Hirt da, er disputierte wegen Frankreichs Verfassung[313] mit der Gräfin. Diese kam so in Eifer, daß Hirt in Zukunft nicht mehr davon sprechen wird. NB: wenn er kann. Wir machten wieder Frieden, ich gehe nun vergnügter zu Bette wie gestern. Zwei Personen haben aber bei dieser Geschichte viel bei mir verloren, Solms und Reiffenstein. Ein Weib soll nie einen männlichen Entschluß fassen, denn die Seele zur Ausführung fehlt. Probatum est.

---

311 Tochter von Thomas Jenkins? (s. Anm. 143).

312 Martin Forch (gest. 1814 Wien). Erzieher der Prinzen. Später (1792) Direktor des Schwarzenbergischen Hofarchivs in Krummau. List, S. 203.

313 Am 9. 7. 1789 nannte sich die französische Nationalversammlung „Verfassunggebende Versammlung" (Constituante). Am 3. 9. 1791 wurde eine Verfassung verkündet.

24 ten März.

Heute wurde Medizin geschluckt, ein trauriger und lustiger Diskurs geführt mit Gmelin und Valentini, schlafen gelegen mit den Kleidern, um nicht Gesellschaft beim Soupé zu machen. Es sollen gerade so viel Maler als Juden hier sein: 10 000.

25 ter.

Diesen Morgen war ich bei Gmelin, ich zeichnete auch ein Blümchen, war aber mit der Größe nicht ganz zufrieden. Die Gräfin und ich hatten das Glück, drei Stunden Herrn Macco zu unterhalten, Hirt kam heute früh um 7 Uhr schon, er wird wohl auch bald mit uns schlafen gehen. Gräfin Solms war doch so artig, mich zu ihrer Musik zu invitieren, ich hatte mir aber auch schon vorgenommen, ohne dies nicht zu kommen. Hirt hatte die Ehre, mich hinzuführen. Madame Lebrun sang, sie ist eine schöne Frau, kleidet sich besser wie Angelica. Meyer hatte das Glück, mich an den Wagen zu begleiten. Heute war ein großes Fest zu Minerva[314], der Papst zog im größten Pomp davor, die Abbées ritten alle auf Maulesel, hundert Mädchen wurden ausgesteuert. Die, wo Nonnen werden, durften dem Hl. Vater den Pantoffel küssen.

26 ter März

wurde in dem Palast Borghese[315] der Morgen zugebracht. Es ist die stärkste Galerie da. Wenn sie mir gehörte, würde sie kleiner gemacht. Von Andrea del Sarto[316] sieht man auf drei Manieren von ihm, die letztere ist sehr schön, kommt Raphael viel ähnlich. Die Gewänder haben größere Partien, die hl. Familie[317] hat er sehr oft gemalt. Tizian fand ich in keiner Galerie so häufig als da. Zwei große Gemälde[318]. Seine Kompositionen sind nicht so wie sein

---

[314] Mariae Verkündigung. Santa Maria sopra Minerva, Via dei Cestari. Benannt nach einem Minervatempel aus der Zeit Domitians. Vorgängerbau aus dem 8. Jhdt. Seit 1280 Neubau. Fassade von 1453.

[315] Palazzina Borghese. Als Sommersitz für den Kardinal Scipio Borghese von Johann van Santen (gen. Vasanzio) 1613-1616 errichtet. Volkmann II, S. 387: „Der borghesische Pallast ... ist in Ansehung der Malereien der wichtigste in Rom." Anfang des 19. Jhdts. wurde die Sammlung von Camillo Borghese, verheiratet mit Napoleons Schwester Paolina, auf Verlangen Napoleons für 13 Millionen Francs an Frankreich verkauft. Die Mitte des 19. Jhdts. von Francesco begonnene neue Sammlung kam 1902 an den italienischen Staat.

[316] Andrea des Sarto (s. Anm. 248).

[317] Kat. 5, Inv. 334: Madonna con il Bambino e S. Giovanni. Ca. 1514, Öl auf Holz, 154 x 101 cm. Volkmann II, S. 393: Maria mit dem Kind und dem hl. Johannes.

[318] Kat. 233, Inv. 147: Amor sacro e profano, Öl auf Leinwand, 118 x 279 cm. (Pergola I, Nr. 233). Volkmann II, S. 391: Gemälde mit zwo weiblichen Figuren, von denen sich eine auf eine Badwanne lehnt, und die nackende an einer Ecke derselben sitzt, unterdessen daß ein kleiner Liebesgott die Wärme des Bades versucht. Kat. 235, Inv. 170: Venere che benda amore, Öl auf Leinwand, 118 x 185 cm. (Pergola I, Nr. 235).

Kolorit. Was doch Vorurteil nicht tut: man prieß mir gleich so außerordentlich des Tizians Gemälde, daß ich Raphael und Guido eine Minute nur angaffte und diese eine Viertelstunde. Nun bin ich aber sehender geworden. Tizian übersteigt keiner im natürlichen Kolorit, auch ist die Seele im Gesicht wahr ausgedrückt, aber in der Festigkeit im Zeichnen, Zusammensetzen von hohen Ideen weiß er gar nichts, kommt er noch lange keinem Raphael und noch mehreren gleich. Sein eigenes Porträt mit einer jungen Frau[319] ist sehr interessant. Er als ein sehr altes Männchen schmeichelt einer schönen jungen Frau, welche er in seinem Alter geheiratet hatte. Ein Totenkopf steht dabei. Um die Ursache, warum er eigentlich diesen dazu gesetzt, ist man nicht einig, aber man kann sich, ohne den Kopf zu verbrechen, viel Schickliches dazu denken. Leonardo da Vinci malt mit vieler Delikatesse, aber einen Kopf hat er, und den bringt er in allen Gemälden an. Sein bestes Stück, das ich von ihm sah, ist ein Christus bei den Pharisäern[320], sehr schön. Er hatte viele Schüler, was aber in seiner Manier ist, wird für seine eigene Arbeit angesehen, dadurch verliert mancher Künstler. Domenichino[321]: ein großes Gemälde, worauf Diana ihre Nymphen im Bogenschießen, Baden und Laufen übt. Ihre Person, welche etwas erhaben steht, hält die Preise in den Händen. Es ist am wenigsten zu beloben. In den anderen ist der Kontrast von verschiedenen Leidenschaften sehr wahr ausgedrückt. Ein Porträt von Moror[322], das einen Gelehrten vorstellt, der eben gelesen hat, das Buch zusammengeschlagen in der Hand hält und darüber nachdenkt, sehr viel Geist und Wahrheit. Tizian sagte selbst: dieser kann Menschen malen und ich nur Porträt. Für heute muß ich beschließen und das mehr Gesehene einen anderen Tag, wo ich mehr Zeit habe, aufsparen. Hirt erzählte ein Stückchen von seiner Lebensgeschichte, es war rührend, sogar die Kraus hat geweint.

[319] Kat. 239, Inv. 102: Autoritratto. Copia da Tiziano, Öl auf Leinwand, 28 x 25 cm. (Pergola I, Nr. 239). Zur Beschreibung der Kraus paßt ein van Dyck zugeschriebenes Bild, von dem sich eine Radierung im Britischen Museum London befindet (Cat. no. X-102). Wethey 2, S. 52.

[320] Ippolito Scarsella (gen. Scarsellino) (1551-1620). Thieme-Becker 29, 1935, S. 533 f. Kat. 224, Inv. 163: Cena in casa di Simon Fariseo, Öl auf Leinwand, 155 x 146 cm. Ramdohr 1, S. 307: Christ zwischen den Pharisäern von Leonardo da Vinci.

[321] Domenichino (s. Anm. 231). Kat. 31, Inv. 53: La Caccia di Diana. Öl auf Leinwand, 225 x 320 cm. Spear I, Nr. 52. Pergola I, Nr. 31. Ramdohr 1, Nr. 286-289.

[322] Muthmann S. 139 nennt: Giambattista Moroni (um 1525-1578). Thieme-Becker 25, 1931, S. 165 f. Dort (S. 165): Bildnis eines Mannes im Lehnstuhl. 1547. Philadelphia. Sammlung Johnson. Berlin: Bildnis eines Gelehrten. Öl auf Leinwand, 97 x 80 cm. Posse Nr. 193 a. Volkmann II, S. 390 nennt einen Tizian: Der sog. Schulmeister, oder ein alter Mann mit einem Buche auf einem Lehnstuhl sitzend.

27 ter März.

Ich bin heute früh tüchtig naß geworden. Bury und Schmidt führten mich nach Hause mit einem verfetzten Regenschirm. Ich sah nochmal Schmidts Gemälde, es ist schön, wenn schon gewisse Leute behaupten wollen, die Hälse wären zu dick an den zwei Schwestern von Orest. Das eine Figürchen, wo neben Elektra steht, ist so ruhig und voller Ausdruck, ich möcht es aus dem Bild schneiden dürfen. Bury spielte Violine mit viel Manier, aber ein großer Lachengel dabei. Zu Mittag speisten wir bei Gräfin Solms. Der schön süß sprechende Herr Professor Meyer und bedächtig redende Herr Hirt waren auch von der Gesellschaft. Nach Tisch wurde die Gräfin Solms wetterlaunisch. Wir fuhren nach St. Peter, daß gewisse Leute ihre neuen Halstücher sehen ließen. Herr Graf, Hirt und Meyer blieben allein zu Hause, um die Stube zu hüten, der arme gefangene Rehberg wußte nicht, zu was für einer Partie er sich wenden soll. Zu Hause zu bleiben, würde es die Höflichkeit erfordert haben, aber die Liebe - das Ausputzen - einer erzürnten Schönen, würde des Helden Seele zu sehr verwundet haben. Er fuhr also mit, ließ sich einen achttägigen Ablaß auf den Kopf schlagen. Die Gräfin wurde wieder in ihre gute Laune gesetzt, wir aßen auch zu Nacht da, waren noch recht lustig, Herr Graf wurde gezeichnet. Die Anlagen glichen besser als die Auszeichnung.

Den 28 ten

will ich noch nachtragen von der Galerie Borghese, aber doch zuerst, wie ich diesen Tag verlebt. Heute früh gab Herr Hofrat Reiffenstein ein festliches Frühstück, die Prinzen von Schwarzenberg waren da, Angelica und ihr Mann, Abbé Spina[323], meine Gräfin, Herr Graf und ich. Wir sahen einen sehr natürlichen Mondenschein, nahmen Abschied aufs Wiedersehen in Erbach von all den Antiken[324], so Herr Graf gekauft. Nachher fuhren wir zu Boquet und Schmidt. Letzteren trafen wir nicht zu Hause. Das Bild von Orest gefiel dem jüngeren Fürsten so wohl, daß er sein Gelübde brechen will. Nach dem Mittagessen gingen wir mit der Gräfin Solms in die Villa Medici spazieren, Papa

[323] Abbé Giuseppe Spina (1756-1828?). Von Papst Pius VI. zum Referendario della Segnatura ernannt. Begleitete als Hausprälat den Papst ins Exil und versah ihn mit den Sterbesakramenten.

[324] Sie wurden auf dem Wasserweg bis Eberbach am Neckar transportiert, von dort auf inzwischen verbesserten Straßen nach Erbach gebracht.

Rehberg brachte Mandeln und Makronen mit. Meine Gräfin ging mit der Gesellschaft Tee zu trinken, ich ging aber nach Hause. Gmelin kam, war melancholisch, ich gab ihm den weisen Rat, sich zu erschießen. Er sah das Gute davon ein und wollte folgen. Ich gab ihm statt Pistolen Apfelsinen, Äpfel und Birnen. Es half. Probatum est. Meine Gräfin kam sehr unzufrieden gegen die Gräfin Solms nach Hause, der Freundschaft wird wohl ein baldiges Ende drohen. Reiffenstein stieg heute: er hat gut serviert. Ein antiker Genius flüsterte mir ins Ohr, daß wir werden bald nach Hause reisen. Ich denke heute sehr philosophisch darüber, wollte Gott, wir gingen schon. Nun an die Gemälde von dem Palast Borghese. Raphael[325], von sich selbst gemalt, etwas hart ausgewaschen, aber der Geist von Raphaels Schönheit. Eine Cäcilie von Domenichino[326], schön, aber im Kopf ein strohener Affekt und Kolorit an den Händen, als wenn sie nicht zum Gesicht gehörten. Von Raphael ein wahres Meisterstück: wie Christus vom Kreuz abgenommen[327], getragen wird, Maria sinkt in Ohnmacht, jede Figur sagt das, was sie vorstellen soll. Michelangelo malte da einen Christus am Kreuz[328]. Unten steht Maria und Johannes, spielen Komödie. Die Engel sind in der Wolkenloge, wo sie zum Fenster heruntergucken. Der eine riß sich vor Schmerz die Haare aus. Eine hl. Familie[329], wie Maria dem Christ-Kind ein Vögelchen zu spielen gibt. Schön, wenns nur nicht so starken schwarzen Schatten hätte. Parmigianino[330], wie das Jesuskind der

[325] Kat. 168, Inv. 397: Ritratto d'uomo. Ca. 1502, Öl auf Holz, 45 x 30 cm. Von Pergola II, Nr. 179 als Kopie bezeichnet, doch jetzt allgemein Raffael zugeordnet.

[326] Volkmann II, S. 391: „Die hl. Cäcilia von Domenichino." Ein Werk von Lelio Orsi (gen. Lelio da Novellara) (ca. 1511-1587). Thieme-Becker 26, 1931, S. 58 f. (hier: S. 59). Inv. 167: SS. Cecilia e Valeriano. Öl auf Kupfer, 78 x 60 cm. Pergola I, Nr. 98. Ramdohr 1, S. 296.

[327] Kat. 170, Inv. 369: La Deposizione di Cristo. 1507. Öl auf Holz, 184 x 176 cm, Prisco Nr. 70 b. Ramdohr 1, S. 293.

[328] Kopie von Paolo Veronese (eigentlich Cagliari) (1528?-1588). Thieme-Becker 5, 1911, S. 392-397. Inv. 107: Christo in Croce, con la Vergine, S. Giovanni e la Maddalena. Öl auf Leinwand, 76 x 56 cm. Pergola I, Nr. 245. Besser paßt noch das Bild bei Quasimodo Nr. 79: Christo crocifisso. 1545. Öl auf Holz, 55 x 40 cm. Original verloren, Kopie zugeschrieben Marcello Venusti (1512/14-1579). Thieme-Becker 34, 1940, S. 220-221. Ramdohr 1, S. 294.

[329] Römische Schule. Unbekannter Nachfolger Michelangelos. Kat. 144, Inv. 393: Madonna con il Bambino. Öl auf Holz, 112 x 84 cm. Pergola II. Nr. 146.

[330] Parmigianino (eigentlich Francesco Mazzola) (1503-1540). Thieme-Becker 24, 1930, S. 309-311. Inv. 109: Santa Caterina d'Alessandria ed Angeli, Öl auf Leinwand, 78 x 56 cm. Nach Pergola II, Nr. 101 Kopie.

Katharina den Ring ansteckte. Die Figürchen haben viel Grazie, aber meistens etwas zu groß und in allen Ecken ein alter Kopf gestoppelt.

Albani[331] sollte nichts malen als Kinder.

Tizian hl. Familie[332], schön, natürlich.

Guidos Cäcilie mit der Geige[333], eine Abwechslung.

Andrea del Sarto, hl. Familie[334], eine schöne große Manier.

Von Raphael eine kleine Handzeichnung, das Abendmal Jesu[335] vorstellend. Mit wenigem sehr viel getan.

Annibale Carracci: ein kleines Marien-Bildchen[336], ist mit vieler Größe gemalt.

Etliche Landschaften von Paul Bril[337]. Man heißt ihn nur den Finkenmaler, weil er solche auf all seine Bäume kleckste. Sehr fleißig auf die Manier des Sammet Breughel, doch ein besseres Kolorit.

Bassano: seine alte Mutter[338], von ihm selbst gemalt, voller Wahrheit.

---

[331] Francesco Albani (1578-1660). Thieme-Becker 1, 1907, S. 172-177. Hatte von seiner zweiten Frau zehn schöne Kinder, die er als Modelle für seine Amoretten nahm. Vier Rundbilder hier: Inv. 35: Venere nella fucina di Vulcano. Öl auf Leinwand, 154 cm. Pergola I, Nr. 1. Inv. 40: L'Acconciatura di Venere. Öl auf Leinwand, 154 cm. Pergola I, Nr. 2. Inv. 44: Venere e Adone. Öl auf Leinwand, 154 cm. Pergola I, Nr. 3. Inv. 49: Trionfo di Diana. Öl auf Leinwand, 154 cm. Pergola I, Nr. 4.

[332] Ramdohr 1, S. 299: „Zwei heilige Familien von Tizian. Auf der einen betet ein Hirt den Christ an, auf dem anderen bietet ihm eine Heilige einen Korb mit Blumen an." Ramdohr 1, S. 294: Eine heilige Familie mit der Magdalena von Tizian und wahrscheinlich Original. Ramdohr 1, S. 283: „Eine andere heilige Familie, wo die Mutter gleichfalls den Christ anbetet ... Dieses Bild ist ungezweifelt vom Tizian." Bei Pergola keine heilige Familie von Tizian.

[333] Volkmann II, S. 390: „Eine heilige Cäcilie in Raphaels erster Manier." Garboli Nr. 28 nennt von Reni: Santa Cecilia che suona il Violino. 1603, Öl auf Leinwand, 96 x 76 cm. Jetzt: New York, Sammlung W. P. Chrysler jun.

[334] Ramdohr 1, S. 311: Eine heilige Familie, die man dem Andrea del Sarto zuschreibt. (S. Anm. 248). Nach Thieme-Becker 29, 1935, S. 474 ihm fälschlich zugeschrieben. Madonna col Bambino e S. Giovanni (Inv. Nr. 334). Öl auf Holz 154 x 101 cm. Pergola II, Nr. 5. Madonna col Bambino che tiene un uccello, e S. Giovannino (Inv. Nr. 336). Öl auf Holz, 80 x 60 cm. Pergola II, Nr. 4.

[335] Knab Nr. 87 P 507 nennt eine „Studie für ein Abendmahl" in Oxford, 21,8 x 32,3 cm.

[336] Annibale Carracci (s. Anm. 233). Kat. 18, Inv. 64: Sacra Famiglia, Öl auf Leinwand, 67 x 56 cm. Pergola I, Nr. 18.

[337] Paul Bril (1554-1626). Thieme-Becker 5, 1911, S. 16 f. Pergola II, Nr. 206 ff.

[338] Ramdohr 1, S. 304: Kopf einer alten Frau vom älteren Bassano. Giacomo Bassano (eigentlich da Ponte) (1515/19-1592). Thieme-Becker 3, 1909, S. 4-7. Seine Mutter hieß Lucia Piccardi. Er hat nur wenige Porträte gemalt. Eher käme sein Sohn Leandro (1557-1622) in Frage, dessen Hauptbedeutung in Bildnissen liegt. Thieme-Becker 3, 1909, S. 7 f., hier S. 8. Seine Mutter hieß Elisabetta Merzari. Das Bild ist nicht überliefert.

Perugino[339] seine Gemälde sind steif komponiert wie ein Altärchen.

Paolo Veronese[340] hat viel Manier von Tizian.

Leonardo da Vinci: eine Maria[341], schön Gesichtchen.

Paolo Pannini[342] malt schöne alte Ruinen, die Gewänder an den Figuren fliegen alle. Guido[343] vereinigt sehr geschickt das Alter, Schmerz und Grazie miteinander. Eine Ruhe in Ägypten von der hl. Familie von Bronzino[344] gemalt, hat viel Wahrheit, nur die Maria handelt ohne viel Geist. Joseph pflückt dem Jesukind Kirschen. Eine Abnahme vom Kreuz in Fresko gemalt, so niedlich, als man sich Miniatur denken kann. Ein Porträt von Pietro Perugino[345] gemalt, gleicht viel dem Pater Adam[346]. Wie Christus dem Petrus erscheint vom Annibale Carracci[347], viel Ausdruck, klein. Eine kleine Madonna von

[339] Pietro (di Christoforo Vannucci) Perugino (nach 1450-1523). Thieme-Becker 26, 1932, S. 450-452. Kat. 164, Inv. 401: Madonna con il Bambino. Öl auf Holz, 45 x 37 cm. Pergola I, Nr. 164. Kat. 165, Inv. 386: San Sebastiano. Öl auf Holz, 109 x 69 cm. Pergola I, Nr. 165.

[340] Paolo Veronese (eigentlich Caliari) (1528?-1588). Thieme-Becker 5, 1911, S. 392-397. Inv. 137: La predica del Battista. Öl auf Leinwand, 208 x 140 cm. Pergola I, Nr. 242. Kat. 243, Inv. 101: S. Antonio che predica ai Peschi. Öl auf Leinwand, 112 x 157 cm. Pergola I, Nr. 243. Ramdohr 1, S. 340.

[341] Inv. 456: Schule von Leonardo, Madonna in atto di Allatrare il Bambino. Öl auf Holz, 112 x 157 cm. Pergola I, Nr. 137. Ramdohr 1, S. 340.

[342] Ramdohr 1, S. 309: „Zwei Ansichten von Pannini. Die eine stellt den Platz von Monte Cavallo, die andere den Platz von Sanct Peter vor." Paolo Pannini (1691/92-1765). Thieme-Becker 26, 1932, S. 200-202. Hauptmeister des Ruinenbildes. Hier nichts überliefert.

[343] Kat. 110, Inv. 180: Mose con le tavole della legge. Öl auf Leinwand, 174 x 134 cm. Pergola I, Nr. 110. Christo in Croce. Öl auf Leinwand, 24 x 19 cm. Pergola I, Nr. 112. Ramdohr 1, S. 290. Kopie.

[344] Das erste Bild ist von Giuseppe Cesare, genannt Cavalliere d'Arpino (1568-1640). Thieme-Becker 6, 1912, S. 309-312. Inv. 231: La Fuga in Egitto. Öl auf Holz, 45 x 33 cm. Pergola II, Nr. 87. Das zweite Bild schuf Alessandro Turchi, genannt Alessandro Veronese oder l'Orbetto (1578-1649). Thieme-Becker 33, 1939, S. 484-486. Inv. 307: Christo nel Sepolcro. Öl auf Schiefer, 28 x 22 cm. Pergola I, Nr. 219.

[345] Perugino (s. Anm. 105): Busto d'uomo. Öl auf Holz, 45 x 31 cm. Im Inventar von 1765 Raffael zugeschrieben. Castellaneta Nr. 269; Scarpellini Nr. 35. Ramdohr 1, S. 309.

[346] Nicht festgestellt.

[347] Annibale Carracci (s. Anm. 233): Christus erscheint Petrus. Ca. 1602. Öl auf Leinwand, 77,4 x 56,3 cm. Ende 18. Jhdt. von Alexander Day gekauft, seit 1826 National Gallery, London. Cooney Nr. 127. Ramdohr 1, S. 308.

Raphael[348]: sehr viel Ausdruck und Schönheit. Von Vernet[349] ein ganzes Zimmer gemalt, viel Geist, aber wenig wahre Natur, der Nebel ist am wahrsten, der Mondenschein zu beleuchtet, der Wasserfall sehr keck, hat viel Kunst. Vom Donnerschlag kann ich nicht urteilen, weil ichs noch nicht in der Natur sah. Die Aussicht in diesem Palast ist sehr schön. Ganz auf der Höhe ist ein artiges Gärtchen angebracht.

In dem Palast Giustiniani[350].

Albani, Schüler des Carracci, malt im Großen nicht so schön, doch sah ich da eine Madonna[351], wo ein vortreffliches Profil hat. Lodovico Carracci: eine Magdalena[352], Schmerz sehr gut mit Schönheit verbunden. Paolo Veronese[353]: leichten Schatten, doch nicht so warmes Fleisch wie Tizian, eine Magdalena. Guido[354] seine ist schöner. Eine Statue[355], wenn ich sie hätte, ich schlüg ihr Kopf, Hände und Füße ab. Ein Kindsköpfchen[356], sehr schön. Minerva[357] in antikem Stil, darf nicht schön sein, weil sie weise ist. Saggio R. fecit. Ein

---

[348] Viele Raffael einst zugeschriebene kleine Madonnen. Inv. 424: La Madonna di casa d'Alba, Öl auf Holz, Dm 90 cm. Kopie nach Raffael. Pergola II, Nr. 171. Ramdohr 1, S. 309.

[349] Claude-Joseph Vernet (1714-1789). Thieme-Becker 34, 1940, S. 285 f. Volkmann II, S. 396: Saal im zweiten Stock: 8 große Landschaften, deren vier die Tageszeiten vorstellen. Pergola verzeichnet nichts. Im Louvre, Paris, 40 Bilder von Vernet. Ramdohr 1, S. 306.

[350] S. Anm. 304. Freundliche Hilfe bei der Nachforschung nach dem Verbleib der Bilder verdanke ich Herrn Dr. Erich Schleier, Gemäldegalerie Berlin-Dahlem.

[351] Albani (s. Anm. 331). Madonna. Berlin. Im Vorratsverzeichnis von 1886, Nr. 389. 1913 verkauft, seitdem verschollen. Luigi Salerno im Burlington Magazine 1960: Nachlaßinventar des Marchese Giustiniani (gest. 1637) von 1638: Nr. 217. Umrißstich bei Landon 1812, Salerno 1960 S. 104, Abb. F. Ramdohr 3, S. 38. Nicht bei Posse.

[352] Lodovico Carracci (1555-1619). Thieme-Becker 6, 1912, S. 60 f. Magdalena. Nicht im Inventar von 1638. Das Bild bei Thieme-Becker nicht genannt. Nicht bei Posse.

[353] Paolo Veronese (s. Anm. 340). Magdalena. Nicht im Inventar von 1638. Paillet-Delaroche, Paris, 1912, S. 51 f., Nr. 54. Landon 1812, S. 113, T. 113, Nr. 1. Nicht bei Posse, nicht Verzeichnis 1912.

[354] Guido Reni (s. Anm. 164): Mater Dolorosa. Kopie aus Altarbild Pinakothek Bologna. Ca. 1615. Öl auf Leinwand, 49 x 38 cm. Kat. 363.

[355] Statue: nicht identifizierbar, wahrscheinlich schlecht ergänzt.

[356] Kindsköpfchen. Volkmann II, S. 467: Drey antike Kinder von Marmor.

[357] Minerva Giustiniani. Im Garten neben S. Maria sopra Minerva oder beim sog. Tempel der Minerva Medica gefunden. 1631 in der Sammlung Giustiniani nachweisbar. Marmor, 2,23 m. Aus dem 4. Jhdt. v. Chr., nicht ohne Kenntnis der Werke des Phidias. 1805 von Lucien Bonaparte erworben und 1815 an Papst Pius VII. verkauft. 1822 wurde der Braccio Nuovo im Vatikan mit der Minerva Giustiniani als Hauptfigur eröffnet. Umstritten: teils hoch verehrt, von Winckelmann jedoch nie erwähnt. Inv. Nr. 2223. Helbig I, Nr. 449. Haskell Nr. 63. Ramdohr 3, S. 48. Saggio R. unbekannt. Unklarer Bezug.

Faun[358], sehr gut, aber so schmutzig, daß man kaum die Muskeln sehen kann. Ein Apollkopf[359], soll besser sein als der auf dem Belvedere, ich schüttle den Kopf dazu.

Antonio und Paulo sollen von Guido[360] sein in seiner unsanften Manier. Gherardo dalle notti: ein Christus vor Gericht[361], steht wie ein Fuhrmann, der gestohlen hat, da. Es ist aber schön beleuchtet. Giulio Romano[362], ein Schüler des Raphael, malt einen Johannes in der Begeisterung nach Raphaels Idee sehr schön, aber etwas hart. Der Gedanke war sehr groß, würdig des Raphael. Ein Adler trägt Johannes in den Lüften, nahe dem Licht der Gottheit. Domenichino[363] malte das Nämliche, schöner gemalt, aber nicht so hoch gedacht. Johannes ist ganz begeistert mit wahrem Ausdruck.

Eine hl. Familie von Andrea del Sarto[364], schön, große Manier in Gewändern, aber etwas steif.

---

[358] Haskell Nr. 36 erwähnt einen „Faun in the Giustiniani collection (now in the Museo Torlonia)", doch die dort mit Helbig VI, Nr. 3286 zitierte Plastik hat nichts mit der Sammlung Giustiniani zu tun, befindet sich außerdem in der Villa Albani. Lalande V, S. 119.

[359] Sog. Apollo Giustiniani (Pourtalés). Aus dem 5. Jhdt. v. Chr., lebensgroß. In den Besitz des Grafen Pourtalés und aus diesem in das Britische Museum, London, gelangt. Lalande V, S. 118.

[360] Guido Reni (s. Anm. 164): Madonna mit den Heiligen Antonius und Paulus Eremita. 1618-1622. Öl auf Leinwand, 290 x 187 cm. Salerno, 1960, Inventar I, S. 101, Nr. 149. Katalog Berlin, Nr. 373. Im Mai 1945 im Flakturm Friedrichshain verbrannt. Garboli Nr. 83. Pepper, S. 292, Nr. 215.

[361] Gerhard van Honthorst (1590-1656). Thieme-Becker 17, 1924, S. 447-450. Christus vor Kaiphas. Salerno 1960 I, Nr. 125. 1804 von Lucien Bonaparte gekauft, von diesem an die Herzogin von Lucca verkauft. Ihr Sohn bietet es 1840 in England an, wo es vom 2. Duke von Sutherland erworben wurde. 1922 erwarb es die National-Gallery, London, wo es heute noch ist. Hoogewerff (Thieme-Becker 17, 1924, S. 447) bezeichnet dieses Bild als Kopie und vermutet das Original in der Sakristei von S. Croce in Gerusalemme, Rom. Ramdohr 3, S. 38.

[362] San Giovanni Evangelista trasportato de Aquila. Von Giulio Romano (eigentlich Giulio Pippi) (1499-1546). Thieme-Becker 14, 1921, S. 215-219. Salerno 1960 I, Nr. 181. Im Inventar von 1638 als Kopie nach Raffael bezeichnet. Nach Pepper S. 352, B 20 als Kopie nicht von Guido Reni, sondern als Kopie von Innocenzo Francucci, genannt Innocenzo da Imola (1490/94-1547/50) erwähnt. Thieme-Becker 12, 1916, S. 376-378. Garboli Nr. 29 a. Heute: Berlin, Bodemuseum. Öl auf Leinwand, 238 x 176 cm. (Deposit).

[363] Domenichino (s. Anm. 231). Johannes. Öl auf Leinwand, 259 x 199 cm. Das Bild wurde 1804 separat nach Paris verkauft an Delahante. Dann in den Sammlungen Harris, Hart Davis und J. P. Miles. Heute Christie Estate Trust, Glyndebourne. Spear I, S. 270 f., Nr. 100. Vgl. Salerno 1960 I, Nr. 170! Lalande V, S. 120.

[364] Andrea del Sarto (s. Anm. 248). Heilige Familie. Volkmann II, S. 467: „Eine heilige Familie vom Andrea del Sarto ist besonders schön." Offenbar identisch mit dem Bilde im Inventar von 1638, II, Nr. 116. Nicht weiter nachgewiesen, verschollen. Gestochen bei Landon 1812, S. 89, Pl. 41, Nr. 1. Lalande V, S. 122.

Franziskus in der Einöde, so schön hab ich noch keinen gesehen, sehr fleißig gemalt, sogar das grobe Kapuzinertuch ist zum Täuschen da, ein Kruzifix ist angebunden an einen alten Baumstamm. Den Meister weiß man nicht, am Bild steht CL 1601[365]. Luca Cambiaso: eine Mutter mit drei Kindern[366], wunderlich komponiert, schön harmonisch gemalt, nur schade, das es in gar keinem Licht hängt. Caravaggio[367]: was er malt ist natürlich, aber unedel.

Den 29 ten März.

In dem farnesischen Palästchen[368] ein Plafond von Raphael[369], wo aber das mehrste überkleckst ist. Die großen Gedanken und hin und wieder gute Züge sind doch noch wert, gesehen zu werden. Es ist die Geschichte des Amor und der Psyche. Die Gruppe, wo Psyche den Göttertrank von Merkur bekommt, ist noch am unverdorbensten. Bei einer von den drei Grazien ist der ganze Rükken noch Original Raphael.

---

365 Nicht im Inventar von 1638. Das Monogramm nicht entschlüsselt (nicht Luca Cambiaso: er starb schon 1585!). Vielleicht Lionardo Corona (1561-1605). Thieme-Becker 7, 1912, S. 448.

366 Luca Cambiaso (1527-1585). Thieme-Becker 5, 1911, S. 429-432. Heute Bodemuseum Berlin: Caritas. Öl auf Leinwand, 137 x 107 cm. Einzelner Ankauf aus der Sammlung Giustiniani vor 1815. Kat. 358. Posse S. 216. Eine veränderte Kopie von der Hand B. Strozzis im Palazzo Brignole zu Genua. Ramdohr 3, S. 37: Der Meister ist unbekannt.

367 Caravaggio (s. Anm. 262). Thieme-Becker 5, 1911, S. 73 nennt sieben Bilder aus der Sammlung Giustiniani im Kaiser-Friedrich-Museum in Berlin:

1. Hl. Matthäus mit dem Engel. 1602, Öl auf Leinwand, 223 x 183 cm. Posse 1, S. 207. Nr. 365. Cinotti Nr. 40. Mai 1945 im Flakturm Friedrichshain verbrannt.
2. Himmlische und irdische Liebe. Öl auf Leinwand, 179 x 118 cm. Von Giovanni Baglione (1571-1644). Thieme-Becker 2, 1908, S. 355 f. Als Konkurrenzstück zu Caravaggios „Amor als Sieger" für den Marchese Giustiniani gemalt. Kat. Nr. 381.
3. Brustbild eines Mannes. Öl auf Leinwand, 75 x 62 cm. Inv. Nr. 354. Stich von C. Normand bei Landon, T. 58. Cinotti Nr. 103.
4. Amor als Sieger. 1598-1599. Öl auf Leinwand, 154 x 110 cm. Inv. Nr. 369. Cinotti Nr. 36.
5. Brustbild eines jungen Mädchens. Öl auf Leinwand, 66 x 53 cm. Mai 1945 im Flakturm Friedrichshain verbrannt. Cinotti Nr. 19. Volkmann II, S. 466: Eine Frau von Caravaggio. Inv. Nr. 356: Brustbild einer jungen Frau (angeblich einer römischen Kurtisane namens Phyllis). Stich von Mme. Soyer bei Landon, T. 64.
6. Grablegung Christi. Öl auf Leinwand, 280 x 211 cm. Inv. Nr. 353. Stich von C. Normand bei Landon, T. 30. Sammlung Giustiniani 1815, S. 64.
7. Christus am Ölberg. 154 x 222 cm. Inv. Nr. 359. Verbrannt Mai 1945 im Flakturm Friedrichshain. Cinotti Nr. 45. Volkmann II. S. 467: Christus, dem ein Engel erscheint.

In Potsdam, Sanssouci: Ungläubigkeit des hl. Thomas. 1601-1602. Öl auf Leinwand, 107 x 146 cm. Inv. GK/5438. Cinotti Nr. 37.

368 Villa Farnesina, Via della Lungara. 1508-1511 von Baldassare Peruzzi (1481-1536) für Agostino Chigi erbaut. Graziösester Renaissancebau Roms.

369 Raffael (s. Anm. 93). Der Bauherr gab das Thema an: „Psyche" nach „Der goldene Esel" von Apulejus. Amor und Psyche. 1517. Fresko, 19,3 x 7,5 Meter. Unter Mitarbeit von Schülern entstanden: Giulio Romano (um 1499-1546), Raffaello dal Colle (1490?-1566), Gaudentio Ferrari (um 1470-1546), Giovanni Francesco Penni (1488-1525/8), Giovanni da Udine (1487-1564). Prisco Nr. 130.

Im Palast Corsini[370].

Ein Engel, wie er Maria den Gruß bringt[371]. Wenn kein Guido dabei hängt, so ist diese sehr schön. Maria mit dem Kind von Murillo[372], ein Spanier, in großer Manier gemalt, viel Natur.

Sebastian[373] von van Dyck, wie ihm die Engel die Pfeile herausziehen, kräftig gemalt, etwas Steifes in seiner Zeichnung.

Zwei spanische Prinzen[374], gekleidet wie Männer und sind doch dabei Kinder geblieben, von Tizian.

Eine hl. Familie von Tintoretto[375], gleicht viel Tizian, komponiert aber sehr schlecht. Von Guido drei Köpfe[376]: Christus gekrönt mit Dornen, Maria und Johannes, alle drei im höchsten Affekt von Schmerz, mit in die Höhe gerichteten Gesichtern, geöffneten Mündern, sehr schön gemalt. Es würde ganz wahr geworden sein, wenn er etwas weniger schön hätte malen wollen. Die nämliche Gruppe Christusköpfe von Guercino[377] übertrifft Guidos seine sehr viel. Da ist wahrer Schmerz ausgedrückt. Man sieht, daß die ganze Seele leidet. Viele wollen behaupten, dies war ein außerordentliches Verdienst von Guido, daß er die Personen schön und dabei im höchsten Affekt von Leiden vorstellen konnte. Das dünkt mir sehr unbelobenswert. Ein schön Gesicht in unbedeutendem Schmerz kann schön bleiben, oft werden die reizenden Züge durch

---

370 Palazzo Corsini, Via della Lungara. Aus dem 15. Jhdt. 1729-1732 von Fernando Fuga (1699-1781) umgebaut und auf das Doppelte vergrößert. Dort starb 1689 Königin Christine von Schweden. Seit 1884 Staatseigentum, Galleria Nazionale d' Arte antica (zusammen mit Palazzo Barberini).

371 Verschiedene Darstellungen des Themas. Nicht identifizierbar.

372 Bartolomé Estaban Murillo (1618-1682). Thieme-Becker 25, 1931, S. 285-287. La Madonna col Bambino (La Zingara). Ca. 1675. Öl auf Leinwand, 163 x 106 cm. Kat. 191. Nuño Nr. 274, Iñiquez II, Nr. 170.

373 Rubens (s. Anm. 63): Der hl. Sebastian von Engeln gepflegt. Ca. 1602. Öl auf Leinwand, 153 x 118 cm. Vlieghe Part VIII, Saints II, Nr. 144. Ramdohr 2, S. 161. Lalande IV, S. 459.

374 Unbekannter aus der florentinischen Schule (auch Tizian zugeschrieben): Ritratto di due principi (i due figli di Carlo V.). Öl auf Leinwand, 126,5 x 95 cm. Inv. 325. Deposit: Villa d' Este, Tivoli.

375 Jacopo (Robusti) Tintoretto (1518-1594). Thieme-Becker 33, 1939, S. 189-198. Das Bild ist nicht überliefert.

376 Guido Reni (s. Anm. 164): Christus mit der Dornenkrone. 1617-1618. Öl auf Leinwand, 52 x 40 cm. Kat. 56. Pepper Nr. 56. Addolerata. 1617-1618. Öl auf Leinwand, 50 x 40 cm. Kat. 57. Pepper Nr. 57. Johannes 1617-1618. Öl auf Leinwand, 50 x 40 cm. Kat. 58. Pepper Nr. 58.

377 Guercino (s. Anm. 237): Ecce homo. 1644. Öl auf Leinwand, 65,5 x 53,5 cm. Salerno 1988, Nr. 215. Ramdohr 2, S. 156.

eine sanfte Traurigkeit noch schöner, aber wenn jemand im höchsten Grade von Schmerz durchdrungen ist, dann verschwindet viel von der Schönheit. Ipse fecit.

Eine betende Maria von Sassoferrato[378], sehr gut nach seiner gewöhnlichen Art anmutig gemalt. Von ebendemselben eine halb schlafende Maria und schlafendes Jesukind[379], das nicht so gut wie das erste ist, aber doch viel interessant.

Eine Magdalena von Giulio Romano[380], ohne Ernst eine Büßerin. Sie besinnt sich noch, was sie tun will. Bäuerisch gemalt, er muß das Modell an einem Mistfräulein genommen haben.

Von Guido eine Herodias[381] mit dem Kopf des Johannes, schön, aber keins seiner besten.

Augustinus, der nachsinnt, die Gottheit zu erklären. Ein Engel sitzt am Ufer des Meeres, um mit einer Muschel zu schöpfen. Die Komposition ist gut von Benvenuto Carosio[382] gemalt. Eine Vestalin von Carlo Maratti[383], nicht übel.

Von Poussin[384] Noe, wie er Gottvater dankt, der in den Wolken schwebt. Ich glaube, er hat diesen von Raphael gekripst. Die Geburt Mariae von Pietro da Cortona[385], affektierte Grazien. Francesco Salviati[386], verzerrte Muskeln. Eine

---

[378] Salvi (Sassoferrato) (s. Anm. 236): Maria mit Kind. Öl auf Leinwand, 47 x 36 cm. Lafenestre S. 95, Nr. 398. Ramdohr 2, S. 162

[379] Salvi (Sassoferrato) (s. Anm. 236):Madonna con il Bambino dormiente. Öl auf Leinwand, 90 x 90 cm. Inv. 1135. Deposit: Camera dei Deputati. Kopie. Ramdohr 2, S. 162.

[380] Reni (s. Anm. 164): Magdalena. Öl auf Leinwand, 232 x 152 cm. Garboli Nr. 116 a. Pepper Nr. 137.

[381] Reni (s. Anm. 164). Salomè con la testa del Battista. 1638-1639. Öl auf Leinwand, 134 x 97 cm. Kat. 175. Garboli Nr. 157. Pepper Nr. 175.

[382] Benvenuto Tisi da Garofalo (1481-1559). Thieme-Becker 12, 1920, S. 210-212. Volkmann I, S. 648: Der heilige Augustin, welcher über das Geheimnis der Dreyeinigkeit nachdenkt. Lalande V, S. 457.

[383] Maratti (s. Anm. 270). Hermanin: keine Vestalin hier.

[384] Poussin (s. Anm. 286). Volkmann II, S. 648: „Noah, welcher Gott nach der Sindfluth sein Dankopfer bringt.“ Thullier Nr. 44: Il sacrificio di Noè. Kopie oder Original. Jetzt Tatton Park bei Knutsford (Cheshire). Zweifellos das einst im Palazzo Corsini gewesene Bild. Wild II, R 3 zweifelt, ob es von Poussin sei, er hält es für ein Frühwerk von Maratti. Ramdohr 2, S. 159.

[385] Cortona (s. Anm. 294). Inv. Nr. 135: Natività della Madonna. Öl auf Leinwand, 173 x 125 cm.

[386] Francesco Salviati, eigentlich de' Rossi (1510-1563). Thieme-Becker 29, 1935, S. 365-367. Hermanin S. 48, Nr. 590: La Sacra Famiglia.

Toilette der Venus, von Albani[387] sehr schön gemalt. Dieser Künstler hätte ganz allein scherzende, tändelnde Sachen und Kinder malen sollen.

Hl. Familie von Fra Bartolommeo[388], große Manier.

Ein Porträt von Albrecht Dürer[389], simpel und wahr gemalt.

Carlo Maratti[390], ein Porträt seiner Tochter, die sehr schön war. Durch ihre Schönheit einen Schnitt in Backen bekommen von einem Kavalier. Der alte Rembrandt[391], von ihm gemalt, Feuer, Kraft und Stärke darinnen.

Itzt was anderes: heute früh war ich mit der Kraus ihrer Philosophie zufrieden. Nachmittag gingen wir spazieren in die Villa Medici, trafen sehr wenig Leute da, tauften alle, die graue Hüte trugen, Amico - und einen gewissen, der krank ist und im Bett liegt, wenn er kein Geld mehr hat, Nüchterle[392].

Es wurde nach Hause gegangen und Toilette gemacht für eine Visite bei Angelica, wo ein Miserere von Jommelli[393] gesungen ward von zwei Stimmen. Wie ich mich anziehen wollte, kann ich meine Kleider nicht zusammenbringen. Das war ein fataler Streich. Wenns nicht bald ans Abnehmen geht, dann muß ich mir eine neue Garderobe anschaffen. Die Gräfin Solms fuhr mit, sprach aber keine drei Worte unterwegs. Sie ist gewiß bös, weil Fürst Schwarzenberg Schmidt sein Gemälde abgekauft. Daß aber auch das Gelübde nicht bei des Amico seinem Bild gebrochen worden, ist nicht recht.

---

[387] Francesco Albani (s. Anm. 331). La Toilette de Vénus. Öl auf Leinwand, Dm. 154 cm. Lafenestre S. 40 (Gall. Borghese).

[388] Ramdohr 2, S. 158: „Eine heilige Familie angeblich von Fra Bartholommeo ... ich halte dieses Bild für ein Werk der Sienischen Schule." Fra Bartolommeo (s. Anm. 232). La Sacra Famiglia. Spätwerk. Öl auf Holz, 137 x 127 cm. Hermanin S. 50, Nr. 579.

[389] Früher Dürer zugeschrieben, jedoch ein Werk von Joos van der Beke (1. H. 16. Jhdt.), Thieme-Becker 3, 1909, S. 212-217 (hier: S. 217). Ritratto di Bernario Clesio, Vescovo Principe di Trento. Nach 1530. Öl auf Holz, 61 x 50 cm. Inv. 752. Hermanin S. 38. Von Lafenestre (S. 87, Nr. 752) als „Portrait du cardinal Albert de Brandenburg" bezeichnet. Ramdohr 3, S. 161.

[390] Carlo Maratti (s. Anm. 270). Hermanin Nr. 729: Ritratto di sua figlia Faustina.

[391] Ramdohr 2, S. 157: Ein Kopf von Rembrandt. Rembrandt, eigentlich Rembrandt Harmensz van Rijn (1606-1669). Thieme-Becker 29, 1935, S. 259-271. Inv. 887: Copia, Autoritratto, Öl auf Leinwand, 82 x 71,5 cm. Deposit: Accademia Nazionale dei Lincei.

[392] Der Maler Valentini (s. Anm. 121).

[393] Niccolò Jommelli (1714-1774). Komponierte 9 Miserere. MGG 7, 1958, Sp. 142-154. Grove 9, 1980, S. 689-695.

Bei Angelica trafen wir eine sehr ansehnliche Gesellschaft, an, Herr „Hören Sie e mal“ wurde umgetauft in Pforg[394]. Die Musik war beim Anblick eines großen Gemäldes doppelt rührend. Der Körper von Christus ist so nachgiebig gemalt, daß man nichts Wahreres sehen kann. Die Mutter Gottes in Ohnmacht. Es war so schön beleuchtet. Ich wünschte alle acht Tage mir so einen Abend verleben zu können, dafür wollte ich sieben Mal nichts zu Nacht essen.

Angelica ist ausnehmend höflich gegen mich. Es ist die einzige Frau, die ich hier kennen lernte, für die ich Achtung habe. Daniele da Volterra[395] hat das schöne Bild gemalt.

Den 30 ten März

bin ich heute früh vor lauter Desperation über meinen Prospekt aus Großgriechenland zu Gmelin geloffen, um einen wohlweisen Rat zu holen, ob ichs leben oder sterben soll lassen. Es bekam Pardon. Dem Amico wurde eine sehr unangenehme Unterhaltung von Seiten meiner Gräfin gemacht. Amico sprach just das Gegenteil von seinem Denken. Der Fürst von Schwarzenberg kann nun durch Kaufen oder Nichtkaufen die Freundschaft der Gräfin Solms machen und zerreißen. Heute glaub ich mich in den Odenwald versetzt zu sehen, es ist kein bißchen wärmer als bei uns in den letzten Tagen des März. Der gute Hirt hat heute auf dem Kapitol eine Kolik geholt. Wenn ich nicht bald Briefe von zu Hause bekomme, so wird meine Person sich vergessen glauben. Wieder ein Posttag vorbei. Trippel spricht von der Leber weg. Itzt essen wir Kartoffeln, so aus England gekommen, die aber doch nicht sonderlich gut sind.

Den 31 ten März

kamen die zwei Prinzen von Schwarzenberg, just, wie wir Kaffee tranken. Die Juwelen, wo sich der Fürst zur Krönung fassen ließ, brachten seine Durchlaucht zum Beschauen mit, sie waren sehr schön. Zwei Uhren mit den Ketten hätte ich heraus gewählt. Herr von Forch hatte einen roten Rock an. Wir gingen nicht mit, Antiquitäten zu sehen, weil die Gräfin Zahnweh hatte. Nachmittag kamen die Prinzen wieder, Hirt und Forch hatten das Glück, meine Person in ihrem Wagen zu fahren. Wir sahen die alten Bäder des Titus[396] und noch alte

---

[394] Martin Forch (s. Anm. 312).

[395] Daniele da Volterra (Daniele Ricciarelli) (1509-1566). Thieme-Becker 28, 1934, S. 257-259. Kopie seiner Kreuzabnahme aus Trinità dei Monti, damals noch Fresko. S. Anm. 399.

[396] Auf dem Gebiet des Neronischen Goldenen Hauses.

Gemälde in Kaustik[397]. Mit Fakeln krochen wir in diesen alten Gewölben herum, Hirt explizierte alles aufs genaueste. Der kleine Prinz und ich nahmen so viele Steine zusammen, daß wir kaum springen konnten, wie es anfing, tüchtig zu regnen. Die Gräfin Solms fing an, zuerst wieder gute Worte auszugeben. Sie kam zum Tee mit Amico und Jenny; Reiffenstein, Hirt und Gmelin kamen auch dazu, lauter Leute, die sich lieber den Rücken als Gesicht sehen. Es wurde wieder disputiert über die Nationalversammlung und den Kaiser. Ich wurde auch gezankt, daß ich nicht geradezu Hirt unrecht wollte geben, wo er doch so unhöflich war, Leuten, die mehr als er waren, zu widersprechen.

Den 1 ten April

gabs der närrischen Laune bei mir viel. Diesen Morgen machte ich des Dies seinen Baum, brachte ihn auch Gottlob fertig. Des Mittags speiste Herr Meyer da. Er kam, um zu sagen, daß er morgen abreiste. Wenn wir zu Ende des Juli zu Hause sind, so kommt er zu uns, da wollen wir was Rechtes von Italien schwatzen. Er ist kein Feind von vielen Reden. Hirt und Meyer waren schuld, daß ich zwei Kopftassen verbrach und die schön gewaschenen Hosen von Meyer schmutzig wurden. Wir gingen in die Villa Medici spazieren, von da sahen wir in der Kirche zu Trinità dei Monti[398] ein sehr schönes Gemälde, in Fresko von Michelangelo gezeichnet, und vom Daniele da Volterra[399] gemalt. Es ist die Abnahme vom Kreuz. So einen schönen, wahren Körper von Christus hatte ich noch nicht gesehen.

Um sechs Uhr putzte sich die Gräfin zur Gesellschaft zum alten Kardinal Bernis, der heute seine letzte große Gesellschaft hält. Dieser Mann wird sehr ästimiert, weil er seinem König als Minister sehr viel Ehre gemacht hat. Dies bestand darin, daß er viele Gastereien hatte und die Santa Croce aus seiner Küche und Keller speiste. Ein großes Verdienst. Arme sind, wie man sagt, allemal um die Mittagsstunde mit ihrem Brot an die Küchenfenster gegangen, haben da die guten, kräftigen Gerüche von Speisen mitgegessen. Was wird die Santa Croce der Nationalversammlung so feind sein! Ist gut, daß sich der spanische Wein auch trinken läßt. Ich sollte zur Musik bei Gräfin Solms gehen,

---

[397] Marianne Kraus meint Wandmalereien. Bei der Enkaustik werden Pigmentfarben mit punischem Wachs verschmolzen und heiß auf dünne Brettchen aufgetragen.

[398] SS. Trinità dei Monti, oberhalb der Spanischen Treppe. 1495 von Karl VIII. von Frankreich gestiftet. 1816 restauriert. Heute noch Stiftskirche der Dames du Sacré Coeur.

[399] Daniele da Volterra (s. Anm. 395). In der 2. Kapelle (Orsinikapelle): Kreuzabnahme. Fresko, 1811 auf Leinwand übertragen, Öl auf Leinwand, 200 x 120 cm. Lafenestre S. 194. Collection Rospigliosi-Pallavicini.

aber ich fand mehr Vergnügen, im Hause zu bleiben. Wers nicht aufrichtig mit mir meint, da wär ich ein rechter Narr, wenn ich mich ihretwegen genieren wollte. Es ist eine herrliche Sache um den Selbstwillen! Valentini will nicht für mich lügen, ist eben viel.

Den 2 ten April

zeichnete ich Herrn Gmelin nach Rehberg, es wurde gleichend, aber noch 20 Jahre älter als das von Rehberg, wo schon 10 Jahre älter ist als das Original. Herr Valentini bat die Gräfin, die Frisur an meiner Zeichnung dunkler zu machen, und glaubte mir einen Gefallen zu erweisen, aber ich wurde ganz ungeduldig darüber. Ich habe morgen die Ehre, noch zwei Stunden daran zu sitzen und den dunklen Schatten, wo Valentini ins ganze Gesicht gekritzelt, auszuwischen. Für eine Stunde Laute zu lernen 5 Paoli zu zahlen, ist ein bißchen viel, Meyer fands zwar nicht.

Den 3 ten April

hörte ich in S. Maria Maddalena[400] sehr schön Orgel spielen. Den Eindruck hat noch keine Orgel auf mich gemacht. Ich werde alle Sonntage um 11 Uhr diese Kirche besuchen. Aber traurig machte es mich, ich bekam solche Launen, daß ich die ganze Welt um sechs Bajochi[401] gegeben hätte. Ich sollte absolut ausgehen, wollte man haben, um mich lustiger zu wissen, aber es hat mir jemand geraten, zu tun, was ich wollte, und das hab ich für sehr gut gehalten und bin meinem Kopf nach zu Hause geblieben. Hirt hielt mir eine große Predigt über das Kapitel von üblen Launen, es war aber von keiner Wirkung. Ich will itzt schlafen gehen, das wird wohl das Beste für mich sein.

Den 4 ten April

kutschten wir in Gesellschaft derer zwei Prinzen von Schwarzenberg viele Kirchen aus. Was ich darinnen für mich Merkwürdiges fand, werde die Mühe

[400] Chiesa della Maddalena, Piazza della Maddalena. Entwurf von Carlo Fontana (1631). Ausgeführt von G. A. de Rossi (1616-1695). Erst 1740 vollendet.

[401] Bajocco: päpstliche Kupfermünze.

[402] Santa Cecilia in Trastevere, Via Anicia. Eine der ältesten Kirchen Roms. Über den Fundamenten des Elternhauses der Hl. Cäcilia errichtet. Umbauten bis ins 19. Jhdt.

nehmen, eben aufzuzeichnen. Zu S. Cecilia[402] liegt ihre Statue in einem Grabe, sehr reich mit Gold und Lapis lazuli verziert. Sie wurde in Marmor gehauen, wie man ihren Körper fand. Das Gesicht kann man nicht sehen, sie liegt darauf. Es ist die schönste moderne Statue, die hier ist. Stefano Maderno[403] ist der Meister davon. Das Gemälde von Guido[404] am hohen Altare ist nicht so ganz schön, wie mans von diesem Meister erwartet. Diese Kirche mit dem Nonnenkloster ist auf den Platz gebaut, wo Cäcilia ihre Wohnung war. Es ist noch da zu sehen ein Dampfbad und große kupferne Kessel, auch ist die ganze Geschichte von ihr vom Domenichino[405] in Fresko gemalt. Es ist schade, daß es zu feucht ist, es ist schon die Hälfte weiß. In der Kapelle Petronius ist ein Altarblatt vom Domenichino[406], dafür ist schon 30 000 Skudi geboten worden. Es ist das Schönste, was ich noch von diesem Meister gesehen. Einen Engel, der ganz antik gemalt ist, den möcht ich herausschneiden. In der Kirche S. Maria in Trastevere[407] ist noch ein Altarblatt von diesem Meister, wie dem Hl. Hieronymus[408] die Kommunion gereicht wird. Den Ausdruck konnte keiner nach meinem Dünken besser machen. Es ist nicht überhäuft mit Figuren, bloß die dabei zu tun haben, sind da. In einer Nebenkapelle ist ein Engel im Plafond[409] gemalt, über dieser Arbeit ist Domenichino gestorben. S. Carlo ai Catinari[410], ein nettes Kirchelchen. Der Plafond ist von Domenichino[411], die Gerechtigkeit und Freigebigkeit[412], welche aber dem Ort gemäß nicht schicklich ist, und das

---

[403] Stefano Maderno (Maderna) (um 1576-1636). Thieme-Becker 23, 1929, S. 532 f. Marmorstatue der Hl. Cäcilia. 1599. Hauptwerk Madernas. Angeblich genaue Nachbildung des 1595 fast unversehrt gefundenen Leichnams.

[404] Guido Reni (s. Anm. 164). Am Hochaltar des Oratoriums: Il Martirio di Santa Cecilia. 1601. Öl auf Leinwand. Garboli Nr. 24. Pepper Nr. 12. Im Jahre 1940 schwer verstümmelt.

[405] Die Fresken (Deckengewölbe) 1725 von Sebastiano Conca (1680-1764). Thieme-Becker 7, 1912, S. 287-289. Hier S. 288: Triumph der hl. Cäcilia.

[406] Incoronazione di Cecilia e di Valeriano. Fälschlich Domenichino zugeschrieben. Serra S. 57. Nach Spear I, Nr. 42. I. in San Luigi dei Francesi.

[407] S. Maria in Trastevere, Via della Lungara. 1140 durch Innozenz II. errichtet.

[408] Domenichino (s. Anm. 231): Heute: Pinacoteca Vaticana. 1614. Öl auf Leinwand, 419 x 256 cm. Spear I, Nr. 41.

[409] Capella della Strada. Kuppel 9,2 x 9,75 m. 1628-1630. Spear I, Nr. 103.

[410] SS. Biaggio e Carlo ai Catinari, Piazza Benedetto Cairolo. Von „catinus", Töpferware. 1612 von Rosato Rosati (um 1560-1622) erbaut. Restauriert 1707.

[411] Fresken an den vier Pendentifen von Domenichino (s. Anm. 231), 1627-1630: Die vier Kardinaltugenden (Stärke, Gerechtigkeit, Klugheit und Mäßigkeit).

[412] Marianne Kraus meint die Figur unter der „Gerechtigkeit", über die Volkmann II, S. 434 schreibt: „Die Frau, welche Milch aus ihrer Brust drückt, ist unter der Gerechtigkeit sehr unanständig angebracht. Sie ... scheint bloß dahin gesetzt zu sein, um einen leeren Platz auszufüllen." Die „Caritas": häufige Darstellung einer Frau, die mit ihrer Milch einen Heiligen vor dem Verhungern rettet.

Gegenstück, die Klugheit, sind am besten gemalt. Der Tod Annas von Andrea Sacchi[413], welcher ein Meister des Carlo Maratti war, ist schön, aber die Maria hat zu wenig Ausdruck von Schmerz oder gar keine Teilnahme. Zu S. Ignazio[414] ist die Bauart viel auf die Peterskirche, sie gefällt mir aber in Ansehung der Simplizität besser, das heißt gegen der Peterskirche allzu viele Überladenheit. Pozzo[415] hat den Plafond gemalt, etwas voll, aber doch schön. Das, was daran geschrieben ist, verrät eine starke Eigenliebe, die die Herren Jesuiter gehabt haben müssen. Es heißt[416]: „Ich bin gekommen, Licht über die Erde zu bereiten und verlange nichts anderes, als daß es leuchte.“ Am hohen Altar[417] erscheint Gott Sohn dem hl. Ignatius, wie dieser nach Rom reist und sagt, ich werde dir in Rom gnädig sein. Ludovisi Begräbniskapelle[418] ist sehr schön, der Sarg ist ganz von Rosso antico[419], ein Vorhang von reichem Marmor, die Säulen von Verde antico[420], der Papst und zwei Figuren von Legros[421] recht gut gearbeitet. Der Altar von Aloisius[422] ist sehr schön, sein Sarg ist ganz von Lapis lazuli und Gold, vier große Säulen von Verde antico, gewunden nach der Art von denen im Tempel Salomons. Es ist schade, daß sie so verkünstelt sind. Die

---

[413] Andrea Sacchi (s. Anm. 292). 1649 am linken Seitenaltar aufgestellt: Tod der hl. Anna. Volkmann II, S. 433: „Der Maria fehlt die edle Miene.“

[414] S. Ignazio, Piazza S. Ignazio. 1625-1685 im Auftrag von Kardinal Ludovico Ludovisi (1595-1632) nach Entwürfen von Oratio Grassi (1583-1654) unter Beteiligung von Carlo Maderno (1556-1629) erbaut. Papst Gregor XV. (1621-1623), der Onkel Ludovisis, hatte 1622 Ignatius von Loyola (1491-1556), den Stifter des Jesuitenordens, heilig gesprochen.

[415] Andrea Pozzo (1642-1709). Thieme-Becker 27, 1933, S. 334-336. Fresken des Tonnengewölbes und der Tribüne. An der Decke sein Meisterwerk „Der triumphale Eingang des hl. Ignatius in das Paradies.“

[416] Lucas 12, 49: Ignem veni mittere in terram et quid volo nisi ut accendatur. Ich bin gekommen, daß ich ein Feuer anzündete auf Erden; was wollte ich lieber, denn es brennete schon.

[417] Fresko von Andrea Pozzo (s. Anm. 415): Ignatius' Vision. Dem Marmorwerk an diesem Altar verdankt Pierre II. Legros (1666-1719) seinen Ruhm. Thieme-Becker 22, 1928, S. 576 f. Die Fresken von Andrea Pozzo waren nur als Provisorien gedacht und sollten in Marmorwerk umgesetzt werden.

[418] Capella di S. Luigi, auch Sakramentskapelle genannt, im Querschiff. Unter dem Altartisch Lapislazulisarkophag, enthaltend die Gebeine des hl. Aloisius von Gonzaga (1568-1591).

[419] Roter Marmor.

[420] Grüner Marmor (aus Griechenland).

[421] Querschiffkapelle: Grabmal Gregor V. Figur des Papstes von Legros. Die beiden Figuren „Der Glaube“ (links) und „Der Ruhm“ (oder „die Freigebigkeit“) von Pierre Etienne Monnot (1657-1733).

[422] Auf dem Altar zwei Engel und zwei Figuren: rechts „Die Abtötung“ mit der Geißel, links „Die Reinheit“ mit der Lilie. Beide von Bernardino Ludovisi (um 1713-1749).

Figur des Aloisius[423] ist sehr glücklich von Legros in Marmor gehauen, ganz malerisch. Sein Schüler Moanor[424] machte das Gegenüber. Die Verkündigung Mariae[425] auch gut. S. Urbani[426], eine einfache Bauart, sehr schön, die beste, die ich noch gesehen.

In dem Palast Santa Croce[427]

eine Herodias von Guido[428], nicht übel. Die Spazierfahrt der Venus auf der See von Albani[429]. Der kleine Amor schießt mit dem Pfeil alle, die in diesem Zimmer sind. Ein sehr großes Kunststück. Von Guercino[430] ein verwundeter Sebastian, sitzend. Das allzu Dunkle weggenommen, sehr viel Affekt und Schönheit darinnen. Eine hl. Familie von Raphael[431], nicht von seinen besten. Hiob auf dem Mist, ekelhaft, von Salvator Rosa[432], aber sehr wahr. Hier kann man darüber urteilen, weil man auf allen Straßen so Hiobe dem Körper nach antrifft. Ein Tapetengemälde, sehr gut, besonders der

---

423 Capella di S. Luigi. Figur von Legros (1666-1719).

424 Monnot (s. Anm. 421).

425 Über dem Eingang zu den Kapellen des ehemaligen Collegio Romano eine Kopie (1658) der auf dem Altarfresko des Federico Zuccari (1540-1609) in der SS. Annunziata gemalten Verkündigung, gemalt von Fr. Jacques Courtois S.J. (1621-1675). SS. Annunziata fiel dem Kirchenbau zum Opfer.

426 Sant' Urbano, Via Appia Pignatelli. 9./10. Jhdt. in einen antiken Bacchustempel eingebaut. 1634 erneuert.

427 Palazzo S. Croce, Piazza de Branca. Um 1630 von Francesco Peparelli (1. H. 17. Jhdt.) erbaut.

428 Guido Reni (s. Anm. 164): Salomè riceve la testa del Battista. 1635. Öl auf Leinwand, 190 x 150 cm. Sarasato Ringling Museum (von Malvasia in der Galerie Colonna/Rom zitiert). Garboli Nr. 168. Salomè riceve la testa del Battista. 1635-1640. Öl auf Leinwand, 248 x 172,5 cm. Chicago, Art Institute. Garboli Nr. 17. Bei beiden Bildern kein Bezug zu Santacroce. Ramdohr 3, S. 98.

429 Albani (s. Anm. 331). Volkmann II, S. 435: Galatea. Ramdohr 3, S. 99: Venus von Amorinen umgeben. Aus: 4 Elemente. Das Wasser. Nagler 1, 1835, S. 37 f.

430 Guercino (s. Anm. 237). Die Beschreibung paßt auf das erst 1970 auf einer Auktion in Rom wieder zutage gekommene Bild, das sich heute in der Pinacoteca Nazionale in Bologna befindet: San Sebastiano soccorso. 1616. Öl auf Leinwand, 179 x 255 cm. Inv. Nr. 6483. Barbieri/Mahon Nr. 37. Salerno 1988, Nr. 6. Ramdohr 3, S. 98.

431 Raffael (s. Anm. 93). Ramdohr 3, S. 98: Eine heilige Familie, wahrscheinlicher von einem anderen Schüler des Perugino. Mit keinem der bei Prisco genannten Bilder identifizierbar.

432 Salvator Rosa (1615-1673). Thieme-Becker 29, 1935, S. 1-3. Giobbe. Öl auf Leinwand, 125 x 200 cm. Einst Palazzo Santacroce, dann aus dem Besitz von Marchese Stafford von Arturo De Noè Walker den Uffizien in Florenz gestiftet. Ramdohr 3, S. 97: Hiob auf dem Mist. 1673. Öl auf Leinwand, 119 x 198 cm. Pieraccini Nr. 3387.

Kopf in dem Kind, das aufsagt. Ganz Guido[433]. Zwei Landschaften von Johann von Lind[434], Nachahmer des Claude Lorrain, sehr getüftelt. Ein guter Engelskopf von Guido[435], der Gegenpart[436] soll auch von ihm sein, aber ich fand ihn nicht Guidos würdig.

Den 5 ten April.

Diesen Morgen wurden wieder Kirchen besucht und eine Villa von Aldobrandini[437]. Was ich gesehen, kann ich nun nicht mehr beschreiben, denn es ist schon 11 Uhr. Ich verlebte diesen Abend fast umsonst, aber meine ganze Seelenstimmung war zu nichts Wichtigerem aufgelegt, als die Schwachheiten der Menschen zu betrachten. Hirt war da, nicht zum größten Vergnügen der Gräfin, denn es war auch nicht zu vermeiden, daß er hören konnte, wie Gewisse klein denken können. Es wurde nochmal zu dem verdienstvollen alten Kardinal Bernis gefahren, der, um seinem König Ehre zu machen, sich nicht scheut, 100 Skudi für einen Fisch zu bezahlen - Gmelin und Trippel kamen auch an. Da wurde sich lustig gemacht über allerlei Künstler, die freilich nicht viel wissen. Um 9 Uhr gingen Hirt und Gmelin weg. Trippel war aber doch so gut und blieb noch bei mir bis halb elf, da wurde über die ganze Welt gesprochen. Dieser Mensch denkt über viele Sachen mir sehr gleich.

Den 6 ten April

war Posttag, also hatten die mehrsten von unserer Gesellschaft zu kritzeln. Es wurde deswegen nichts kursmäßig begafft. Die Gräfin und ich fuhren in die Villa Borghese. Je mehr ich diesen schönen Garten begehe, desto leider wird mirs, von ihm Abschied zu nehmen. Es ist alles da, was man sich nur wünschen kann: Kunst, Natur, Romantisches, wilde Gegend, es ist ein wahrer Englischer Garten. Prinz Borghese[438] war so gnädig, in meine Zeichnung zu gaffen. Er sagte nichts und ich auch nicht, ich blieb sitzen und er ging wieder seiner Wege.

---

[433] Guido Reni (s. Anm. 164). Nicht feststellbar.

[434] Hendrik Frans van Lint (1684-1763). Thieme-Becker 23, 1929, S. 258. Ramdohr 3, S. 98: Landschaften von Heinrich von Lint, in Italien Studio genannt. Nicht festgestellt.

[435] Guido Reni (s. Anm. 164). Nicht festgestellt.

[436] Guido Reni (s. Anm. 164): Nicht festgestellt.

[437] Villa Aldobrandini, Via Nazionale. Ende 16. Jhdt. von Carlo Lambardo (1554-1620) erbaut. Jetzt Borghese.

[438] Vielleicht Francesco Borghese (1776-1838).

Nachmittag spazierten wir auf die prächtige Säule Trajans[439], die der römische Senat diesem rechtschaffenen Helden zu Ehren aufrichten ließ. Es ist ein Monument, das denen, die es errichtet und dem Trajan viel Ehre macht, ganz von Marmor. Außen sind in Basrelief alle die Taten des Trajan, auf dem Piedestal alle Gattungen der Waffen, die zu selbiger Zeit üblich waren. Man geht eine Schneckenstiege, ebenfalls von Marmor, hinauf, oben ist ein Altan, woraus man ganz Rom übersehen kann. Es soll auf der Spitze, wo itzt der hl. Petrus von Bronze steht, eine goldene Urne mit der Asche vom Trajan gewesen sein. 172 Stufen sind bis auf die Galerie. Von da fuhren wir an die Perle aller Ruinen, wo ich in meinem Leben gesehen und noch sehen werde. Das Kolosseum[440] ist als Ruine sehr schätzbar, aber wenn man überdenkt, daß dieses merkwürdige Gebäude, wo keinen Nachahmer mehr findet, mit Fleiß ruiniert ist worden, da kann man unmöglich unterlassen, sein bißchen gelerntes Fluchen anzubringen. Wenn die majestätischen, aufeinander ruhenden Etagen noch da stünden und dann die Säulengänge oben auf diesem ungeheuren großen runden Gebäude, das müßt ein Anblick sein, wo allein wert wäre, Rom zu besuchen. Man sieht noch die Spuren von allem, was da ist, aber ohne jemand, so Kenntnis dessen hat, kann man sich sehr unrichtige Begriffe davon machen. Trajan fing es an zu bauen, und der gute Titus baute es aus. Es fochten in einer Zeit von fünf Wochen 3000 Fechter auf diesem Platz. Die erste erhöhte Etage war für die Senatores, die zweite für Bürger, drei für Weiber, vierte für alte Weiber, und auf dem Säulengange liefen die Matrosen herum, um die Tücher, so übergespannt wurden, zu richten. An dem Haupteingange unter des Kaisers seinem Sitz ist alles mit Stuck verziert gewesen. Neben dem Sitz sind zwei Nischen angebracht, wo vermutlich Statuen gestanden, die anderen Bogen sind alle gleich. Wir stiegen, wo noch möglich ist, hinzukommen, herum. Es ist eine prächtige Aussicht auf einem Steine über der itzigen Einfahrt. Wems nicht schwindlig ist, der kann da so die ganze Schönheit recht genießen. Ich freue mich, noch mehr als einmal dahin zu kommen.

[439] Als Grab Kaiser Trajans (98-117) erbaut. Auf der 39,8 m hohen Säule sind als 200 m langes Reliefband die beiden Dakerkriege dargestellt.

[440] Amphitheater, unter Vespasian (69-79) begonnen, erst unter Domitian (81-96) vollendet. 188 x 156 m, für 73 000 Zuschauer. Gladiatorenkämpfe, Tierhetzen, Seeschlachten.

Zu S. Giovanni in Laterano[441], welche die Kirche aller Kirchen in der ganzen katholischen Welt ist, sahen wir den Tisch, wo Christus das letzte Abendmahl gegeben, und den Altar wo Petrus Messe daran gelesen. Da darf nur der Papst am hl. Petrustag[442] Messe daran lesen. Der Kopf von S. Petrus und Paulus sind auch da aufbewahrt, die Körper liegen zu S. Peter. Diese Kirche ist sehr hoch ohne gewölbte Plafonds, aber sie ist doch lange das nicht, was S. Maria Maggiore ist. Itzt sind wir zu Hause, tranken Tee, Trippel ist da, spricht soeben von einer Kamee[443], so 1000 Zechinen kosten soll, das ist nicht wenig. Aber wenn man bedenkt, daß sich Madame Lebrun 300 Zechinen für eine einzelne Person zahlen läßt, und Trippel einen bloßen Kopf ohne Brust von Apoll für 800 Skudi zahlen wollte, wundert einem kein großer Preis mehr. Angelica läßt sich 120 Zechinen für ein Porträt ganzer Figur zahlen. Lebrun fuhr heute mit der Equipage der Angelica, das hat mich sehr gewundert.

Nun will ich noch nachholen, was ich bei S. Croce[444] gesehen. Den itzigen Papst und Kaiser[445] auf den Verstorbenen ihren Schultern. Diese armen Leute mußten sich aus Ökonomie köpfen lassen. Von Guido eine Himmelfahrt Mariae[446], so schön hab ich noch keine gesehen. Man sieht so ganz auf ihrem Gesicht die Vergessenheit der Welt und Sehnsucht nach dem Himmel. Auch ist es sehr weislich von dem Meister gewesen, daß er Maria alleine eine Hauptfigur da machen läßt ohne die vielen Aposteln (bloß etliche Engel tragen die Maria). Vier Jahreszeiten von Albani[447], sehr gefällig. Lauter Kinderchens, besonders ist der Postzug von Amor sehr drollig im Herbst. Auch wie sie mit den Pfeilen im Winter Feuer anmachen. Ein Salvator Mundi, am glücklichsten in

---

[441] S. Giovanni in Laterano, Piazza di Porta S. Giovanni. Kathedrale und Mutterkirche der katholischen Welt. Bis 1309 Sitz der Päpste. 1650 völlig umgewandelt. Fassade von 1734. Volkmann II, S. 197: „In der Sakristei werden Bretter von der Bundeslade des alten Testaments, und der Tisch, worauf Christus das letzte Abendmahl hielt, gezeigt." S. 199 (Hauptaltar): „In demselben ein anderer Altar, worauf der Apostel Petrus Messe gelesen haben soll."

[442] 29. Juni.

[443] Erhaben geschnittener Stein.

[444] S. Anm. 427.

[445] Papst Pius VI. (1775-1799). Kaiser Joseph II. (1765-1790). Unklar.

[446] Guido Reni (s. Anm. 164): Himmelfahrt Mariae. 1596-1597. Öl auf Kupfer, 57 x 41 cm. 1795 in der Galerie Sampieri, dann Besitz Eugène Beauharnais, später in St. Petersburg, Buenos Aires und Lugano. Heutiger Besitz unbekannt. Pepper Nr. 3. Ramdohr 3, S. 99.

[447] Francesco Albani (s. Anm. 331), Volkmann II, S. 435: Vier Jahreszeiten von Albani. Ramdohr 3, S. 100. Thieme-Becker 1, 1907, S. 175: 4 Rundbilder in der Galleria Borghese. 4. Diana überfällt mit ihren Nymphen die schlafenden Amoretten und läßt sie deren Pfeile zerbrechen und verbrennen. Öl auf Leinwand, Dm. 1,54 m. Pergola I, Nr. 1-4.

dem Kolorit; von Guercino[448]. Zwei Studien von Michelangelo aus seinem jüngsten Gericht in der Sixtinischen Kapelle[449]. Carlo Marattis schöne Tochter[450], mit Blumen geziert. Eine Kopie von Giulio Romano nach dem Raphael[451], welcher in Loretto hängt, es soll dem Original wenig herausgeben. Eine Europa von Guido[452]. Der Kopf ist sehr schön daran, aber viel hineingemalt von anderen. Nun empfehle ich mich der Santa Croce mit dem Wunsche, daß sie noch lange gefallen möge. Die französische Kirche[453] ist zu eng und zu vollgestopft, deswegen nicht schön. Guidos Kopie nach Raphael[454], die hl. Cäcilia, wo in Bologna ist, sehr vortrefflich. Da ist die ganze Geschichte[455] von ihm in Fresko gemalt, aber schon sehr verdorben. S. Maria Maggiore[456] ist unstreitig die schönste Kirche hier. Die Pracht von Säulen von der größten Schönheit und Proportion kann man sich nicht schöner denken. Am Altar sind vier von Porphyr, vier vom schönsten Granit unter dem vielen Marmor. Eine Sterbekapelle von Borghese[457], die ist zu schön im reichen Verstand genommen, denn Geschmack ist keiner daran. Alle Sorten vom schönsten Marmor, Jaspis, vier

---

448 Guercino (s. Anm. 237). Salerno 1988, Nr. 322: Salvator Mundi. 1657. Öl auf Leinwand, 118 x 99 cm. Corsham Court (Wiltshire).

449 Michelangelo (s. Anm. 89). Nicht festgestellt.

450 Maratti (s. Anm. 270). Ein Bild Marattis von seiner Tochter Faustina schon im Palazzo Corsini erwähnt (Anm. 390). Hier nicht festgestellt.

451 Giulio Romano (s. Anm. 362). Raffaels Original 1591 durch Kardinal Sfondrato aus S. Maria del Popolo nach Loreto gestiftet, seit 1615 nicht mehr gesichert nachzuweisen, anscheinend spurlos verschwunden.

452 Guido Reni (s. Anm. 164). Malvasia beschreibt 3 Fassungen von „Der Raub der Europa". Ramdohr 3, S. 99. Nicht festgestellt. Garboli, Nr. 164 a: London, Coll. Mahon. Garboli Nr. 164 b: St. Petersburg.

453 Chiesa di San Luigi dei Francesi, Piazza di S. Luigi dei Francesi. Dem hl. Ludwig IX. (1226-1270) von Frankreich geweiht. 1518 begonnen. Nach Bauunterbrechung wegen Geldmangel (1524) 1580 weitergebaut nach völlig geändertem Entwurf. Fassade 1589 von Giacomo della Porta (um 1537-1602).

454 Guido Reni (s. Anm. 164): Santa Cecilia e quattro Santi. 1600. Öl auf Holz, 215 x 137 cm. Garboli Nr. 22. Kopie nach Raffaels Bild.

455 Domenichino (s. Anm. 231): Fresken „Legende der hl. Cäcilie." 1616/17 ausgeführt. Zweite Kapelle des rechten Seitenschiffes.

456 S. Maria Maggiore, Piazza dell' Esquilino. Eine der sieben großen Pilgerkirchen Roms, größte römische Marienkirche. Der Bau geht auf Papst Sixtus III. (432-440) zurück. Fassade 1743 von Fernando Fuga (1699-1781).

457 Paolinische Kapelle. 1611 von Flaminio Ponzio (1560-1613) im Auftrag Papst Paul V. (Borghese) errichtet, deshalb als Capella Borghese bezeichnet. Grabmäler für Papst Clemens VIII. (1592-1605) und Paul V. (1605-1621) von Ponzio.

Säulen von Jaspis, das ganze Blatt vom Altar ist Lapis lazuli. Gegen dieser Kapelle über ist wieder eine, wo die wirkliche Krippe vom Jesukind[458] da aufbewahrt wird. Frauen dürfen nicht ganz nahe hinzu. Am Platz vor dieser Kirche steht eine Säule vom Friedenstempel[459].

In dem Kirchelchen, S. Eusebio[460] genannt, ist ein Plafond von Mengs[461], seine erste Arbeit in Fresko, sehr schön. Antike sieht man, daß er studiert hat, seine Frau[462] ist auch unter den Engeln, die den hl. Eusebius gegen Himmel tragen. In der Villa Aldobrandini sieht man recht schön den Turm[463], wo Nero soll darauf gestanden haben und mit Freuden Rom brennen gesehen. Die Römer wollen sogar behaupten, er hätte gefiedelt dabei. All die Gemälde, wo für Raphael, Tizian etc. ausgegeben werden, gefallen mir alle nicht, ich geb mir also auch die Mühe nicht, solche aufzuschreiben.

Den 7 ten April

hab ich à la Wendt verlebt, dabei viel gehört, aber wenig gesprochen.

Den 8 ten April

fuhren wir in eine Kirche S. Maria del Popolo[464], wo ich eine schöne Statue Jonas, vom Raphael geformt und von Lorenzetto[465] gearbeitet, sah. Sehr schön, nur ein bißchen zu glatt, man nimmt wenig männliche Muskeln wahr. Von Carlo Maratti[466] ein Altarblatt, die unbefleckte Empfängnis Mariae. Viel

---

458 Kapelle der hl. Krippe. 1586.

459 Papst Paul V. ließ sie 1614 aus der Konstantinsbasilika am Forum durch Carlo Maderna (1556-1629) heranschaffen.

460 S. Eusebio all' Esquilino, Via Leopardi/Capellini. Soll über den Ruinen des Hauses des hl. Eusebius errichtet worden sein. 1750-1759 Restaurierung und teilweiser Neubau der schon 474 bezeugten Kirche unter Kardinal Enrico Enriquez (1701-1756).

461 Anton Raphael Mengs (s. Anm. 223): Apotheose des hl. Eusebius.

462 Margarita Guazzi.

463 Der Turm stammt erst aus dem 13. Jahrhundert. Er gehörte einst der Familie Conti, später den Colonna.

464 S. Maria del Popolo, Piazza del Popolo. Baccio Pontelli (um 1450-1492) und Andrea Bregno (1421-1506) haben seit 1472 im Auftrag Papst Sixtus IV. (1471-1484) die Kirche erbaut. Im 17. Jhdt. wurde sie von Bernini barock überarbeitet. Zuerst erinnerte eine kleine Kapelle an die von Papst Paschalis II. (1099-1118) angeordnete Fällung eines riesigen Nußbaums, der nach einer alten Legende über dem Grabe Neros gewachsen war und in dem Teufel und Dämonen hausten.

465 Capella Chigi, zweite Nische links vom Altarbild: Jonas, wahrscheinlich nach einem Entwurf von Raffael. Die Statue des Elias nach eigenem Entwurf des Lorenzo di Ludovico di Guglielmo Lotti, genannt Lorenzetto (1490-1541). Thieme-Becker 23, 1929, S. 410.

466 Carlo Maratti (s. Anm. 270). Immaculata. Um 1686. 2. Kapelle, an der Rückwand über dem Altartisch. Thieme-Becker 24, 1930, S. 53. Buchowiecki III, S. 122.

Ausdruck, besonders in dem hl. Hieronymus. Von Annibale Carracci[467] eine Himmelfahrt Mariae, das Bild ist aber so übel gehängt, daß mans nicht sehen kann. An dieser Stelle, wo nun die Kirche steht, soll das Grab des Domitian[468] gewesen sein. In dem Palast Rondinini[469], bei Canova[470], Flaxman[471] und Trippel waren wir. Was ich gesehen, schreib ich morgen früh. Trippel brachte eine Kamee[472] zum Sehen, es soll ein Augustus sein, Hirt hält ihn aber für einen Tiberius. 1000 Zechinen soll sie kosten. Bei Gräfin Solms war eine große Gesellschaft, die Prinzen Schwarzenberg, Angelica, Jenkins[473] und unser eins. Fränzl[474] spielte drei Quartette, vortrefflich, wir Deutsche können sich was auf ihn zugute tun. Die zwei Helden Hirt und Forch führten mich nach Hause. Ich hielt dem Hirt eine Predigt über sein Geradezu-Sprechen, aber sie wirkte nicht auf seinen starrsinnigen antiquarischen Kopf. Cagliostro[475] kommt für lebenslänglich in Arrest, seine Schriften werden öffentlich verbrannt, der Kapuziner[476] auf 10 Jahre in Arrest.

Den 9 ten April

ist Posttag, wir sind also frei. Nun will ich kritzeln, was ich gestern gesehen habe und alsdann zeichnen. Der Palast Rondinini[477] war der erste, wo die Treppen und überhaupt alles sehr sauber waren, dafür ist aber auch die Marquise eine Engländerin. Viel Geschmack ist nicht da zu finden, aber schöne Basreliefs, eins mitunter ist wie eine schöne Landschaft, mit Vieh belebt. Vier

---

467 Annibale Carracci (s. Anm. 104): Altarbild in der Assuntakapelle: Himmelfahrt Mariae. 1599-1601. Öl auf Leinwand, 245 x 155 cm. Cooney Nr. 118.

468 Titus Flavius Domitianus (51-96). Sohn des Vespasianus, römischer Kaiser 81-96. Ermordet.

469 Palazzo Rondinini, am Corso, gegenüber Goethes Wohnung. Besuchte Sammlung.

470 Antonio Canova (s. Anm. 151).

471 John Flaxman (1755-1826). Thieme-Becker 12, 1916, S. 79-83. Englischer Bildhauer, dem die Steingutfirma Wedgewood ihren künstlerischen Aufschwung verdankte.

472 Erhaben geschnittener Stein mit dem Kopf des Kaisers Augustus (27 v. Chr. - 14 n. Chr.) oder Tiberius (14-37).

473 Thomas Jenkins (s. Anm. 311).

474 Ferdinand Fränzl (1770-1833), Geiger. MGG 4, 1955, Sp. 614 f. Noack I, S. 309., II, S. 182.

475 Graf Alexander Cagliostro, eigentlich Giuseppe Balsamo (1743-1795). Abenteurer und Betrüger. 1789 auf Befehl Papst Pius VI. verhaftet und zum Tode verurteilt, dann begnadigt, doch zu lebenslanger Haft verurteilt (Fort San Leone bei Urbino, wo er 1795 starb).

476 Seine Frau kam auf Lebenszeit ins Kloster, der Kapuziner Padre Francesco Giuseppe da San Maurizio war sein Sekretär.

477 Die Sammlung existiert nicht mehr. Heute dort: Banca dell' Agricoltura.

Köpfe in Fresko von Correggio[478], sehr kräftig und viel Grazie. Ein Franziskus von Lanfranco[479], stark. Eine Kreuzigung soll von Michelangelo[480] sein, der Johannes hat ganz verdrehte komödiantische Stellung. Michelangelo[481] sein Porträt, wie er mit dem Großherzog wegen einem Gebäude spricht, gut gemalt. Zwei sanft kolorierte Seestücke von Vernet[482]. Zwei vom Salvator Rosa[483], mehr Firmität. Eine Zeichnung, braune Deckfarbe, von Polidoro Caravaggio[484], Schüler des Raphael, er half Speis tragen, wenn sein Meister malte und wurde noch einer seiner geschicktesten Schüler. Zwei Partstücke von Satiretto[485], lieblich anzuschauen. Von Caravaggio eine Cäcilie[486]: wie ein Bauernmädchen, das just anfängt, Klavier spielen zu lernen. Es ist recht schade, daß dieser Mann bloß die unedle Natur studierte. Eine Landschaft von Paul Bril[487]. Cornelio Satir[488] malte die Staffage darauf. Dieser Mann hat vor Claude Lorrain gelebt, war sehr geschickt. Eine Katharina[489] soll von Guido sein, ich glaubs aber nicht. Von Vernet[490] vier große, worunter eines vortrefflich gemalt ist: eine Felsengrotte, wo's Wasser herunterfällt, sehr wild, aber ganz nach seinem Gout. Wenn ich nicht gewiß wüßte, dieser Mann kennt die Kraus nicht, so glaubte ich, er hätte es gemalt, um mir eine Freude zu machen.

---

[478] Antonio Correggio (s. Anm. 166). Herder S. 566: „3 Freskogemälde von Correggio, Engelsköpfe aus einer Glorie; auf zweien ein Kopf, auf einem zwei Köpfe beisammen." Rossini p. 84: tre teste del C. (frammenti della distrutta abside di S. Giovanni in Parma).

[479] Giovanni Lanfranco (1582-1647). Thieme-Becker 22, 1928, S. 309-311. Das betr. Bild nicht erwähnt.

[480] Michelangelo (s. Anm. 89). Herder S. 567: „Michelangelos Christus am Kreuz, schön." Quasimodo Nr. 79: 1545, 55 x 40 cm. Bild verloren, erwähnt eine Kopie in der Galleria Doria, die Marcello Venusti (1512/15-1579) zugeschrieben wird.

[481] Michelangelo (s. Anm. 89). Nicht festgestellt.

[482] Claude-Joseph Vernet (s. Anm. 349). Herder S. 567: „mehrere Landschaften." Nicht festgestellt.

[483] Salvator Rosa (s. Anm. 432). Nicht festgestellt.

[484] Polidoro Caravaggio, eigentlich Caldara (um 1500-1543). Thieme-Becker 5, 1911, S. 377-380. Wurde für einen Schüler Raffaels gehalten. Als eigentliche Schüler gelten nur Giulio Romano und Francesco Penni. Polidoro Caravaggio ist für seine Monochromie bekannt. Nicht festgestellt.

[485] Satiretto. Unbekannt.

[486] Michelangelo Merisi da Caravaggio. (s. Anm. 262). Nicht festgestellt.

[487] Paul Bril (s. Anm. 337). Herder S. 567: „eine Landschaft." Nicht festgestellt.

[488] Cornelis van Ryssen, genannt Cornelio Satir? Goldschmied. Wurzbach II, S. 532 f.

[489] Guido Reni (s. Anm. 164). Nicht festgestellt.

[490] Claude-Joseph Vernet (s. Anm. 349). Nicht festgestellt. Herder S. 567: Mehrere Landschaften von Vernet.

Bei Canova[491], ein Liebling des Hofrats Reiffenstein, fand ich wenig, das mir ganz gefiel. Die große Arbeit, wo ein Grabmal des Cardinals Rezzonica[492] gibt und wofür er 20 000 Skudi bekommt, gefällt mir gar nicht. Es ist weder Proportion noch Geist darinnen. Der Engel, wo sein Meisterstück geben soll, hat am halben Körper die Auszehrung. Die Stellung ist sehr gefällig, wenn der Mann nur beim Zeichnen mehr richtig gedacht hätte. Die Religion ist wie ein Klotz hingestellt, der Papst aufgedunsen, ein Amor, der schön wäre, wenn er nicht zu viel blinzelte. Das gefällig Freundliche weiß der Mann gut zu machen, aber gewisse Leute heben ihn mehr, als ers verdient. Bei Flaxman[493] sahen wir lauter Sachen, die eine kräftige Seele dieses Künstlers beweisen. Er studiert viel nach Niobe und Laokoon. Trippel seine Arbeit ziehe ich diesen beiden vor, es mag auch ein bißchen Parteigeist dabei sein, weil dieser ein guter Freund von mir ist, aber ich spreche nicht bloß nach meinem Gefühl. Er ist unstreitig der Erste, nur gibt er dazu wenig Freundlichkeit, wo doch absolut sein sollte. Noch einen Fehler hab ich an ihm bemerkt: daß er zu streng in seinem Urteil gegen andere ist. Wenn er Fehler sieht, so hört er auch auf, das Gute zu bemerken. Es ist doch einmal ausgemacht, daß kein Mensch in der Welt existieren kann, so eine Arbeit vollkommen macht, es werden die größten Männer, Raphael, Michelangelo, Correggio etc., nicht ungetadelt gelassen. Was ich heute noch Merkwürdiges gesehen habe, ist nicht viel, aber doch schauderts mich noch, wenn ich daran denke. Die Gräfin und ich gingen in die Villa Medici nach dem Mittagessen spazieren. Wir sahen zwei sich einander Begegnende, wo der eine eine Verbeugung mit dem Knie machte. Ich sagte, das muß was Großes sein und guckte sogleich auf seine Strümpfe, ob sie nicht rot wären. Aber der, wo das demütige Kompliment bekam, verstand den Spaß nicht gut, fing gleich einen heftigen Wortwechsel mit dem anderen an und hob sogar den Stock zuletzt gegen ihn. Wir verstanden nichts vom ganzen Gespräch als „ragazza"[494]. Ein schwarz Gekleideter, der einem Abbé ähnlich sah, suchte den Aufgebrachten zu besänftigen und ging mit ihm weg. Die andere Partei spazierte auch ihrer Wege, wir auch, weil es anfing, feucht zu werden. Auf dem Platze vor der Kirche Trinità dei Monti begegneten sie sich wieder, waren schon aneinander vorbei, als der schimpfte, so im Garten das unglückliche

---

[491] Canova (s. Anm. 151).

[492] Grabmal des Papstes Clemens XIII. Rezzonica in der Peterskirche. 1783-1792. Marmor. 820 x 630 x 254 cm.

[493] John Flaxman (s. Anm. 471).

[494] Mädchen, Geliebte.

Kompliment bekam. Der andere drehte sich wieder herum und blieb stehen, wie er den anderen auf ihn zu sah kommen, erwartete ganz pünktlich einen starken Schlag an seine sehr mageren Waden, hielt sich aber doch aufrecht und wehrte sich, so gut er konnte. Sein Gegner zog sogleich aus seinem Stock ein langes Messer, welches er ihm auf die Brust stoßen wollte, aber sein Kamerad, welcher eine ziemlich gesetzte Maschine war, reißt ihn im nämlichen Augenblick, als der den Stich tun wollte, zurück. Wir waren keine zehn Schritte von ihnen. Wie ich das Messer sah, wurde mir himmelbang, wir sprangen in größten Ängsten rückwärts. Der Angefallene sah aus wie eine Leiche, es hat auch sehr wenig zu seiner Himmelfahrt gefehlt, und wenn er sich nicht zu Hause behält, so bürge ich nicht dafür, daß er noch morixelt wird. Der wilde Italiener ging noch im größten Jast den Platz hin und her. Ich sah ihn recht an, er guckte mich aber wieder so groß ins Gesicht und blieb stehen, da marschierte ich flugs meinen Weg. Das ist eine garstige Nation hier! Gelb gestreifte Strümpfe hat der Bursche angehabt.

Hirt sein Großvater war eines gnädigen Junkers Sohn! Hirt hat seine größte Freude, das zu sagen, was andere nicht gerne hören. Hirt ist viel klüger, als gewisse Leute glauben, Hirt denkt sehr groß, es kann ihn so leicht niemand böse machen. Hirt ist überall ungeniert, dafür passiert er auch für einen sehr ungeschliffenen Menschen. Jenkins jagte Herrn Trippel eine große Galle in den Magen, er will den 1000 Zechinen werten Kamee nicht für antik halten. Da hat er sich bei Trippel schlecht in Gunst gesetzt ... Ich gebe keinem Unrecht, Trippel hat recht, weil er mein guter Freund ist, Jenkins hat wieder recht, weil ich übermorgen bei ihm zu Mittag esse. Meine Gräfin ist zur Gräfin Solms, bloß, um den Taylors[495] einen Possen zu tun.

Den 11 ten April.

Gestern hatte ich wieder einmal meine alte gute Laune bekommen. Wir waren zu Frascati[496], Reiffenstein traktierte da aufs Köstlichste eine große Gesellschaft von Landsleuten. Es waren die zwei Prinzen von Schwarzenberg mit Herrn von Forch, Hofmarschall, mit seinem Antiquar Hirt, Graf Werthern[497], Gräfin Solms mit ihrem Amico und Jenny und unsere Haushaltung. Forch ward

[495] Nach Sidney Lee, Bd. 55, war keiner der dort verzeichneten Taylor 1791 in Italien.

[496] Frascati: Stadt am Nordhang der Albaner Berge. Villa Aldobrandini 1603 von Kardinal Pietro Aldobrandini (1571-1621) errichtet.

[497] Jakob Friedemann Graf Werthern (1739-1808)? Nach Noack II, S. 639 Anfang April bis Juli 1762 in Rom.

aus Höflichkeit andächtig. Wir sahen da viele Wasserkünste, wie Pan orgelte und Neptun ins Horn blies, Apollo all den Musen Musik machte, Vögel sangen, ein Donnerwetter, dies alles durchs Wasser gemacht. Auf die schönste Art wird man da begossen, ohne daß mans vermutet. Diese Villa ist dem alten Brandini (Aldobrandini)[498], die Aussicht ist göttlich. Von der weitesten Ferne, die ein gutes Auge erreichen kann, sieht man das blaue Meer. Die wellenförmige Übersicht eines ungeheuren Strich Landes, der auch einst ein Meer gewesen soll sein, gibt einen prächtigen Anblick. Rom liegt schön hingeworfen, die große Peterskuppel ragt stolz empor. In der Ferne, gegen Sonnenaufgang, türmen sich die felsigen hohen Gebirge, teils noch mit Schnee bedeckt, majestätisch aufeinander. Eine Kette, die mit einer sanften Kontur Trennung von der Luft macht. Was dem Auge am nächsten steht, macht einem so recht das gute fruchtbare Land kennen, die schönsten Bäume, das Gemisch von roten und weißen Blüten, die Gemüse, wo jedes Blatt vor Fettigkeit glänzt. Kein Anblick von Skeletten, Krüppeln und Halbmenschen, die einem allen Eindruck vom Schönen in Rom vergessen machen. Wenn ich hier in einem Palast heraustrete, wo ich mich so ganz satt gesehen und gefühlt habe und mich eingefaßt sehe von Menschen, die zwei Dritteile von ihrem ekelhaften Körper nackt und ein Drittel mit durchscheinenden Lumpen behängt haben, ich will keine weitere Beschreibung von dieser Klasse Leuten machen, denn jede Zurückrufung in mein Gedächtnis macht mich schaudern, kurz, bei solch einem Anblick schwindet alles vorher gefühlte Vergnügen weg. Man sollte freilich das Elend anzusehen gewöhnt werden, aber es ist zu auffallend, man müßte erst aufhören, Mensch zu sein, wenn man so was als nicht gesehen ansehen könnte.

Heute waren wir zu Jenkins eingeladen, Solms, Reiffenstein und die Familie Taylors, auch mit dem wohl bekleideten Fränzl, aber die Gräfin bekam Kopfweh, folglich blieb die Kraus auch zu Hause. Nachmittag leistete mir Hirt etliche Stunden Gesellschaft. Abends kamen die Prinzen und Gräfin Solms mit Amico, ich ging endlich einmal zu meiner Jungfer Nachbarin, um sie singen zu hören, denn sehen darf man sie nicht, sonst gefällts nicht. Ich habe schon Leute gekannt, die noch weniger schön als diese waren, aber noch kein Gesicht hat diesen widrigen Eindruck auf mich gemacht. Dies seine Augen müssen anders geschaffen sein als meine? Diese Leutcher waren zu mir außerordentlich artig, Mutter, Tante und Tochter krischen mir die Ohren so voll Italienisch, daß mir Hören und Sehen verging. Wenn ich aber eher Bekanntschaft da gemacht hätte, ich würde nun gewiß

---

[498] S. Anm. 496.

welschen können. Morgen fahren wir mit den Prinzen Schwarzenberg nach Tivoli[499], bleiben da bis Donnerstag, worauf ich mich sehr freue, denn das ist eigentlich der Ort, wo jeder Landschaftsmaler von hier auf den Sommer verlebt.

Rom, den 15 ten April.

Da sind wir nun wieder, schwer beladen von allem Schönen in Tivoli. Wie ich da gelebt, kann ich wohl beschreiben, aber was ich gesehen, nicht. Die Grotte vom Neptun und die Kaskadellen vergeß ich in meinem Leben nicht. Wir waren alle recht von Herzen vergnügt da. Wenn ich schon auf einem Strohsack geschlafen, könnt ich mich doch nur auf 14 Tage wieder hinwünschen, ich wollte gerne alle die Herrlichkeiten von Rom solange entbehren. Eine Reiterin hatten wir, die darf ich nicht vergessen, aufzuschreiben. Mir wars aber doch ein bißchen bange dabei, weil ich meine Herren Brüder noch nicht viel kenne. Der Prinz Friedrich hat sich köstlich dabei amüsiert, aber ich hätte ihm meine Füße nicht geben mögen, denn er machte den Weg wohl vierfach. Er hatte viel zu tun, um der Gräfin ihren Esel und den meinigen fortzutreiben, aber dem armen Schelm, der mich tragen mußte, gings am schlimmsten. Dafür hatte ich aber auch den Vorteil, daß ich geschwind von dem Wege kam. Ich wünschte Porträt malen zu können, das gäb ein herrliches Tableau. Wendt schrieb diese Geschichte sogar in sein Tagebuch. Eine Bataille mit Pomeranzenschalen ging auch nach Tische vor. Die Gräfin und Monsieur Odescalchi[500] blieben neutral. Ei der Tausend! das wäre doch schade, wenn ich nicht auch ein paar Wörtchen von diesem wohl gemästeten Helden sagte. Er war zwar so höflich, uns alle Abend seine Gesellschaft zu schenken, uns zum Mittagessen zu invitieren, da sollte man billig nichts als Lobwürdiges von ihm sagen. Ich bin nicht undankbar, ob ich gleich nichts von seiner Höflichkeit profitierte, sondern zu Hause sechs Schüsseln 20 vorzog, aber ich will ihm doch ein Loblied singen: Groß und erhaben ist sein Speck, aber seinem Geist spielt er eine böse Sache, dieser kann nicht durchdringen. Auf seinem niedlich kleinen Mund läßt auch besser ein süßes Lächeln als weise Göttersprüche! Was er nicht für eine prächtige Figur spielt in einem kommoden Sessel, man glaubt, er wäre so ganz für den Sessel gemacht - oh! erst in dem Wagen, da sieht er allerliebst aus. Ich müßte meine ganze Philosophie zusammen nehmen, um bei diesem Vis-à-vis kalt bleiben zu können. Seine edle Physiognomie gab mir gleich

---

[499] Tivoli: Lieblingssommerresidenz der römischen Patrizier. Tempel- und Villenreste aus römischer Zeit, Renaissancevilla.

[500] Fürst Balthasar Odescalchi IX. (1748-1810). Hier: ein Sohn von ihm?

das Wahre von ihm zu erkennen. Daß er sehr gescheit ist, bewies mir Hirt, denn ich hatte einen kleinen Skrupel. Hirt benahm mir ihn sogleich, als er sprach, wie und auf was Weise so eigentlich die wahre Weisheit beschaffen müßte sein. Ich begriffs und freue mich dieses Mannes Weisheit und Schönheit. Und itzt bin ich satt, sein Lied zu singen, Amen. Fürst Schwarzenberg ist nicht so reich an Verstand, wie ers wirklich dafür hält. Hirt denkt gerade so, wie Leute denken müssen, um sich nicht zu ärgern. Ich halt ihn für sehr glücklich, könnt ich doch auch so denken lernen. Ich wollte gerne nun ruhig schlafen gehen.

Den 15 ten April 1791.

Es ist freilich diesem charmanten neugebundenen Buche[501] nicht angemessen, mit Antiken anzufangen oder das will so viel sagen, anzuklecksen. Aber weil ich nun einmal schreiben will, und mein altes Tagebuch voll gekritzelt ist, so bleibt mir nichts anderes übrig. Das große Begräbnis Augustus[502], das er für das Vergnügen seiner Mitmenschen noch bei seinem Leben errichten ließ, ist nun eine Hunde- und Katzenhetze geworden. Es war auf die Art der Rotunde gebaut, rings umher waren Bäume für darinnen spazieren zu gehen, zwei Obelisken standen auf beiden Seiten. Auf dem Platz Dogana steht ein großes Gebäude[503], nun ist die Maut da. Die alten Römer hatten es zu ihrem Versammlungsplatz bestimmt, wo die Nobiles und Patrizier ihre Rechte behaupteten. Man hieß es eine Basilika. Das ganze Gesims, Ecke und Fries ist aus einem Stück Marmor, die Länge des Baues hat elf sehr starke Säulen, zwischen jeder ein Fenster. S. Maria Di Loreto[504], eine moderne Statue[505], hat eine schöne,

[501] Hier beginnt der zweite Band des Reisetagebuches.

[502] Grabmal des Kaisers Augustus, 29 v. Chr. von ihm in Auftrag gegeben. Heute Konzertsaal.

[503] Piazza di Pietra. Das einstige Zollamt, heute Börse (borsa). An der Längsseite des einstigen Hadrianstempels sind zwölf korinthische Säulen von 15 Meter Höhe eingebaut.

[504] Santa Maria di Loreto. Von Antonio da Sangallo d. J. (1483-1546) 1507 begonnen, mit der Kuppel 1582 vollendet von Giacomo del Duca (um 1520 - nach 1601).

[505] Statue der hl. Susanna von Frans Duquesnoy, genannt il Fiamingo (1594-1643). Thieme-Becker 10, 1914, S. 188-193. Sein zweites Hauptwerk. Erstes Hauptwerk ist die Kolossalstatue des hl. Andreas am südöstlichen Kuppelpfeiler von St. Peter.

ungezwungene Stellung, S. Susanna genannt. Drei der schönsten proportionierten Säulen sind am Forum Nervae[506], aber nahe dabei wohnt ein langweiliger Marmorschneider, den ich und noch mehr Leute gerne übersprungen hätten. Tempel der Palas[507] ist eine schöne Ruine, aber sehr eingebaut. Die Statue dieser Göttin steht noch darauf.

Im Gefängnis des hl. Petrus und Paulus[508] ist noch der Brunnen, woraus Petrus die Mitgefangenen nach ihrer Bekehrung getauft hat, der auch dieser Wege seinen Ursprung hat. Das Wasser soll schon viele Wunder gewirkt haben, wir tranken alle davon. An der Stiege, wo zu diesem unterirdischen Loch führt, ist ein Kopf im Stein eingedrückt, man sagt, daß die Schergen, wo den hl. Petrus hinuntergeführt, denselben so hart an die Mauer gedrückt, daß sich sein Gesicht eingeformt habe. Ein Engel soll ihn aus diesem sehr fest verwahrten Kerker geführt haben. Über diesem Gefängnis ist eine kleine Kapelle, wo einst auch ein Gefängnis war, mit großen Quadern gewölbt. Da ist ein Altar, wo oft Messe gelesen wird. Ganz oben, der Straße gleich, ist eine Kirche, die die Schreiner erhalten, weil solche dem hl. Joseph und Falegani[509] gewidmet ist, die beide Tischler waren. Die hl. Familie auf dem einen Altarblatt ist von Carlo Maratti[510]. Eine Kirche, Santi Luca e Martina[511], von Pietro da Cortona gebaut, allzu viel überladen. Dieses Meisters sein Monument steht unten im Gewölbe, auch eine schöne Kapelle. Hier ist die Akademie der Maler[512]. Wir sahen schöne Zeichnungen, auch von Architekten gute Sachen, possierte Basreliefs, unter anderem ein Porträt von Raphael, wie er sich als Schüler hinter den hl.

---

[506] Forum Transitorium oder Nerva-Forum. Eingeengt zwischen republikanischem, Caesar- und Augustus-Forum. Ein großer Teil heute unter der Via dei Fori Imperiali begraben.

[507] Minervatempel. Auf der Attika ist Minerva im Relief dargestellt.

[508] Römisches Staatsgefängnis. Darunter wohl eine Zisterne. Nach einer späteren Sage soll Petrus von Nero hier eingekerkert worden sein und noch heute zeigt man eine Quelle, die Petrus habe entspringen lassen, um seine Kerkermeister Processus und Martianus taufen zu können. Seit dem 16. Jhdt. heißt der Ort auch S. Pietro in Carcere.

[509] S. Giuseppe dei Falegnami, Via del Tulliano. Falegname = Tischler. Die Kirche 1538 von der Bruderschaft der Zimmerleute über dem Staatsgefängnis errichtet.

[510] Carlo Maratti (s. Anm. 270). Heilige Nacht. 1650. Öl auf Leinwand, 48 x 37 cm. Lafenestre S. 134, Nr. 2. Buchowiecki II, S. 183: eine seiner besten Schöpfungen.

[511] Santi Luca e Martina, Via del Tulliano. Oberkirche von Pietro di Cortona (1596-1669) 1640 neu errichtet, dem hl. Lukas geweiht. Dabei wurde auch die der hl. Martina geweihte Unterkirche verändert, um den Bau zu vereinheitlichen. Die Kosten wurden von Cortona getragen, dessen Grab sich auch hier befindet.

[512] Accademia di S. Luca, heute im Palazzo Carpegna, Nähe Trevibrunnen.

Lukas[513] stellt, der just an einer Maria malt. Eine Hoffnung von Angelica[514], gemalt, wie sie 20 Jahr alt war. Es ist schön, hat aber das Feste in den Formen nicht und das Kolorit ist auch nicht das, was es itzt ist.

Von Vernet[515], hab ich für Salvator Rosa gehalten, es ist ganz die Art dieses Meisters studiert, nur besseres Kolorit, keine so feurigen Wolken.

Nun gings wieder an die ehrwürdigen Antiken. Das sind Sachen, Potz Donnerwetter, sagt Hirt, da muß man Respekt haben. Da kann man sehen, was die Alten für Leute waren und was wir nun geworden sind etc. Der Triumphbogen des Septimius Severus[516] ist noch ein Beweis, wie man gewußt hat, Helden zu belohnen. Es sind noch schöne Basreliefs da zu sehen, aber viele Verzierungen von Bronze sind alle schon längst weg. Wenn die alten Ruinen nicht so große Steinklötze die meisten wären, es würds zu viel Mühe kosten, solche wegzuwälzen, es stünde gewiß keine Spur mehr. Die ganze Nation ist nicht wert, solche große Sachen zu besitzen. Sie kennt deren Wert nicht. Der böse Caracalla wollte nicht haben, daß der Name seines Bruders noch übrig blieb. Er ließ also alles zernichten, was an ihn erinnern konnte. In der Inschrift von diesem Triumphbogen ist eine ganze Zeile umgeschrieben[517], auch an einem gleichen Bogen, den sein Vater Septimius Severus errichten ließ, standen auf der einen Seite die zwei Brüder Caracalla und Geta, die opferten. Er ließ den Geta weghauen, man sieht sehr deutlich die Meißelhiebe noch und den Namen in der Inschrift. Das war ein böser Mensch, man findet aber von keinem Kaiser so viele Büsten als von ihm, es mußte jeder, der ihn nicht zum Verfolger haben wollte, sein Porträt im Hause haben.

---

[513] Giovanfrancesco Penni (1488?-1528/30). (S. Anm. 76). Das Bild wurde als Werk Raffaels angesehen, bis um 1800 Zweifel aufkamen. Hugo Wagner schrieb es Penni zu. San Luca ritrae la Madonna. 1511. Öl auf Leinwand, 220 x 160 cm. Accademia di San Luca. Prisco Nr. 91. Guida 16, S. 266: begonnen von Raffael, vollendet vielleicht von anderer Hand (übersetzt).

[514] Angelica Kauffmann: Allegoria della Speranza. Öl auf Leinwand, oval. Inv. 286. Selbstbildnis. L'Accademia di S. Luca, S. 169, Nr. 64.

[515] Claude-Joseph Vernet (s. Anm. 349): Marine. Öl auf Leinwand, 85 x 120 cm. Lafenestre S. 138, Nr. 21. Le Matin. Öl auf Leinwand, 85 x 120 cm. Lafenestre S. 138, Nr. 24.

[516] Triumphbogen des Septimius Severus (193-211). Zwischen Rostra und Curia 203 aus Travertin und Ziegeln erbaut, vollständig mit Marmor verkleidet. 20,88 m hoch, 23,27 m breit, 11,20 m tief.

[517] Die vierte Zeile hieß statt: OPTIMIS FORTISSIMISQUE PRINCIPIBUS: P. SEPTIMIO GETAE NOB. CAESARI. Lucius Publius Septimius Geta (211-213), Bruder des Caracalla.

Tempel der Concordia[518]: ist nichts mehr daran zu sehen als zwei Ecken von Colonnen, worauf noch das Gesimse ruht.

Drei schöne Säulen von Jupiters Tempel[519] stehen auch noch nah beim Kapitol. Diesen Tempel hat Augustus bauen lassen zur Dankbarkeit, weil auf diesem Platz der Donner nahe bei ihm eingeschlagen. Von Jupiter Stator[520] stehen auch noch drei Säulen, aber nicht so schön als die von Jupiter des Donnerers. Tempel des Saturnus[521], mit Backsteinen ohne Colonnen, nicht sonderlich merkwürdig. Alte Mauern mit zwei Vorsprüngen, darauf sollen die Redner[522] gestanden sein. Es gehört überhaupt ein starker Glaube dazu, wenn man mit denen Herren Antiquarii geht. Tempel der Faustina[523], schön, nur schade, daß eine neue Kleckserei daran ist. Tempel des Romulus, rund. Nun ists eine Kirche, dem hl. Theodor[524] gewidmet, sie hat einen modernen Rock bekommen, das Wetter hat ihm aber einen alten Anstrich gegeben.

Ein Gebäude[525], das vier große Bögen machte von weißem Marmor, worunter sich die Leute versammelten, die einander verhandelten, Abreden schlossen etc. Es ist sehr massiv gebaut, auf der Ansicht sind 12 Nischen, immer zwei

---

[518] Es handelt sich um den Tempel des Saturn. Acht Säulen und der Giebel stehen noch. Weihe vermutlich 498 v. Chr. 42 v. Chr. von Munatius Plancus wieder erbaut, nach einem Brand 283 n. Chr. restauriert. Vermutlich befand sich hier das Aerarium, der römische Staatsschatz.

[519] Tempel des Vespasian und des Titus. Drei korinthische Säulen mit Architrav und Fries der Nordecke erhalten. Kann erst von Domitian (81-96) fertiggestellt worden sein. Vom Senat dem vergöttlichten Vespasian (69-79) geweiht.

[520] Vom Aedes Iovis Statoris beim Titusbogen nur Podiumreste erhalten. Wahrscheinlich Tempel der Dioskuren. Vielleicht schon in der Königszeit begonnen und 484 v. Chr. geweiht.

[521] Wahrscheinlich die Basilica Julia.

[522] Rostra. 23,8 m lang. 29 v. Chr. geweiht.

[523] Vom Kaiser Antoninus Pius 141 n. Chr. dem Gedenken seiner Frau Faustina d. Ä. geweiht. Heute Kirche San Lorenzo in Miranda.

[524] Kirche S. Teodoro, Via San Teodoro? 6. Jhdt. Hier wurde ein Romulus-Tempel vermutet. Noch im 16. Jhdt. stand hier die berühmte Wölfin aus Erz. Oder: der von Kaiser Maxentius für seinen als Kind verstorbenen Sohn Romulus errichtete Tempel (wahrscheinlich nur die seitliche Eingangshalle zum Templum Sacrae Urbis). Heute: Kirche Santi Cosma e Damiano.

[525] Arco di Giano, Piazza della Bocca della Verità. Sogenannter Ianus Quadrifons. In konstantinischer Zeit über einem Arm der Cloaca Maxima errichtet.

auf einander, oben ist ein Aufsatz von Backsteinen. Kloake[526] ist eine Spazierfahrt des Unrats Roms, wärs itzt noch imstande, so würde man weniger parfümiert werden. Es ist sehr gut gemacht gewesen. Ein Zufluß von frischem Wasser ließ nie zu, daß sich der Kot feststopfte. In eben dieser Quelle[527] sollen Kastor und Pollux ihre weißen Rosse getränkt haben. Zwei Tempel[528] nächst dem von Faustina, Romulus und Remus. Der vorderste ist rund, zwei Säulen von Porphyr stehen vor der Türe, welche ganz von Bronze ist, ohne Verzierung. Hier wurde der Plan vom alten Rom[529] gefunden. Ein Echo ist da hinter dem hohen Altare, wenn man von einer Seite spricht, so hörts der andere, so jenseits steht, sehr genau. Herr Pater Kustos ist wert, daß man diese Kirche nochmal besucht, nur schade, daß ich nicht mit ihm reden kann.

Dies alles sahen wir diesen Morgen in Gesellschaft der Prinzen Schwarzenberg, Forch und Reiffenstein. Der charmante Graf Werter machte uns die Freude, zu Hause zu bleiben. Nachmittags gingen wir mit Hirt das Diocletiansgebäude[530] zu sehen, die Plätze, so für öffentliche Geistes- und Leibesübungen bestimmt waren. Der große Ringersaal ist nun denen Karthäusern zur Kirche gegeben worden. Nach meinem Gout macht sie den Rang mit der Peterskirche streitig. Hier trafen wir Angelika mit Signor Antonio, schwatzten, sagten Gute Nacht und jedes ging seiner Wege. Aber nun, da wir so ein Stündchen im Arrest ausgeruht, weil Graf Marschall[531] und Graf Werter kamen, machten wir eine Tour nach dem Kolosseum, es bei Mondenschein zu betrachten. Da möchte man alle Ausdrücke des Vergnügens zusammen packen und à la Hirt staunend den Finger an den Mund legen und - nicht sagen, weil man nicht genug sagen kann. Bei der ruhigen, feierlichen Stille so eine Ruine majestätisch sanft beleuchtet, der Zeit trotzend, dastehen zu sehen, die durch ihre Größe den itzt

---

[526] Die etruskischen Könige sollen durch den Bau der Cloaca Maxima das Tal trockengelegt haben.

[527] Lacus Iuturnae. Speiste nicht die Cloaca Maxima. Nymphe Iuturna. Das Wasser wurde für heilkräftig gehalten. Die Quelle 1900 wieder entdeckt. Die Marmorstatuen der Dioskuren Kastor und Pollux wurden hier zerbrochen gefunden. Heute am Kapitol.

[528] Santi Cosma e Damiano. Das an den sogenannten Tempel des Romulus anschließende rechteckige Gebäude (wahrscheinlich die Bibliothek des Forum Pacis) im 6. Jhdt. in eine Kirche umgebaut. Bronzetür und Porphyrsäulen für einen neuen Eingang an der Nordseite verwendet. Erst Ende des 19. Jhdt. kamen die Torflügel wieder an ihren ursprünglichen Platz.

[529] Plan des alten Rom: Forma Urbis Romae. 151 Marmorplatten auf der Ziegelwand befestigt. Maßstab des Planes 1:246. 235 Quadratmeter groß. Ein Zehntel davon erhalten (Konservatorenpalast).

[530] S. Maria degli Angeli, Piazza Republica. Nach einem Entwurf von Michelangelo in die Thermen des Diokletian eingebaut. 1749 umgebaut, wobei das Hauptschiff zum Querschiff wurde.

[531] Nicht bei Noack. Friedrich Ernst (1748-1832), Heinrich (2. H. des 18. Jhdt.) oder August Dietrich (1750-1824)? Vielleicht Pappenheim?

lebenden Geschöpfchern deutlich ihr Schwäche im Nichtnachahmen einsehen macht, das ist was, wo sich nur fühlen läßt. Wenn schon Vespasian aus keiner edlen Absicht dies herrliche Werk unternahm, so bin ich ihm doch recht dankbar.

Den 16 ten April

war Herr Graf unser Antiquar. Wir gingen nach der Peterskirche[532]. In die untere durften wir nicht, weil wir nicht Männer waren. Den Montag soll das Verbot aufhören, weil es die hl. Woche ist, aber ich habe nun auch meinen Kopf aufgesetzt, nicht hin zu gehen. Die Gräfin und ich spazierten einstweilen in der großen Kirche herum, von der so viel gesagt, geschrieben und gelogen wird. Es ist wahr, sie ist einzig in ihrer Größe, an Reichtum fehlts ihr auch nicht, aber an Geschmack desto mehr. Viele wollen behaupten, wegen ihrer allzu akuraten Proportion verlör sie ihre Größe. Just fand ich für mich das Gegenteil. Die Figuren in Mosaik oben an der Decke könnten das Dritteil kleiner sein im Verhältnis der unteren Statuen, dann würde die Höhe außerordentlich gewinnen. Wäre weniger Geklecks an allen Wänden angeklebt, so würde das Ganze größer werden. Und dann, den Altar, wo recht der verdorbene Geschmack an den Säulen von Bronze angebracht ist, würd ich hübsch verrücken, um die Rotunde, welche das Hauptstück an dieser Kirche ist, ganz dem Auge zu gönnen. Und den hl. Stuhl wo anders hinstellen, wo er bessere Wirkung machte als da vorne. Es ist gut, daß mein Urteil über die Peterskirche nur wenige wissen, ich bekäme einen Hauptprozeß, denn es sind nur sehr wenige meines Sinnes, NB, die es so geradezu sagen. Gestern lief ich auch an. In einer Galerie stand ein elendes Bildchen, worüber ich gleich anfing zu schimpfen über dessen Erschaffer, daß er sich nicht schämte, solche Schmiererei öffentlich zu zeigen. Reiffenstein versicherte mich aber, daß es ganz artig sei, ich sollte nicht so davon sprechen, denn es hätte seines Wissens eine Person von Stande gemalt, wie wir auch fanden, als wirs umwandten -. Das hätte Hirt nicht gesagt, dafür bringt ers auch nie so weit als Reiffenstein. In der Kuppel spazierten wir ganz hinauf. Nächst dem Ende gehts nicht sehr gemächlich, aber dafür wird man auch sehr belohnt. Man übersieht die halbe Welt. Von da aus gingen wir in die Loggia Raphaels[533], die sah ich nicht und auch die übrigen Gemälde nicht, weil bloß spazieren gegangen wurde. Die hiesigen Mosaiken, wie sie gemacht wird, gefällt

---

[532] San Pietro in Vaticano. Der Altar von Lorenzo Bernini (1598-1680).

[533] Die Loggien im Vatikan von Raffaels Schule ausgemalt.

mir besser als die in Florenz, andere nicht. Nun ist zu Nacht gegessen worden, disputiert worden und bei mir beschlossen worden, keines Menschen Partei mehr bei gewissen Leuten zu nehmen, mehr still zu schweigen.

Den 17 ten April

wurde früh in die griechische Messe gegangen. Das war ein Geschrei wie in einer Judenschul und ein Geschell-Geklapper, daß einem die Ohren wehe taten. Es wurde jemand doch die Zeit nicht lange dabei - ich lernte Herrn von Hornstein[534] persönlich kennen, ein sehr artiger junger Herr, auch schön. Man könnte ihn gar weislich zum Bukettbinden brauchen. Auf den ungeschliffenen Hirt hab ich umsonst gewartet und konnte deswegen nicht spazieren gehen. Ich kann es ihm aber gar nicht verdenken: wenn ich Hirt wäre, ich käme seltener.

Den 18 ten April

gingen wir in Gesellschaft des vortrefflichen Herrn Grafen Werter ins Museum, sahen Herrn Apoll[535] und Laokoon[536]. Was Winckelmann über diese sagt, ist ganz das, was ich fühlte. Ein Stück Körper, außerordentlich gut, ein Paar Füße mit sehr schönem Gewande. Ariadne liegend[537], Antinous[538], schön, aber sein Kopf kam mir klein vor. Adonis[539], infam zusammengesetzt. Phokion[540] mit einem simplen Kriegsmantel, mir gefiels nach dem Apoll und

[534] Nicht bei Noack. Maximilian (geb. 1754), Bernhard (geb. 1761), Carl Alexander (geb. 1764), Honorius Carl Fidel (gest. 1838), Joseph Anton Marquard (gest. 1837) oder August Marquard Franz (gest. 1855).

[535] S. Anm. 141.

[536] 1506 in der Nähe des Kolosseums zwischen S. Pietro in Vincoli und S. Maria Maggiore gefunden. Der Finder, Felix von Fredis, vom Papst reich entlohnt. Sein Grabstein in der Kirche S. Maria in Aracoeli bezeichnet die Wiederentdeckung als unsterbliches Verdienst. Marmor, überlebensgroß. 2.–1. Jhdt. v. Chr. Hellenistisches Werk von Hagesandros, Polydoros und Athanodoros. Wahrscheinlich anläßlich der Plünderung von Rhodos durch die republikanische Armee des Cassius 43 v. Chr. nach Rom gelangt. Helbig I, Nr. 219. Inv. Nr. 1050, 1064, 1067.

[537] S. Anm. 148.

[538] Statue des Hermes, sogenannter Antinous. 1534 in einem unweit der Engelsburg gelegenen Garten gefunden. Papst Paul III. bezahlte dem Finder, Nicolaus de Palis, 1000 Dukaten in Gold. Weißer Marmor, 1,95 m hoch. Helbig I, Nr. 246. Inv. Nr. 907.

[539] Statue des Apollon, sogenannter Adonis von Centocelle. In Centocelle an der Via Labicana gefunden und von Pius VI. erworben. Viel ergänzt. Weißer Marmor, 1,82 m hoch. Helbig I, Nr. 142. Inv. Nr. 560.

[540] Statue des Hermes mit aufgesetztem Strategenkopf, sogenannter Phokion (athenischer Feldherr und Staatsmann, gest. 318 v. Chr.). 1737 am Quirinal gefunden, seit 1780 im Vatikan. Mitte 5. Jhdt. v. Chr., Kopf Beginn 4. Jhdt. v. Chr., pentelischer Marmor, 2,99 m. Helbig I, Nr. 502. Inv. Nr. 2347.

Laokoon am besten. Von den Musen[541] zwei vorzüglich gute. Die, wo die menschlichen Gedanken vorstellen soll, ist ganz in ein Gewand gehüllt, ihr schöner schlanker Körper scheint aber so gut vor, daß es einem viel Freude macht, es anzusehen. Die andere sitzt nachdenkend da, auch vortrefflich. Noch ein Köpfchen[542], mit Laub bekränzt, ist schön.

Dann gings an die Gemälde. Eine Madonna von Rubens[543]. Sie hat die Grazie nicht von Raphael, aber sein Kolorit, ist sehr schön und hat fast zuviel Geist, das benimmt dem Ganzen die Ruhe. Zwei Blumenstücke von einem Jesuiten[544], Natur, Geschmack und Schönheit verbunden. Ein Kruzifix von van Dyck[545], viel Ausdruck. Vom nämlichen Meister eine Anbetung der hl. drei Könige[546], schön. Wie Maria dem Antonius das Jesukind darreicht von Pietro da Cortona[547], das Kolorit gefällig, aber das Ganze gefällt mir nicht. Petrus und Paulus von Fra Bartolommeo[548], in großem Stil gemalt, hat viel Ruhe. David und Saul von Guercino[549], David spielt Komödie. Ein sehr schönes Bild von Andrea Sacchi[550], es stellt ein Wundertuch vor, das nämliche ist in Mosaik in

[541] Sitzende Muse (Kalliope). Marmor, 1,29 m. Helbig I, Nr. 80. Inv. Nr. 312. Wegen des Schreibgeräts und ihrer sinnenden Haltung hält man sie für die Muse der epischen Dichtung. Ferner: Thalia, Marmor, 1,59 m. Helbig I, Nr. 63. Inv. Nr. 295. Klio, Marmor, 1,37 m. Helbig I, Nr. 65. Inv. Nr. 291. Terpsichore, Marmor, 1,39 m. Helbig I, Nr. 84. Inv. Nr. 308. Urania, Marmor, 0,92 m. Helbig I, Nr. 128. Inv. Nr. 743.

[542] Nicht festgestellt.

[543] Peter Paul Rubens (s. Anm. 63). Nicht festgestellt.

[544] Daniel Seghers (1590-1661). Thieme-Becker 30, 1936, S. 443. Trat 1614 in den Jesuitenorden ein. Bibliothéque de la Compagnie de Jésus Bd. 7, 1960, Sp. 1050. Die zentralen Figuren seiner Bilder werden „von einem Rahmen elegant stilisierter, in leuchtenden Farben gemalter Blumen umgeben und fast ertränkt." De Campos S. 405, Nr. 388. In der Vatikanischen Pinakothek vier Bilder: Madonna mit Kind, Inv. 416. Thronender hl. Ignatius, Inv. 418. Ecce Homo, Inv. 443. Der hl. Goswin, Inv. 441. Öl auf Leinwand, 95 x 68 cm.

[545] Anthonis van Dyck (s. Anm. 373). Nicht festgestellt.

[546] Anthonis van Dyck (s. Anm. 373). Vielleicht: Lo Spagna (um 1450-1528). Thieme-Becker 31, 1937, S. 323 f., hier: S. 323. Geburt Christi. Öl auf Holz, 222 x 156 cm. Inv. 217.

[547] Pietro di Cortona (s. Anm. 294): La Vergine appare a S. Francesco. ca. 1641. Öl auf Leinwand, 227 x 151 cm. Inv. 405. Briganti S. 223, Nr. 81. Johnstone S. 70 f., Nr. 11.

[548] Fra Bartolommeo (s. Anm. 232). Der heilige Petrus. 1514 (unvollendet). Öl auf Leinwand, 215 x 105 cm. Führer S. 199, Nr. 356. Francia Nr. 250. Der heilige Paulus. 1514. Öl auf Leinwand, 215 x 105 cm. Führer S. 199, Nr. 362. Francia Nr. 253. Ramdohr II, S. 193 sah die Bilder im Quirinal.

[549] Guercino (s. Anm. 237). In der Galleria Nazionale d' Arte Antica: Saul tenta di uccidere David con la Lancia. 1646. Öl auf Leinwand, 120 x 225 cm. Salerno, Guercino Nr. 228. Inv. Nr. 1598.

[550] Andrea Sacchi (s. Anm. 292). Kreuztragender Christus und hl. Veronika. Öl auf Leinwand, 210 x 140 cm. Harris, Nr. 36.

der Peterskirche[551]. Hl. Thomas von Guercino[552], gut. Pfafonds von Mengs[553], ist gefällig, zu gewählt, gut gemalt, gut ausgeführt. In der Bibliothek sind schöne Schränke.

Ich habe mir erschrecklichen Hunger angegafft. Nach Tische führte uns Herr Hirt in die Bäder und Spielplätze des guten Caracalla[554]. Da haben wir so lange geguckt, daß darüber die Visite an die Dame de France[555] in die Brüche fiel. Meine Gräfin mit Herrn Graf gingen zur Angelica und ich hatte das Glück, von Herrn Valentini und Hirt unterhalten zu werden.

Den 19 ten April

wurde spazieren gefahren, ans Theater des Marcellus[556], an die verbrochene Brücke[557], Tempel der Vesta[558], an den Mund der Wahrheit[559], wo die itzigen römischen Weiber übel daran wären, wenns noch wirkte, die Pyramide des Cestius[560], wo eine melancholische heimliche Stille herrscht. Da möcht ich so alle Tage ein Stündchen sitzen, mich ganz von Roms Getümmel wegreißen und mir selbst zugehören.

Die Kirche S. Paolo[561] hat die schönsten Säulen von verschiedenen Gattungen Marmor. Da kann man frei atmen. Oh Peterskirche, du hast schon wieder verloren, seitdem ich diese Kirche gesehen. Konstantin hat sie bauen lassen.

---

551 Mosaikkopie von Fabio de' Cristofari (Anfang 17. Jhdt. -1689). Thieme-Becker 8, 1913, S. 116. Er und sein Sohn Pietro Paolo brachten die römische Mosaikmalerei zur höchsten Blüte.

552 Guercino (s. Anm. 237). Der ungläubige Thomas. Öl auf Leinwand, 120 x 143 cm. Inv. Nr. 383. D. Redig de Campos Nr. 383.

553 Anton Raphael Mengs (s. Anm. 223). 1772 übertrug Papst Clemens XIV. Mengs den Deckenschmuck der neu eingerichteten Camera dei Papiri (Manuskriptsammlung) in der Vatikanischen Bibliothek.

554 212 von Kaiser Caracalla (211-217) erbaut. 337 x 328 m große Anlage mit Bädern und Sportplätzen.

555 Elisabeth Louise Vigée-Lebrun (s. Anm. 265).

556 Von Caesar begonnen. Augustus vollendete es 17 v. Chr. Benannt nach dem Neffen und Erben des Augustus, Marcellus (43-23 v. Chr.).

557 Pons Aemilius, nach einem Zensor des Jahres 142 v. Chr., Scipio Aemilianus, genannt, heute als Ponte Rotto bekannt.

558 Tempel des Hercules Victor, sogenannter Vesta-Tempel, erbaut von Octavianus Herrenus, einem Kaufmann des 2. Jhdt. v. Chr.

559 Bocca della Verità. Relief einer Tritonenmaske in der Vorhalle der Kirche S. Maria in Cosmedin. Ein Lügner, der seine Hand in den Mund der Maske steckt, soll sie nicht zurückziehen können.

560 Grabdenkmal bei der Porta S. Paolo für Gaius Cestius, Prätor und Volkstribun. Zwischen 18-12 v. Chr. erbaut.

561 S. Paolo fuori le mura, Via Ostiense. Nach St. Peter die größte Kirche Roms. Ab 386 erbaut. 1823 niedergebrannt und in den alten Abmessungen wiedererrichtet.

Hier ist auch zu sehen ein wundertätiges Kruzifix[562], das sich gegen die hl. Mathilde geneigt, eine Statue von Zedernholz des hl. Paul[563], wovon der Luis ein Stück schnitt, weils ihm viele vortaten. Vor der Kirche ist ein grünes Plätzchen, eine Art von Klee gibt einen herrlichen Geruch von sich, die ganze Luft wird parfümiert. Da saß ich, so ganz an Leib und Seele vergnügt und freute mich des Lebens. Der Großpapa Forch war auch kontent. Nach Tisch hatte ich eine böse Stunde, ich mußte mich frisieren und ankleiden. Angelica mit ihrem Mann kamen um 7 Uhr, wo wir alsdann mit der Gräfin Solms, Graf Marschall und alten Herren zum russischen Konsul[564] fuhren. Da ist das Stabat Mater von Pergolesi[565] gemacht worden. Die Musik ist zu schön, sie wurde aber nicht außerordentlich vorgetragen, auch war ein solcher Lärm, daß man wenig hören konnte. Es war wie in einer Judenschul. Mehr als 300 Menschen stark war die Gesellschaft, alles in größter Gala. Die Frau Senatorin[566] hat die dümmste Physiognomie, die man sich denken kann, ich hab sie der Angelika rekommandiert, um darnach zu studieren. Itzt ists 11 Uhr, und meine Gräfin ist noch zur Santa Croce gefahren, ich aber werde mich schlafen tragen.

Den 20 ten April

hab ich gezeichnet, gegessen und geschwatzt. Hirt war so galant, mir geradezu zu sagen, wie ich ihn bat, mit mir spazieren zu gehen, er wäre müde. Ich blieb also den ganzen Tag zu Hause. Meine Gräfin sah den König und die Königin[567] ankommen, die Dame de France kommunizieren, ich hatte keine Lust, mich dieser Herrlichkeiten wegen herumschütteln zu lassen.

---

562 Cappella del Crocifisso, mit einem Kruzifix über dem Altar aus dem 14. Jhdt. von sehr sprechendem Ausdruck, das der vor ihm betenden S. Brigitta 1370 Antwort erteilte. Wird am Karfreitag und an jedem ersten Tag im Monat enthüllt.

563 Cappella del Coro: Holzstatue des Paulus, 14./15. Jhdt.

564 Skawronski, Graf Paul Martinowitsch (gest. 23. 11. 1793). War damals russischer Gesandter in Neapel. Vorkommando für Königsbesuch?

565 Giovanni Battista Pergolesi (1710-1736). Vollendete auf dem Krankenlager 1736 sein „Stabat mater". Als Sequenz am Fest der sieben Schmerzen Mariae gesungen. Text wahrscheinlich von dem Minoriten Jacobus de Benedictus. MGG 10, 1962, Sp. 1048-1064. Grove 14, 1980, S. 394-400.

566 Ippolita Buoncampagni (gest. nach 1794) heiratete 1769 Graf Abbondio Faustino, Principe di Rezzonico (1742-1810). Neffe Papst Clemens XIII., seit 1765 Senator (oberster Richter) von Rom.

567 König und Königin von Neapel: Ferdinand IV. (seit der Vereinigung mit Sizilien: I.) (1751-1825) und Maria Carolina von Österreich (1752-1814), eine Tochter Maria Theresias.

Den 21 ten April

hab ich nicht gut geschlafen. Ich legte mich gestern um 9 Uhr schon zu Bette, dachte an Sachen, die mich sehr unruhig machten und worüber ich noch oft zu denken werde haben. Um 5 Uhr stand ich auf und ging mit Luis in die Villa Borghese spazieren. Das war eine angenehme Szene! Jedes Gräschen strotzte vom Tau erfrischt empor, der starke Nebel wurde von den Strahlen der Sonne geteilt, jede Beleuchtung harmonisch schön. Ich habe die Villa noch nie so gefunden.

Um 11 Uhr sah ich den Papst auf dem großen Balkon den Segen geben. Das war eine erhabene Zeremonie, wie der hl. Vater sich von seinem Thron erhob, die Hände gegen Himmel hob, Segen für seine Kinder herabflehte und dann unter Kanonensalven das Kreuz über den ganzen Petersplatz machte, wobei alles auf die Knie fiel. Es war eine unzählige Menge Menschen da. Man zählt alle Fremden 13 000, die itzt hier sind. Nachmittag ging ich mit Freund Trippel ins Museum[568], lernte den Plafond von Mengs[569] ganz anders sehen. Wer nun recht hatte, Reiffenstein oder Trippel, weiß ich nicht. Von da aus sahen wir das Kreuz[570], welches viel schöne Wirkung macht. Ein schönes Weib setzte sich neben Trippel in der Kirche an den öffentlichen Beichtstuhl, was ihn außerordentlich gefreut hat. Hirt und Trippel gingen eben weg, ich schreib dies Zeug und werde mich nun schlafen tragen.

Den 22 April

ging ich mit Trippel nach der Kirche die liederlichen Maler zu besuchen. Ich habe viele schöne Tableaus gesehen. Bei Herrn Reinhart[571] Landschaften und schönes Vieh, bei Sablet[572] Historie, fleißig, gefällig und schön, Peter[573], alles

---

[568] Die Vatikanischen Sammlungen.

[569] S. Anm. 553.

[570] Ein großes Kreuz von Bergkristall mit eingeschliffener Passion von Valerio di Belli aus Vicenza (1468-1546). Heute spurlos verschwunden. Thieme-Becker 3, 1909, S. 249. Vielleicht auch eines der großen Altarkreuze von Bernini/Ferrata: „Cristo vivo“ und „Cristo morto“. 185 cm. Johnstone Nr. 24 und Nr. 25.

[571] Johann Christian Reinhart (1761-1847). Thieme-Becker 28, 1934, S. 125-127. Noack II, S. 478. Biermann II, S. XLIV.

[572] François (Jean François) Sablet, genannt le Romain (1745-1819). Thieme-Becker 29, 1935, S. 285. Jacques (Jacob) Henri Sablet, genannt le peintre du Solei (1749-1803), dessen Bruder. Thieme-Becker ebda.

[573] Joannes Wenceslaus Peter (1745-1829). Thieme-Becker 26, 1932, S. 477. Noack II, S. 444 f.

zum Täuschen natürlich, Vieh, mit und ohne Federn, auch Blumen. Mechau[574] stammelt ein bißchen viel, malt aber ganz artige Landschaften, besonders Ruinen, Macco[575] Historie, das schön garstige violette Gewand verdirbt viel an der Figur, wo kaltes Fleisch dadurch noch kälter wird. Bei noch einem deutschen Künstler[576], wo Historie seine Hauptsache ist, aber in Landschaften jedem gleich zeichnet, hab ich den Namen vergessen. Da sah ich in Büsten schöne Sachen. Also, diesen Morgen hätt ich gut zugebracht. Beim Nachhausekommen traf ich die Prinzen Schwarzenberg an, diese ließen ihr Mittagessen herbringen, wir machten gemeinschaftliche Tafel. Reiffenstein, Hirt und Forch waren auch dabei. Wir lebten recht vergnügt, der kleine Prinz ist ein allerliebster Junge. Amico kam, machte ein ganzes Karfreitagsgesicht, meine Herrschaften beliebten, sich anzuputzen und fuhren in die großen Konversationen, ich machte einen Sprung zu meinen italienischen Nachbarinnen, denen ich occi lernte machen. Herr Boquet[577] begriff es am ersten. Und itzt bin ich zu Hause, werde kritzlen und um 11 Uhr schlafen gehen.

Den 23 ten April

hab ich etliche hl. Gräber besucht, schießen gehört und gezeichnet und bald meine schöne Nase verbrannt. Abends mußte ich ohne Wunsch Herrn Valentini zum Führer haben, um die Illumination der Peterskirche[578] zu sehen. So was kann man mit nichts vergleichen, es ist das einzige in seiner Art. In einer halben Minute war alles angezündet, wie die Glocke Eins schlägt, steht die Kuppel im Feuer, es ist so hell, daß man genau auf dem ganzen Petersplatz lesen kann. Um 2 Uhr fängt das Feuerwerk auf der Engelsburg an, das ist majestätisch schön und prächtig. Der Anfang und das Ende ist eine Nachahmung vom speienden Vesuv, da bekommt man Respekt zum voraus vor diesem Donnergott. Dafür bin ich aus lauter Respekt tief in Dreck gesprungen. Da galt das Laufen bei den Mengen Wagen. Drei Menschen wurden tot gefahren:

---

574 Jacob Wilhelm Mechau (1748-1808). Thieme-Becker 24, 1930, S. 322 f. Noack II, S. 390.

575 Alexander Macco (1767-1849). Thieme-Becker 23, 1929, S. 507 f. Noack II, S. 374. List S. 133 f.

576 Franz Kaisermann (1765-1833) ? Thieme-Becker 19, 1926, S. 451 f. Kaum Michael Köck (1760-1825). Thieme-Becker 21, 1927, S. 108 f.

577 Didier Boquet (s. Anm. 274).

578 Es ist Karsamstag und man feiert die Auferstehung Christi.

der Zügel brach bei zwei Pferden, die sehr rasch waren, so geschah dies Unglück. Ich bin aber, glücklich und ohne das geringste Abenteuer eben angekommen, aß Eis und will mich alsdann schlafen legen.

Den 24 ten April

ist hier und im Odenwald Ostern. Heute litt die schöne Wurstallee einen merklichen Stoß[579]. Dieser Tag ward festlich zugebracht. Der Papst hielt in selbsteigener Person das Amt, halb griechisch, halb latein. Die vielen Menschen, wo in der Peterskirche versammelt waren, machten einen ordentlichen Bienenschwarm, Gesumse. Alles war in größter Gala, die Schweizer Garde war gepanzert und sah recht altdeutsch aus. Nach dem Amt wurde der Papst wieder auf dem Balkon getragen, wo er unter dem Schall der Kanonen den Segen erteilte. Es war schön und herrlich anzusehen. Nachmittags war Pferderennen auf dem Corso, abends Illumination zu S. Peter und dann Feuerwerk auf der Engelsburg wie gestern. Fürst Schwarzenberg glänzte wie die Peterskuppel. Gräfin Solms war freundlich, Gmelin höflich, Amico artig und ich à la Kraus.

Den 25 ten April

war meine Gräfin nicht wohl, ich schlich mich ganz leise weg, hörte bei S. Maddalena[580] eine Messe, wo dabei die Orgel sehr gut gespielt wurde, aber das ist doch sonderbar, daß es immer einen traurigen Eindruck auf meine Seele macht. Freund Hirt aß zu Mittag bei uns, schimpfte auf die Freimaurer ihre Nichttoleranz. Odescalchi kam, lümmelte sich aufs Bett wie ein wohlgemästetes Schwein, Amico, Gräfin Solms, zwei Prinzen von Schwarzenberg tranken Tee beim Krankenbett, die Patientin war Gottlob lustig, ich auch. Und somit gingen wir itzt, daß alles, was nicht hier schläft, wegspaziert, zu Bette. Hirt geht in etlichen Tagen fort nach Sizilien, es ist sehr gut für jemand gewisses. Ich für meine Person muß sagen, daß mir der Abschied von ihm leid tut. Er ist ein redlich denkender, geschickter Mann.

Den 26 ten April

hab ich Herrn Gmelin, Trippel und Hirt ihr trauriges Schicksal angekündigt, daß wir Freitag früh wegreisen. Sie betrugen sich als gescheite Männer dabei,

---

[579] Die Fastenzeit ist vorbei und es durfte wieder Fleisch gegessen werden.

[580] S. Maddalena (s. Anm. 400).

Gmelin bedauerte aber doch, daß er nicht öfter hergekommen ist. Trippel behauptete, daß ich wohl wieder kommen würde und Hirt, der Schlingel ging seiner Wege, wo ich ihn doch so schön bat, da zu bleiben. Ich hatte also das Glück, eine ganze Stunde Herrn Valentini sein ungesalzenes Gewäsch anzuhören. Er versicherte mich, daß Hirt einem Langeweile machen könne. Der gute Mensch kennt sich selbst nicht. Dies[581] spazierte von seiner Schönen weg und erwies mir die Ehre seines Besuchs. Morgen werde ich seinem Kolosseum Gegenvisite machen.

Ich habe mir diesen Morgen bald die Lunge abgeloffen in die Französische Kirche, um in die 11-Uhr-Messe nicht zu spät zu kommen, hatte meinen gewöhnlichen Kavalier-Servante, der mußte wacker nachspringen. Der Monsieur ist mir sehr getreu, er geht auch mit nach Neapel, spricht drei Sprachen, Französisch, Deutsch und Italienisch, näht, strickt und ist dabei gesetzter Weis immer freundlich. Das heißt mir doch noch ein Galant-Cicisbeo.

Herrn Forch habe ich heute durch die Sonne meines Gesichts gesund gemacht. Fürst Schwarzenberg nahm Abschied, er geht schon morgen früh weg nach Neapel. Angelica mit Signor Zucchi war da, ich gewinn sie täglich mehr lieb und ihren Mann weniger. Bei Gmelin sah ich Zeichnungen von Kniep[582], sie gefielen mir nicht. Kraus geht schlafen.

Den 27 ten April.

Aus dem geschwinden Schlafengehen wurde gestern abend nichts, die Prinzen von Schwarzenberg kamen noch, da wurde bis 12 Uhr geschwatzt, Eis gegessen und dann Abschied genommen. Heute hab ich schon ein Stückchen gepackt. Fränzl gibt ein Konzert, wozu ich aus zwei Ursachen nicht ging: weil Gmelin kam und weil das Anziehen mir viel Zeit weggenommen hätte. Ich habe eine große Rede wegen Hirt gehalten bekommen, Gräfin Solms war doch ein wenig hirtisch gesinnt, aber die anderen ganz und gar nicht. Man macht sich doch viele unnötige Sorgen in der Welt, bloß aus Mißverständnis - oh du armer Schelm, soll dirs doch noch so schlimm gehen als wie dem Cagliostro?

---

[581] Dies (s. Anm. 132).

[582] Christoph Heinrich Kniep (1755-1825). Thieme-Becker 20, 1927, S. 584 f. Noack II, S. 320. Begleitete Goethe in Süditalien und Sizilien.

Den 27 ten April

hab ich meine Zeichnungen noch fertig gemacht, die ich von Gmelin angefangen. Fränzl gab ein Konzert, ich sparte aber meinen Skudi und Zeit. Gmelin, Trippel, Valentini und Jenny machten mir Gesellschaft zu Hause, Hirt guckte zur Türe herein und sagte Gute Nacht. Nach dem Konzert kamen die Prinzen von Schwarzenberg und blieben zu meinem größten Leidwesen bis 12 Uhr, ich war so schläfrig, hab mich aber wieder wach Eis gegessen.

Den 28 ten April

bin ich nun sehr müde vom Einpacken. Die ganze Stube ist voll gespickt vom Durcheinander, die ihre Abschiedsvisite machen. Ich sitze in meinem Zimmer und freue mich meines Alleinseins. Hofrat Reiffenstein nahm rührend Abschied, ob er wohl geweint hat? Aus Jalousie wurde er zweimal herzlich geküßt. Ein Abschied tat mir ein bißchen leid.

Neapel, den 30 ten April

sind wir endlich hier, müde und schläfrig. Meine Gräfin hat vor Schrecken Kopfweh bekommen, wir sind einmal unterwegs ganz sanft auf die Seite gelegt worden, das Rad lief heraus, es ging aber ohne alles Unglück ab. Der ganze Weg bis hierher ist sehr angenehm gewesen, die Gegend ist so abwechselnd, schön und reich, auch die Sümpfe sind lieblicher anzusehen als sie riechen. Die Straßen sind durchgängig unverbesserlich[583]. Nun bin ich zwei Stunden hier, und schon gefällt mirs und der ganzen Gesellschaft besser als Rom. Wir logieren unvergleichlich besser, die Aussicht geht aufs offene Meer. Das war eine Freude für mich, so ein großes Wasser das erste Mal zu begaffen. Der Vesuv ist mit Gewölk bedeckt und scheint gar nicht zu dampfen. Ich wünschte, daß er bei unserem Hiersein ein Späßchen machte. So viel für heute, ich bin sehr schläfrig. In Terracina[584] eine Beleuchtung, dem Papst zu Ehren, von Lämpchen und ... (?) ... Vögelchen, die millionenweis herumflogen.

Neapel, den 1 ten Mai.

Ich habe lange nicht so gut geschlafen als heute. Und beim Aufstehen gleich das majestätische Meer zu sehen und den Vesuv, der dem Himmel sein

---

583 Hier: könnten nicht besser sein.

584 Zwischen Rom und Neapel.

Morgenopfer dampfte, oh, das war göttlich. Um 11 Uhr fuhren wir zu Herrn Hackert[585]. Ich hatte Briefe an sie. Da sah ich Sachen - er ist unstreitig der erste Landschaftsmaler, der in Italien und Deutschland existiert. Er war recht höflich gegen mich und versprach mir Kunsthilfe, die ich mit großem Dank annehmen will. Sein Haus ist fürstlich eingerichtet, er bekommt jährlich vom König 400 Zechinen, frei Logie und alle Arbeit apart bezahlt. Die schöne Kaskatelle[586] und die Grotte vom Neptun[587] werd' ich nie vergessen. Da hab ich mir wieder Geld gewünscht, aber dieser Mann erschafft nichts für die Kraus. Eine Zeichnung von ihm kostet 40 Zechinen.

Unsere Tafel ist auf einen französischen Fuß eingerichtet, sehr gut, zehn Speisen und Desseur, das beste Obst, Erdbeeren gibts schon die Menge und die Orangen sind viel geschmackhafter als die römischen. Nachmittags spazierten wir in den Hafen, kletterten auf ein Kriegsschiff, das sehr groß ist, 70 Kanonen hat, fuhren darnach auf dem See wieder nach Hause. Nun wird Hackert kommen, er versprachs, da werd ich ihm meine gekritzelte Zeichnung weisen, und da wird sichs weisen, inwieweit er sich meiner annimmt. - Hackert war schon diesen Nachmittag da, wo wir im Hafen spazierten, zu meinem höchsten Mißvergnügen. Eine große Illumination hab ich gesehen, wo dem König und der Königin[588] zulieb gemacht ist worden. Das Ganze stellte einen schönen Rundtempel[589] vor, wo zu beiden Seiten sich eine runde Kollonade anschloß. Auf dem Tempel saß ein Orchester von 50 Mann. Es war in seiner Art recht schön, aber doch keine Peterskuppel und Petersplatz. Das Alterle[590] aß mit uns zu Nacht und erzählte ganz unterhaltende Sächelchen.

Den 2 ten Mai

liefen wir mit unserem Herrn Antiquar den ganzen Morgen herum, sahen aber nicht viel. Ich werde allemal fragen, bevor wir ausgehen, wo's hingeht, um keinen Tag mehr umsonst hier zu verleben. Abends. Abends kamen unsere lieben Herrn

---

585 Jacob Philipp Hackert (1737-1807). Thieme-Becker 15, 1922, S. 412-414. Noack II, S. 229 f. Goethe, Philipp Hackert, 1811. Sein Bruder: Georg Hackert (1755-1805). Thieme-Becker 15, 1922, S. 411. Noack II, S.229 f.

586 In Tivoli. Ein Bild Philipp Hackerts.

587 Vielleicht: Hackert, Neptunsgrotte bei Tivoli. Pinsel und Feder, 52,7 x 74,2 cm. Berlin, Kupferstichkabinett. Bruno Lohse, Peter Philipp Hackert, Frankfurt 1936, Nr. 260. Bock Nr. 8567.

588 S. Anm. 567.

589 Illusionistische Darstellung.

590 Forch. (s. Anm. 312).

und Freunde Hackert. Sie wollen mir nicht alleine Gemälde zum Kopieren leihen, sondern auch Farbe, das heiße ich schön gedacht. Wir waren recht lustig. Der jüngere Hackert[591] scheint mir einen sehr aufgeweckten Geist zu haben.

Den 3 ten Mai

war ich diesen Morgen bei Hackert, die andere Gesellschaft sah ein Kriegsschiff in den Hafen laufen. Das hätte ich nun freilich auch sehen mögen, aber Hackert bestellte mich auf heute, das ging nun vor. Ich habe Zeichnungen gesehen und Gemälde in Öl und Gouache, da hätte ich was Ehrliches unseren kurzen Aufenthalt verwünscht. Ich hätte freie Wahl, was ich zum Kopieren heraussuchen wollte. Das heißen ordentliche Leute. Diesen Abend war der Altmeister da, sprach sehr viel. Er hat sich selbst kennen gelernt, nutzt aber dabei vielen Menschen.

Den 4 ten Mai

hab ich Herrn Grafen spazieren gehen lassen, die Gräfin hatte auch mehr Lust, zu Hause zu bleiben, um bald Gesell zu werden. Wir zeichneten recht fleißig zusammen. Mittags hatte ich so großen Hunger, daß ich so schnell hineinaß und wurde eine Stunde darnach vom ganzen Herzen krank. Ich mußte mich zu Bette legen. Nach drei Stunden war die Patientin wieder auf und begab sich nach vielem Verlangen ins Kompagniezimmer, wo die Prinzen von Schwarzenberg und Herr Hackert waren. Mein ehrlicher Hirt kam unvermutet und machte uns dadurch allen viel Freude. Ich begab mich beizeiten schlafen.

Den 5 ten Mai.

Prost die Mahlzeit! Es wurde bei Hackert zu Mittag gegessen. Ich sah und roch die Menge, wo aufgetischt war, traute aber doch nicht viel zu essen. Ich hatte da Buße getan. Es wurde fürstlich traktiert. Ich lernte einen Landsmann von Würzburg[592] kennen, er ist bei den Prinzen hier, ein sehr artiger, gescheiter Mann. Wir hatten überhaupt einen sehr angenehmen Tag, Unterhaltung für

[591] Georg Hackert (s. Anm. 585).

[592] Jakob Joseph von Haus (geb. Würzburg 1749). Erzieher des Kronprinzen Franz von Neapel. Nach vollendeter Erziehung erhob ihn der König zum Kammerherrn und Baron. Flüchtete bei Ankunft der Franzosen mit dem Hofe nach Palermo. Noack I, S. 283, II, S. 243

Magen und Geist. Die schönsten Gemälde und Zeichnungen, auch einen zum Täuschen natürlichen Mondenschein bewunderten wir samt und sonderlich. Vierzehn Deutsche waren unser am Tisch. Nun sind meine Gnädigen noch in die Akademie[593] gekutscht, es ist 10 Uhr und ich gehe schlafen.

Den 6 ten Mai

wurde eine Rutsche auf den Capodimonte[594] gemacht. Das ist ein verteufelter Weg dahin. Der muß eine gute Lunge gehabt haben, so den Spaß machte, sein Häuschen dahin zu stellen. Das Schloß ist noch nicht ganz aufgebaut, hat aber viel Merkwürdiges in sich an Gemälden, etrurischen Vasen, geschnittenen Steinen und Münzen. Von all den vielen Bildern gefielen mir vorzüglich eine Danae von Tizian[595], die so schön ist, daß ich mir nichts von der Art denken kann, nämlich von Tizian gesehen zu haben. Die Freigebigkeit von Schidone[596], ein Porträt von Parmigianino[597], viele Köpfe von Correggio[598], die anderen übergingen wir nur leicht, um bald wegzukommen, weil die Gräfin nicht wohl war. Nachmittags ging ich in eine Seidenfabrik, um Schärpen zu bestellen. Da hab ich was Ehrliches geloffen, ich gehe in meinem itzigen Leben nicht mehr dahin. Abends kam der Altmeister und Meister, die Prinzen Schwarzenberg, Verschaffelt[599] und Hirt. Wir waren recht lustig, Altmeister flickte mein Bild aus.

Den 7 ten Mai

ist weiter nichts vorgefallen, als daß das hl. Blut des Januarius[600] floß, Feuerwerk dafür war, wir's aber nicht gesehen, weil man riskiert, zerdrückt zu werden. Die gestrige Gesellschaft außer dem Meister war wieder da, wir sahen mit

---

593 Konzert.

594 Palazzo di Capodimonte. 1738 begonnen, 1839 vollendet. Die Gemäldesammlung heute noch dort.

595 Tizian (s. Anm. 73): Danae. 1545-1546. Öl auf Leinwand, 120 x 172 cm. Petra S. 189, Nr. 5 (83971). Cagli Nr. 264. Inv. Q 134.

596 Bartolomeo Schidone (1570-1650). Thieme-Becker 30, 1936, S. 56 f. Die christliche Mildtätigkeit (caritas). Öl auf Leinwand, 182 x 185 cm. Petra S. 173, Nr. 42 (83836).

597 Parmigianino (s. Anm. 330). Thieme-Becker 24, 1930, S. 311 nennt 9 Porträte von Parmigianino in der Galerie.

598 Correggio (s. Anm. 166). Nicht feststellbar. Lalande VI, S. 600.

599 Maximilian Verschaffelt (1754-1818). Thieme-Becker 34, 1940, S. 298 f. Noack II, S. 614.

600 Januarius, Bischof von Benevent, 304 unter Diokletian enthauptet, nachdem er unverletzt aus einem glühenden Ofen hervorgegangen und wilde Tiere, die man auf ihn gehetzt, sich ihm zahm zu Füßen legten. An den drei Festen des Heiligen (1./2. 5., 19. 9., 16. 12.) wird das eingetrocknete Blut von ihm in einem Fläschchen wieder flüssig, wenn es in die Nähe des Hauptes gebracht wird (Blutwunder im Dom von Neapel).

Vergnügen 12 Zeichnungen, die der Fürst gekauft vom Altmeister, durch, aßen Eis und schwatzten. Der Fürst machte aus den Figuren, so auf den Zeichnungen waren, eine Geschichte aus dem Stegreif, die sehr komisch war. Ich dachte für mich dabei: die Großen ergeben sich doch gelassen in ihr hartes Schicksal vom Zettelchen ziehen im Heiraten, Glück für sie.

Den 8 ten Mai

war mein hoher Geburtstag.

Er fing sich mit Sturm und Regen an, das Meer tobte mir eine majestätische Musik, der Wind pfiff das Accompagnement dazu, ich bin aber doch über diese Kapelle ein wenig böse geworden, weil sie uns den Spaß verdarb, nach Pompeji zu fahren. Ich machte diesen Morgen mit unserem allerliebsten Herrn Antiquarius Verschaffelt Herrn Direktor Tischbein[601] eine Visite. Das ist einer von den Menschen, wo ich beim ersten Sehen auf zwanzig Jahre satt kriege. Nach Tisch habe ich mir was Rechts zugute getan, ich schlief zwei Stündchen. Darnach fuhren wir in eine Kirche, wo Paisiello[602] selbst in seiner eigenen Person eine Vesper dirigierte. Das war die beste Kirchenmusik, so ich noch gehört, doch hätten sich gewisse Sachen besser fürs Theater gepaßt. Ein Tenorist und Diskantist sangen - göttlich. Seine senatorliche Prinzenheit[603] beliebten Wohlgefallen daran zu haben. Wenn doch diese Leutchen seine Frau in die Ewigkeit trillern könnten, das wär eine Freude für ihn. Ich tat mir bei dieser Musik was Rechts zugute, denn ich hatte mir nun einmal vorgestellt, sie ist bloß wegen meinem Geburtstag da. Hirt tat seinen allerältesten Rock an, um mein Fest zu feiern, der Schlingel.

Den 9 ten Mai

war der Schirokko noch sehr heftig, das Meer hob sich prächtig. Abends war die gestrige Gesellschaft da, Herr Tischbein, der junge Hackert und Hirt auch. Da wurde Blinzelmäuschen gespielt, Eis gegessen und Butterbrot. Die zwei Herzensfreunde Tischbein und Hackert sprachen nicht viel miteinander. Es werden unter den Malern hier die nämlichen Späßchen getrieben als wie in Rom. Daß

[601] Johann Heinrich Wilhelm Tischbein (1751-1829). Thieme-Becker 33, 1939, S. 213-215. Noack II, S. 598. Direktor der Kunstakademie in Neapel. Goethes Zimmergenosse in Rom. Schuf das Bild „Goethe in der Campagna" (Städel, Frankfurt).

[602] Giovanni Paisiello (1740-1816). Vigée-Lebrun schuf im selben Jahr sein Porträt (Musée de Versailles). MGG 10, 1962, Sp. 639-647. Grove 14, 1980, S. 97-102.

[603] Nicht festgestellt. Marianne Kraus wurde am 8. Mai 1765 in Buchen geboren.

ein geschickter Mann seine Zeit so übel anwenden kann, einen bogenlangen Brief zu schreiben von seinem gehabten Mittagmal, das ist mir unbegreiflich -. Wenns sein Bruder nicht selbst gesagt hätte, so glaubt ichs nicht.

Den 10 ten Mai

ging alles nicht nach Wunsch. Ich habe zwei ganze Tage umsonst gearbeitet. Wie ich meine Kontur tuschen wollte, hatte das Papier lauter Flecken, da hatte ich erst selbst Respekt für meine große Philosophie bekommen. Hirt schlief sich zum ungezogensten Menschen, wo man sich nur denken kann. Man spricht ihm sogar gesunden Menschenverstand ab, Wissenschaft läßt man ihm doch noch. Wenn der arme Mensch wüßte, wer es ihm abspräche, er lachte sich satt von ganzem Herzen. Daß man einen vom guten Schlaf aufweckt, um Langeweile zu fühlen bei der Ehre, Zuschauer zu sein, wie durchlauchtigste Personen Pomeranzen speisen, das ist zu arg. Daß Leute sich so geschwind umstimmen können, ist gut für viele! Schwachheiten sind wichtige Notwendigkeiten. Morgen bekommen wir eine Gräfin zum Blinzelmäuschenspiel! Was Glück -

Den 11 ten Mai

fuhren wir nach Pompeji. Das ist ein Anblick, wo's einem schaudert, so viele Zerstörung vom Nachbarn Vesuv zu sehen, und die Gewißheit dabei, daß in Zukunft dies nämliche harte Schicksal mehreren Städten in dieser paradiesischen Gegend droht. Eine ganze Straße ist aufgegraben, das Pflaster ist mit großen Steinen dauerhaft gemacht, die Spuren von Wagen sind noch sehr tief sichtbar. Die Häuser sind fast alle bemalt, die Farben noch sehr lebhaft in Enkaustik[604]. Ein Tempel von der Isis[605] ist noch sehr erhalten, auch das Theater ist offen[606]. Die Säulen von Backsteinen trifft man da, die Fußböden sind fast durchgängig Mosaik. Alles, was da gefunden ist worden, steht nun im Museum zu Portici[607]. Es wurde gespielt bis 12 Uhr, dafür bin ich aber auch tüchtig schläfrig und hab mir vorgenommen, wenn auch noch zehn Ambassadeure und Ambassatricen kommen, ich nicht mehr mitspiele, denn diese Zeit ist verloren.

---

[604] Antike Maltechnik, bei der Pigmentfarben mit Wachs verschmolzen und heiß auf dünnes Holz aufgetragen werden. Bei den Wandgemälden in Pompeji handelt es sich um Fresken.

[605] Der Tempel wurde nach dem Erdbeben von 62 v. Chr. wieder aufgebaut.

[606] Gemeint wohl: ausgegraben. Das Teatro grande war nicht überdacht. Daneben gab es ein überdachtes Theater, das Teatro scoperto.

[607] Ein 1738 erbautes Schloß, in dem die Funde zu sehen waren. Das heutige Museo Nazionale wurde erst ab 1790 eingerichtet. Es war 1586 als Kaserne erbaut worden und diente ab 1616 als Universitätsgebäude.

Den 12 ten Mai

machte ich meinem Meister Visite und zeichnete, fand aber doch nicht, was ich suchte und wünschte. Nach Tisch zeichnete ich wiederum, daß der Meister ein freundliches Gesicht machen mußte, wie er kam. Die Prinzen kamen, holten die Gräfin ab zum Spazierengehen, ich blieb alleine zwei Stunden, dann kamen geflogen Hirt, Tischbein, Verschaffelt, Forch, Hackert und die Prinzen. Wir aßen Eis, schwatzten und arbeiteten. Der Fürst hat sich beim Disputieren mit Hirt in einem vorteilhaften Licht gezeigt. Morgen gehen wir nach Portici.

Den 13 ten Mai

waren wir wirklich in Portici. Da sind Sachen zu sehen, da gibts zu gaffen und zu staunen, daß sich allein die Reise lohnte von Erbach bis Neapel. Ich will nur so ungefähr das nennen, wo ich gesehen, aber mich in keine Zergliederung einlassen, sonst kann ich für heute nicht schlafen. Große irdene Wein- und Ölgefäße, Feldmäuse, die wie kleine Eichhörnchen aussehen. Wurde auch ein ganz eigner Palast gebacken. Die Öl- und Fruchtmühlen waren von lauter Lava. In Bronze ein großes Pferd[608], wo im Theater in Pompeji mit noch drei und einem Wagen gefunden ist worden. Sie waren so dumm und brauchten die Stücke zu was anderem. Endlich fiel's ihnen doch noch ein, eins davon zusammenflicken zu lassen. Ein Opferaltar, wornach ich mir einen Kaffeeherd machen will lassen. Gefäße von aller Art in Bronze, Opfertisch von Stein, wo am Eck ein kleiner Abfluß für Blut ist. Oben darauf steht geschrieben: ich bin der Juno Trinkgeschirr. Tische, Lavoir wie eine Ente, die Kannen, Tranchiertischchen für das Eingeweide der Opfertiere. Opfermesser, Lampen, Pflaster in Stein für ... (?)... aller Arten, Glas in den schönsten Formen. Viele Rollen Papier, wie dieses lesbar gemacht wird, eine Zuchthausarbeit, noch ärger. Feuchtmaße und Ellen, Gewichte, Waagen, wie man sie noch hat, alles Bronze. Eßwaren, die sich noch erhielten, Brote, wo der Name des Bäckers noch darauf eingedrückt ist, Korn, Nüsse groß und kleine, Feigen, Mandeln, Rosinen, Öl, Wein, Birnen, Reis etc. Viele kleine Figuren von Bronze, großer besoffener

---

[608] Petra S. 62, Nr. 775 (4904): Pferd; der einzige Rest eines prachtvollen Viergespanns. Man hat es aus unendlich vielen kleinen Stücken zusammengesetzt. Nr. 801 (115 391): Pferdekopf, zu der Quadriga gehörig. Möglicherweise 3. Jhdt. v. Chr. Guida 19, S. 608.

Faun[609], prächtiger Merkur[610], zwei Ringer[611], allerliebst. Eine vollständige Küche, Geräte. Dies alles sah ich und ärgerte mich von ganzem Herzen, daß der Eigentümer davon ein Strohkopf ist.

Von Herkulaneum ist nichts ausgegraben als das Theater[612], wo man mit Fackeln herumkriecht. Es ist sehr weitschichtig gebaut, es wurde durch einen Brunnen entdeckt. Abends spazierten wir auf Hirt sein Schiff. Es ist so gut eingerichtet, daß ich mir wünschte, mitfahren zu können nach Sizilien.

Den 14 ten Mai

guckte ich mir ein prächtiges Kopfweh an in Portici bei den Gemälden. Die Landschaften taugen, ausgenommen der Erhaltung der Farben, nicht einen Heller. Die Früchte und das Geflügel sind mitunter sehr gut und wahr. Arabesken, das Harte weggenommen, sehr gut, aber Tänzerinnen, die sich gewaschen haben. Die Leichtigkeit in Bewegungen, Grazie und fliegende Gewänder hab ich noch in keinem Gemälde gesehen. Auch große Gemälde, die gut gedacht und gut erhalten sind. Die Geschichte vom Theseus[613], wie er den Minotaurus erschlug und die Jungen ihm schmeicheln. Orest umgeben mit vielen handelnden Figuren[614], Kentaur, wie er den Achilles und Olymp Laute spielen lehrt[615].

Dies hätt ich nun alles gesehen, daß man sich aber in vielen Sachen größere Ideen davon macht, ist richtig, denn was gestochen wird, ist nicht so ganz gewissenhaft. Hackert, der Altmeister, hat mir die Gouachefarben[616] geschickt von Caserta und einen lehrreichen Brief dazu geschrieben, welches mich recht gefreut hat. Ich bin überhaupt bei den Künstlern in Italien

---

609 Sileno ebbro, Bronze, nach einem hellenistischen Original der Mitte des 3. Jhdt. v. Chr. Inv. 5001. Petra S. 65, Nr. 816: Trunkener Silen, als Träger eines Gefäßes verwandt, dessen Trümmer daneben gefunden wurden. Er versucht mit aller Kraft, das Gleichgewicht zu halten. Franciscis T. XII. Aus Herkulaneum.

610 Ruhender Hermes. Nach einem griechischen Motiv aus der Schule des Lysippos, Ende 1. Jhdt. v. Chr. Bronze, 0,92 m hoch. Aus Herkulaneum. Petra S. 67, Nr. 841 (5625). Franciscis T. V.

611 Zwei jugendliche Ringer. Unbekannter Meister des 1. Jhdt. n. Chr. Direkte Vorbilder aus lysippischer Schule anzunehmen. Bronze, 1,08 und 1,15 m hoch. Aus Herkulaneum. Petra S. 70, Nr. 861 (5626) und Nr. 862 (5627).

612 Das Theater wurde 1703 als erste Spur von Herkulaneum entdeckt.

613 Wandgemälde aus Herkulaneum, Basilika, 1,9 m hoch. Petra S. 94, Nr. 1300 (9049). Franciscis T. XXXIII oder XLII.

614 Wandgemälde aus Pompeji, Casa del Citarista: Orest und Pylades vor Thoas und Iphigenie. 1,54 m hoch. Petra S. 65, Nr. 1312.

615 Wandgemälde aus Herkulaneum, Basilika: Die Erziehung des Achill. 1,2 m hoch. Petra S, 91, Nr. 1219 (9109). Franciscis T. XXXIV.

616 Wasserdeckfarben.

glücklicher als im Deutschland. Nachmittag ging Hirt weg, er nahm Abschied. Das machte mir eine unangenehme Stunde. Es tat mir leid, denn allem Vermuten nach seh ich ihn nicht mehr in dieser Welt. Ich lernte ihn als Freund kennen und als vernünftigen Mann, der den Charakter nicht hat, wie ihm gewisse Leute, aus lächerlichen Gründen, nachsagen. Mein uralter Großpapa war Hypochonder.

Den 15 ten Mai

fuhren wir nach Pozzuoli, umsonst, denn es regnet so stark, daß wir nichts sehen konnten als den Lago di Agnano[617], der mit lauter Aschenbergen umgeben ist. Das Ganze war einst ein Vulkan. Die Hundsgrotte[618] liegt nah am See, der Dampft steigt einen Schuh hoch von der Erde empor, auch ist der Platz ganz warm. Morgen werden wir noch einmal dahin gehen. Heute aßen wir in unserer ganzen Gesellschaft beisammen. Nach Tisch gings lustig her, wir vertollten unser Mittagessen. Den süßen Herrn Direktor Tischbein[619] besuchten wir, sahen einen Raphael[620], es hat mir noch keiner so wohl gefallen, zwei Köpfe von Guido, einen Engel und eine Madonna[621]. Von Tischbein viele Arbeiten, wo der Gedanke und Geist über die richtige Zeichnung geht. Der Weg nach Pozzuoli ist sehr angenehm, das reichste Feld, wo ich noch gesehen und eine Höhle, fast eine halbe Meile lang, in Aschen gehauen. Bei unserer Teegesellschaft waren die Prinzen und Tischbein, der uns sein Etrurisches Werk[622] explizierte. Ich habe nun mehr Respekt für ihn und bat ihn um eine Gefälligkeit, die er mir zusagte, wofür ich ihm großen Dank schuldig bin, es ist mir von vielem Nutzen.

---

[617] Lago di Agnano, heute trocken.

[618] Am Südrand des Lago di Agnano. Ausströmendes Kohlendioxyd betäubt Hunde, denen, wenn man sie wieder herausholt, das Leben wiederkehrt. Volkmann III, S. 244-251 äußert sich ausführlich über das Phänomen.

[619] Johann Heinrich Wilhelm Tischbein (s. Anm. 601). „Er erwarb manches gute Stück von Guido Reni, Francesco da Ponte und Salvator Rosa" (Landsberger S. 156). Als die Franzosen 1799 in Neapel einrückten, ging er zuerst nach Kassel, dann nach Hamburg. 1808 bot ihm Herzog Peter von Oldenburg eine Existenz in Eutin an. Ihm hatte er im Januar 1804 seine Gemäldesammlung von über 80 Stück verkauft.

[620] Johannes in der Wüste. Öl auf Leinwand, 105 x 75 cm. Tischbein hatte das Gemälde 1787 als eines von Raffael gekauft. Herder S. 337: „Die lieblichste himmlische Gestalt, die ich sah." Das Bild kaufte Herzog Peter von Oldenburg für 12000 Taler. Es handelt sich jedoch um keinen Raffael, sondern um das Werk eines Meisters der lombardischen Schule um 1530-1540. Waagen S. 4, Nr. 11.

[621] Guido Reni (s. Anm. 164). Der Engel der Verkündigung. Öl auf Leinwand, 58,5 x 46,5 cm. Waagen S. 10, Nr. 33. Keiser S. 60, Nr. 16. Die heilige Jungfrau. Öl auf Leinwand, 58,5 x 46, 5 cm. Waagen S. 10, Nr. 32. Keiser S. 60, Nr. 17. Garboli verzeichnet keines der beiden Bilder.

[622] Tischbein, collection of engravings from ancient vases ... in possession of William Hamilton, 4 Bände, Neapel 1791-1795.

Den 16 ten Mai

wurde der unglückliche Entschluß für mein Bild gemacht, früher, als es bestimmt war, wegzureisen. Ich bin so böse auf den König, daß ich mich schon oft seiner majestätischen Schönheit freute. Ein Vergnügen genoß ich heute, das ich schwerlich noch einmal in meinem Leben genießen werde. Wie der Mond seine Strahlen auf der Fläche des Meeres spielen ließ, das war schön anzusehen. Etliche Schiffchen mit Fackeln, die ganze Natur war feierlich schön.

Den 17 ten Mai

war endlich schön Wetter und brannte eine italienische Sonne. Wir fuhren nach Pozzuoli, das ist wichtiger als Neapel selbst. Das Erste, was wir sahen, war die Solfatara[623]. Hier kann man sich eine wahre Idee machen, was die Vulkane für fürchterliche Burschen sind. Der Berg ist eingesunken, in der Tiefung geht man auf warmer Asche, es dampft noch an verschiedenen Stellen. Wie man eine Hand darauf hält, so wird sie naß. Die Schwefelblumen sind so heiß, daß man die Finger verbrennt. Probatum est. Ich ließ ein 26-Granen-Stück[624] zum Andenken schwarz anlaufen. Es ist an dem Ort, wo's am stärksten dampft, ein Kurbrunnen angelegt. Durch ein Rohr sammelt sich das Wasser und läuft in Gefäße, es ist warm und schmeckt wie faule Eier. Wenn man einen Stein wirft, so donnert der ganze Berg, ein Beweis, daß es unten hohl ist und der Plunder in nicht langer Zeit zusammenbrechen wird. An einem Hügel von diesem einst gewesenen Berg liegt ein Kapuzinerkloster[625]. Eine Fabrik von Alaun ist auch nahbei. Ruinen von einem Amphitheater[626] sind auch noch von dem alten Pozzuoli zu sehen, da soll der hl. Januarius[627] gemordet worden sein. Nun kamen wir zu dem neuen Berg[628], wo 1538 in einer Nacht entstanden ist. Ein Spital fand da sein Grab mit vielen Kranken.

---

[623] Solfatara: halb erloschener Vulkan. Brach 1198 aus. Hohler Boden, Schwefelgase.

[624] 1 Gran = 0,062 Gramm; ca. 1,6 Gramm.

[625] Kloster und Kirche S. Gennaro al Vomero mit prachtvoller Aussicht.

[626] Amphitheater für 40 000 Zuschauer. 147 x 117 m (Arena 72 x 42 m). Januarius und seine Gefährten wurden hier vergeblich wilden Tieren vorgeworfen. Sie wurden dann bei der Solfatara getötet.

[627] Andere Annahme.

[628] Monte Nuovo, 1538 entstandene Erhebung direkt am Meer. Der Lago Averno soll ebenfalls in 48 Stunden durch einen unterirdischen Vulkan entstanden sein und dabei das Dorf Tripergole vernichtet haben.

Der Lago Averno war auch ein Fetzen von einem Vulkan. Eine schöne Ruine von einem Tempel[629], viel auf die Art der Rotunde in Rom gebaut, etwas kleiner. Er soll der Proserpina gewidmet gewesen sein. Die Dampfbäder des Nero[630] sind noch erhalten, es sollen für alle möglichen Krankheiten solche da gewesen sein, aber die Doktoren, welche sich nicht gut dabei befunden, sollen sie den Märchen nach zerstört haben. Jedes Bad soll eine Statue gehabt haben. Der stärkste Mann kann nur fünf Minuten aushalten. Ich ging nur etliche Schritte hinein und hatte schon satt. Baiae[631] lag da, es steht nun ein Schloß auf diesem Platz. Von Bauli[632] sieht man die Turmspitze. Da soll Nero seine Mutter Agrippina[633] ermordet haben. Die Gegend ist sehr schön und für die alte Geschichte interessant. Pozzuoli ist ein großes Nest, ein Postament von einer Statue vom Tiberius[634] steht noch auf dem Marktplatz, das Basrelief stellt all die Städte vor, die vom Erdbeben gelitten hatten und der gute Tiberius wieder erbauen ließ. Vor lauter Bettelei kann man diese Sachen kaum betrachten. Unserem guten Antiquar sagte einer, der mit aller Gewalt uns explizieren wollte, er wollte ihn umbringen, weil er den Fremden sagte, daß sie seiner nicht nötig hätten.

Nun gings an die herrlichen Überbleibsel vom Tempel Serapis[635]. Das muß was gewesen sein, wo jede lebendige Seele Respekt haben mußte. Ich glaube, daß das die schönste Ruine, wie das Kolosseum die größte ist. Der Reichtum von Marmor ist unbeschreiblich, auch trifft man noch ein Schwitzbad an, alles Marmor. Die drei großen Säulen[636], welche noch stehen, sind ungefähr 20 Schuh über der Erde tief von Seeschnecken eingefressen. Man sieht daran, wie hoch sie von Asche überschüttet waren und wie sie im Meer standen. Den

[629] Tempel des Merkur. Großer Rundbau mit gewölbter, in der Mitte offener Decke. Oder: Tempel der Diana, achteckig, innen rund mit halb erhaltener Kuppel. Im Hof des Serapeums ein Rundbau mit 16 korinthischen Säulen. Tempel der Venus mit gewölbter Decke.

[630] Stufe di Nerone beim Lago di Lugrino oder nach Volkmann III, S. 277 f. die Schwitzbäder von Tritola.

[631] Baiae, heute Baia. Glänzendster Badeort des alten Rom. Von dem Vizekönig Peter von Toledo im 16. Jhdt. erbautes Schloß.

[632] Bauli, heute Bacoli.

[633] Agrippina d. J., 16 n. Chr. in Köln geboren, das nach ihr Colonia Agrippinensis genannt wurde. 59 auf Befehl Neros ermordet. Ihr angebliches Grabmal vermutlich ein antikes Odeon (Konzertsaal).

[634] Marmorbasis aus Pozzuoli. Sie trug eine Statue des Tiberius, die diesem wegen des Wiederaufbaus von vierzehn in den Jahren 17-30 durch Erdbeben zerstörten kleinasiatischen Städten errichtet worden war. Nationalmuseum Neapel. Petra Nr. 82 (6780). Nach diesem jedoch erst 1793 in einem Keller gefunden.

[635] Serapeum: eine Markthalle (macellum) oder ein Bad.

[636] Goethe beschäftigte sich mit dem Problem der Meeresüberflutung. Fragment über das Serapeum von Pozzuoli. 19. Mai 1787. Die Schriften zur Naturwissenschaft, 1. Bd., Weimar 1947, S. 165.

Metallring, wo sie die Opfer angebunden, sieht man auch noch. Ein Inselchen mit Namen Nisida wünscht ich geschenkt zu bekommen, da ließ sichs schön wohnen. Meine arme Gräfin profitierte nicht viel von all diesen Schönheiten, es war ihr sehr übel.

Den 18 ten Mai

aß ich mit meinem Großpapa allein zu Haus. Meine und seine Leute aßen bei Fürst Ruspoli[637] in Portici. Graf Caller[638] machte uns eine Visite, ein närrischer, guter Mensch. Der Meister kam, explizierte mir die Perspektive und ging. Tischbein kam, schwatzte was daher, bis die ganze hohe Gesellschaft anrückte, um 11 Uhr wieder in die Gesellschaft fuhr und ich nun dasitze und schreibe und mich dann schlafen lege.

Den 19 ten Mai

war Regenwetter, die prinzliche Gesellschaft aß bei uns zu Mittag. Nach Tisch wurde eine Motion gemacht, wir schlugen uns trefflich mit Papier, das zu dieser Absicht mein Meister schickte. Abends wurde noch gezeichnet und schlafen gegangen.

Den 20 ten Mai

fuhren alle die charmanten Gesichter nach Baiae und zu den eliseischen Feldern[639] etc. Was da noch zu sehen ist: drei Tempel[640], wozu man aber nun auf trockenem Boden gehen kann. Ich mußte meines Bildes wegen zu Hause bleiben. Es tat mir freilich leid, aber es war nicht zu ändern. Wenn ich nicht so nötig zu arbeiten gehabt hätte, so wär ich vor Hunger gestorben, denn es wurde 5 Uhr, bis die Gesellschaft wieder zurückkam. Ich hatte den Abend vorher nichts zu Nacht gegessen. Nach dem Mittagessen wars zu spät zum Malen, unsere gestrige Bataille ging wieder an, wir prügelten uns nicht länger als von Abends 7 Uhr bis 11 Uhr, das heißt doch geprügelt! Tischbein war von Anfang höflich, er gewann aber nichts dabei.

---

[637] Francesco Fürst Ruspoli (1752-1829).

[638] Nicht festgestellt.

[639] Volkmann III, S. 281: Die meisten suchen die eliseischen Felder in der ebenen Gegend von Bauli, nicht weit von dem Meerbusen, welcher Mare morto heißt.

[640] S. Anm. 629.

21 ter Mai.

Das ist für uns alle ein merkwürdiger Tag. Wir standen förmliche Todesängste aus, denn die Rettung war mehr Glück als Vermutung. Ich dachte gar nicht mehr anders, als wir sehen die Welt zum letzten Male. Nun zur Geschichte:

Um 5 Uhr früh fuhren wir in Gesellschaft der Prinzen Schwarzenberg bis Portici, wo wir uns bis zur Eremitage auf Esel transportierten. Das ging recht gut und sah sehr malerisch aus, so viele Leute zu Esel. Es geht ziemlich steil bis zur Eremitage. Hier muß man seine Träger ruhen lassen, denn weiter ist nicht anders als zu Fuß fortzukommen. Die Gräfin blieb auch da mit der Gewürzschachtel[641], zu unserer aller Wunsch. Die Gesellschaft wollte mich auch bereden, da zu bleiben, aber ich schüttelte den Kopf und nahm meinen Stab in die Hand. Dann gings über lauter Lava, die meistens erst dieses Jahr ausgeflossen. An vielen Plätzen war sie noch ganz heiß, es kam einem eine Hitze entgegen, die nicht lange auszuhalten wäre. So stiegen wir ungefähr eine Stunde fort. Man kann nicht geschwinde gehen, um das Nasenfallen zu vermeiden und da ließ sichs nicht spaßen. Nun kommt man an den Aschenberg, der ist nur gar zu höflich im Ausweichen. Man klitscht immer eine Elle zurück, wenn man eine halbe vorwärts geht, und dabei an verschiedenen Orten so heiß, daß man flüchtig gehen muß. Ich hatte zwei massive Führer, und doch denkt mirs nie, so müde geworden zu sein. Die Freude, den Schlund vom Vesuv zu sehen, machte mir all meine Kräfte noch zusammenpacken. Aber so wie man nahe daran kommt, so wars wenigstens mir nicht weit zum Ersticken. Der viele Salpeter und Schwefel erfordert fest gebackene Lungen. Wie ich etliche Minuten kurz geatmet hatte, da wurde mirs wieder leicht. Nun wollten wir den fürchterlichen Herrn Nachbar recht ordentlich ansehen. Wir gingen ganz an den Schlund, machten uns einen Stein zurecht, um zu schreiben. Wie Herr Graf die Feder ansetzte, fing der Held zu donnern an. Wir freuten uns dessen und argten gar nichts. Aber keine Minute, so spie er. Mit der größten Forsche flogen brennender Schwefel, Steine, Asche hoch empor, es wurde ganz dunkel um uns her, auch in unseren Köpfen ein bißchen. Ich weiß es noch nicht recht, wie mirs war. Zweimal schaute ich mich so seitwärts um den Gast um, wie es aber so nah bei mir pratzelte, da hielt ichs für besser, auszureißen. Aber in der Asche fiel ich alle zwei Schritte. Meinen Führer werd ich nie vergessen. Er deckte mich ganz mit seiner breiten Figur zu und ließ die Steine auf sich regnen. Das ist gewiß eine edle Tat von diesem Mann gewesen, denn bei solcher Gelegenheit wird sich ein jeder selbst so viel als möglich ist, zu retten suchen. Er verließ

[641] Maximilian Verschaffelt (s. Anm. 599).

mich aber nicht, wir rutschten fort, so viel wir konnten und kamen glücklich durch. Ich hab mir gar nichts anderes vorgestellt, als daß wir alle vesuvisch begraben würden, und alle dachten ebenso, denn keins von uns hat noch diesen Auftritt erlebt. Es war auch gar nicht zum Spaßen. Abwärts gings, ich meine ein wenig mehr als geschwind. Ich hatte zwei Führer und zog meine Schuh aus, dann gings wie geflogen. Bei dem Eremiten trafen wir uns alle ganz wieder. Das war eine große Freude, denn es wußte keines, wie's dem anderen ging. Fürst Schwarzenberg bekam einen Schlag auf die Hand, der sehr unsanft ausfiel, auch auf den Hut und Rücken. Wenn eins an den Kopf gegangen wäre, so hätte es übel ausgesehen. Das war der einzige Blessierte unter uns. Der Großpapa[642] hatte seinen Fuß vertreten im Laufen bergab. Es hat uns Gottlob allen diesen Mittag recht gut geschmeckt auf den Schrecken. Und nun gäben wir diesen Auftritt nicht um vieles Geld. Es gehen hundert auf den Vesuv und sehen dieses nicht. Wenn ich so gewiß versichert gewesen wäre, daß wir glücklich davon kämen, so hätte ich das Spektakel besser genossen.

Den 22 ten Mai

verging der ganze Morgen nicht nach meinem Wunsch. Die Toilette zur Königin nahm viel Zeit weg. Nach Tisch kam Fürst Schwarzenberg mit seiner feurigen Hand, sie sieht noch sehr verdächtig aus. Er wurde geschwatzt, gegafft und endlich setzt ich mich in mein Kämmerlein und schrieb Briefe. Herr Graf kam spät vom König zurück, Tischbein, Hackert kamen auch noch, wir sahen etrurische Kupfer, dann ging jedes seiner Wege schlafen.

Den 23 ten Mai

war Herr Graf bei einer Fischjagd mit dem König. Wir bekamen auch davon geschickt, das wird schmecken. Ich hab in meinem Leben noch keine königlichen Fische gegessen. Das fatale Einpacken war mein Nachmittagsgeschäft. Um 11 Uhr kam erst die Fürstin Ruspoli[643] angerutscht, zu meinem und aller Leidwesen. Sie blieb bis 12 Uhr, wo ich mich nun eben hinsetzte und dies niederschrieb. Das sind böse Visiten hier.

---

[642] Forch (s. Anm. 312).

[643] Leopoldine, Gräfin zu Khevenhüller-Metsch (1764-1845).

Den 24 ten Mai.

Aus meinem Projekt, das ich mit Georg Hackert machte, wurde nichts. Ich wollte gerne an meinem Gouachegemälde noch mehr arbeiten und wünschte erst den Donnerstag, daß wir nach Caserta gingen, aber es war nicht abzuändern. Morgen rutschen wir von hier auf je und allzeit ab. Zu guter Letzt prügelten wir uns noch tüchtig ab. Tischbein wurde mit Prügeln empfangen, er machte ein kurioses Gesicht.

Den 25 ten, 26 ten und 27 ten Mai

verlebten wir in Caserta sehr vergnügt und lustig. Hackert bewirtete uns wie ein Mann, der groß und freundschaftlich denkt, der zum Besten vieler eitel ist. Motion setzte es genug ab, die Probe hab ich an meinem gescheckten Arm. Wir sahen alle die Merkwürdigkeiten im Schloß[644], Englischen Garten, die großen Aquädukte. Der Englische Garten gefällt mir unter allem am besten. Von Füger[645] sah ich auch ein Gemälde, welches nichts taugt. Ich könnte sehr viel schreiben von Caserta, aber die höfliche, großmütige Behandlung vom Hackert läßt sich besser denken als beschreiben. Die Gräfin war die erste Dame, so bei königlicher Tafel speiste[646]. Das wird großes Aufsehen geben. Die königlichen Worte werden nie vergessen, denn sie werden 10 000 mal wiederholt. - Der Abschied von den Prinzen Schwarzenberg, Forch und Gewürzschachtel war naß.

Den 29 ten Mai.

Gestern und heute fuhren wir hierher, ohne Abenteuer. Schlafen war unser erstes Geschäft. Gmelin war noch hier, das hat mich sehr gefreut. Er aß auch gleich zu Mittag bei uns, sah meine Arbeit von Neapel und war recht zufrieden damit. Zwei geschickte Virtuosen lernte ich kennen mit Namen Böck[647] durch meinen Bruder in Schweden, das war eine Freude.

---

644 Caserta. Das Schloß ab 1692 erbaut, 1774 vollendet. Das Potsdam oder Versailles der Könige von Neapel genannt.

645 Friedrich Hugo Füger (1751-1818). Thieme-Becker 12, 1916, S. 553-557. Noack II, S. 193.

646 Nach Wendt fand das Essen am 26. Mai statt.

647 Ignaz Böck (geb. 1754) und Anton Böck (geb. 1757). Eitner 2, S. 83.

Den 30 ten Mai.

Heute früh besuchten wir Reiffenstein, Angelica und Gmelin, wir freuten uns alle des Wiedersehens. Nachmittag fuhren wir zur Gräfin Solms und hörten ein Operettchen, das sehr schöne Musik hatte, besonders der erste Teil. Aber das Hauptspiel dauerte nur eine halbe Minute. Was wird doch dem guten Papst weisgemacht.

Den 31 ten Mai

gab Herr Graf den deutschen Malern Schmidt, Dies, Valentini und Meister Trippel ein Mittagessen. Nach Tisch kamen die zwei Böck, der eine scheint mir sehr lustig, Angelica und Zucci auch. Das ist doch sonderbar: die Angelica hab ich herzlich lieb, aber ich bin geniert in ihrer Gesellschaft, und wenn ich noch 10 Jahre hier bliebe, so würde ichs nie.

Den 1 ten Juni.

Diesen Morgen brachten wir recht nützlich und dabei vergnügt zu in der Villa Borghese. Gestern nahmen wir Abschied vom Museum und heute da, vom Garten nicht, denn da gehe ich gewiß noch mehr als einmal hin. Unsere Reise ist nun auf den 6 ten dieses Monats festgesetzt. Also noch vier Tage, dann seh ich vielleicht zum letzten Mal Rom - ich erschieß mich doch dieserwegen nicht und bleibe meinem Leben auch in Deutschland in Gnaden gewogen.

Ich hatte diesen Abend von 9 Uhr bis 11 Uhr eine gute Gesellschaft, die zwei Landsmänner Böck besuchten mich. Wir sprachen viel von Schweden[648]. Der Graf und Gräfin kamen erst um halb zwei nach Hause von der Oper.

Den 2 ten Juni.

Nun ists 5 Uhr morgen, ich sitze da ganz marschfertig, um in die Villa Borghese zu gehen, bin aber eingeschlossen. Die faulen Leute riegelten die Türe zu und schlafen allesamt und sonderlich, ich warte also in Geduld auf Erlösung. Es ist so schönes Wetter und muß göttlich in dem Garten spazieren zu gehen sein. Man ward erlöst, man ging in die Villa Borghese mit Herrn Böck und Luis. Böck würde klüger reden, wenn er weniger spräche. Zu Mittag aßen wir bei Gräfin Solms. Mit Lügen muß ich ein Mittel finden, die zwei Böcks bald dahin zu bringen, daß sie die Angelica noch hören könnte. Es war alles erstaunt und denkt sich keines von der ganzen Gesellschaft, das Instrument in

---

[648] Mariannes Bruder Joseph Martin war königlicher Kapellmeister in Stockholm und kannte die beiden.

der Vollkommenheit gehört zu haben. Die silbernen Hörner machten schon respektvollen Endruck auf alle. Es wurde bis 11 Uhr Musik gemacht. Amico spielte unausgesetzt. Die Gräfin Solms ermunterte ihn durch oft angebrachte zärtliche Blicke. Hackert hörte ich das erste Mal in meinem Leben viel sprechen.

Den 3 ten Juni.

Hab ich doch schon lange kein so großsprecherisch fades Gewäsch gehört als diesen Morgen in der Villa Borghese! Da trifft das zu, was Hirt einst behaupten wollte, als die Rede von dieser Klasse Leute war. Und noch dazu meinen Schlaf zu brechen, das war keine Selbstliebe ausgeübt. Nach Tisch hörte ich einen Esel den anderen Langohr schelten! Abends kamen Trippel und Valentini und unterhielten mich, bis die anderen nach Hause kamen. Der eine macht mich lustig, wenn ich ihn sehe und der andere traurig, so gehts in der Welt.

Den 4 ten Juni.

Das ist ein närrischer Tag, das sind wunderbare Launen, sagt Herr Tischbein. Hab ich doch heute gewiß dreißig gute, Miß- und Mittellaunen gehabt. Wo die nur ihren Ursprung her hatten? Ich glaube vom Packen, Donnern, Schirokko, Dummköpfen etc. Aus dem Hause bin ich heute noch nicht gekommen, so viel weiß ich gewiß. Daß man mir aber den Scheitel von großer Merkwürdigkeit zum Fenster hinauswarf, war sehr unhöflich gedacht. Amico hatte einen schönen seidenen Rock an. Böcks sind Affen und scheinen dümmer, als sie wirklich sind. Soeben erzeigten sie mir das Glück, fortzugehen. Itzt will ich auch gleich für Morgen schreiben. Früh ist eine Seligsprechung[649] zu sehen in St. Peter. Nachmittag wird Visite von den Prinzen Schwarzenberg, die soeben hier ankamen, angenommen, abends große Musik bei Solms gehört, von drei Virtuosen, zwei Böck und Fränzl. Nach diesem nach Hause gefahren, umgekleidet, Kaffee getrunken und Rom Adio gesagt. Wenns anders geht, so werde ich in Siena nicht ermangeln, eine Anmerkung zu machen.

---

[649] Barbara Avrillot, geboren 1. 2. 1566 in Paris, verheiratet mit P. Acarie, trat als Witwe in den Orden der unbeschuhten Karmelitinnen ein und nahm den Ordensnamen Maria ab Incarnatione an. Sie starb am 18. 4. 1618 im Karmel zu Pontoise. Congregatio pro Causis Sanctorum: Index ac Status Causarum. Vatikan 1988, S. 345. Freundliche Hilfe von Offizialatsrat Emmeram Ritter, Regensburg.

Florenz, den 8 ten Juni.

Der Sonntag wurde pünktlich, so wie ichs vorhersagte, verlebt! Bei der Seligsprechung spielte ich eine große Dame. Die Musik war vortrefflich, eine Gesellschaft von 25 Personen gaben dem Abschiedskonzert ein großes Ansehen. Wir gingen verstohlenerweise, Böcks hielten an die ganze Gesellschaft für uns eine Abschiedsrede. Um 2 Uhr reiste ich mit betrübtem Herzen von Rom weg. Wir fuhren ohne auszurasten in zweimal 24 Stunden hierher, ließen sichs Essen und das Schlafen recht gut schmecken. Volkmann tat ich unrecht. Nun, da ich die vulkanischen Produkte besser kennen gelernt, fand ich die ganze Gegend von Rom bis Florenz meistens voll dieses Zeugs. In der Galerie fanden wir viele Sachen nicht mehr so schön, als bei unserem ersten Hiersein, wo die Augen noch mehr blind waren, aber die fünf Stücke in der Tribune[650] sind und bleiben schön von nun an bis in Ewigkeit: Venus, die Ringer, der Schleifer, der Faun und der junge Apoll, die können sich jeder Statue in Rom zur Seite stellen. Der Großherzog[651] begegnete uns heute in dem Casino, er sieht nicht viel gleich. Strozzi[652] ist da, ohne Stauchen, spielt mit seinen Handschuhen. Ich leg mich einstweilen schlafen, bis er fortgeht, dann essen wir zu Nacht.

Boscolongo, den 12 ten Juni.

Da sitzen wir nun in einer Wildnis, die bei schönem Wetter gar nicht unangenehm sein kann, doch sind wir froh mit unserem Obdach und Kaminfeuer. Wir sind alle wie die Pudel so naß, es regnete an einem fort diese ganze Nacht durch, aber ich muß das Kraus zum Ruhm nachsagen, daß sie sich ganz in bestem Wohlsein und Laune befindet. Nun weiß ich mir nichts Besseres zu tun, als meine verlebten vier Tage zu beschreiben. Den 9 ten fuhren wir morgens 10 Uhr von Florenz nach Livorno weg. Den angenehmsten schönsten Weg, so man sich denken kann, hatten wir, wie in einem Garten, wo alles die Güte dieses Landes beweist, und dabei die Ordnung und den Fleiß der großherzoglichen Untertanen.

Den 10 ten blieben wir in Livorno, um diese Handelsstadt zu begaffen. Wer den Hafen von Neapel gesehen hat, dem gefällt dieser freilich weniger, aber ich freute mich doch herzlich, die See nochmal zu sehen. Herrn Schulthesius[653] lernte ich kennen, er aß bei uns zu Mittag. Ein recht gefälliger, artiger Mann, mich

[650] Uffizien Florenz (S. oben, Anm. 99-102).

[651] Ferdinand III. (1769-1824), zweiter Sohn Leopold II.

[652] Lorenzo (gest. 1802), Fernando (1774-1835), Emiliano (1775-1852)?

[653] Johann Paul Schulthesius (1748-1816). Fétis 7, S. 520 f. Gerber 1, T. 2, Sp. 468. MGG 12, 1965, Sp. 239-241. F. W. Riedel, Mitteilungen der Internationalen Joseph Martin Kraus-Gesellschaft Nr. 3, 1984, S. 14 f.

freut sehr seine Bekanntschaft. Er lief mit uns in allen berühmten Boutiquen herum. In einer fanden wir recht gute englische Fortepiano, da spielte uns Freund Schulthesius recht schöne Sächelchen vor. Eine Orgel in einer abgebrochenen Säule hörte ich, das war göttlich. Der reinste Ton von einer Flöte ist nicht so schön, und noch dabei ließ mir sie ein schöner junger Mann hören -. Viele Nationen sieht man da, meist Türken und Griechen. Die Insel Korsika sieht man am Hafen sehr deutlich. Den 11 ten rutschten wir von da wieder weg. Die 2 te Poststation war Pisa, eine sehr schöne Stadt, liegt geteilt am Fluß Arno. Ein alter Turm in gotischem Geschmack ist da zu bemerken, welcher ganz krumm hängt, daß man jeden Augenblick glaubt, er fällt.

Lucca, eine freie Republik. Da steht am Tore angeschrieben „Freiheit“. Dieses Wort macht mir immer eine angenehme Empfindung. denn ich kann mir für die ganze Menschheit nichts Erhabeneres denken. Am Posthaus ließen wir uns Wein und Brot geben, ich fand in ganz Italien noch keinen so guten Wein. Diese Neugierde von Menschen habe ich aber auch noch wenig angetroffen. Wir waren von einer unzähligen Menge umgeben, die uns alle wie Wundertiere angafften. Durch Pistoja kamen wir vor Nacht, das ist keine üble Stadt. Es wohnt ein Bischof da, ist noch toskanisch. Da fings schon an zu regnen und hat nun noch nicht aufgehört. Wie wir heute diesen Tag zubringen werden, weiß ich noch nicht, ich werde wohl ein altes Kohlbrennershüttchen abzeichnen.

Den 13 ten Juni, Modena.

Die Kälte war von heute früh 4 Uhr bis 12 Uhr so stark wie auf der Boxbrunner Höhe[654] im November. Die Wege über das Gebirge sind unverbesserlich, der sie angegeben, hat eine große Ehrensäule verdient. Nun ist es 6 Uhr, wir essen Eis, wenn wir bekommen. Dann gehts weiter bis Verona, wo wir Morgen Mittag eintreffen wollen. Die erste Station, Reggio, nach Modena, hätte uns bald einen Postknecht und ein Pferd gekostet. Eine alte Frau wunderte sich sehr, daß wir nicht mehr erschrocken sind, weil das Pferd in die Brücke springen wollte.

Den 19 ten Juni, Augsburg.

So leid mir Italien beim Zurückdenken tut, so find ich doch beim genaueren Untersuchen meiner selbst, daß ich auch nicht weniger Vergnügen fühle, wieder auf gutem deutschen Boden zu sein. Der Unterschied von der italienischen Schweinerei und Tiroler einfachen Sauberkeit ist sehr auffallend. Nun

[654] Boxbrunn: zwischen Amorbach und Michelstadt im Odenwald, 480 m über dem Meer.

will ich die Tage zurückrufen, so ich bis heute verlebte, nämlich, was mich interessierte. Den 14 ten morgens 4 Uhr kamen wir nach Casal Maggiore, wo wir überfuhren. Das ist eine schöne deutsche Rheingegend. Wir wurden lange aufgehalten, aber bei dieser Lage, wo uns die Nachtigallen dabei sangen, wurde uns keine Zeit lang. Durch Mantua, unsere wohlfeile Schokolade- und Kapaunenstadt, fuhren wir Mittag 11 Uhr, sie war wie ausgestorben. Wie wir aber vor das Tor kamen, da lebte alles. Es war großer Pferde- und Viehmarkt, es war eine schöne ländliche Szene. Nachmittag 4 Uhr trafen wir in Verona ein, ließen uns das Mittagessen in den „Zwei Türmen" recht gut schmecken, dann gingen wir in das Amphitheater[655], das ganz auf die Art des Kolosseums in Rom gebaut ist, aber noch viel besser erhalten. Das ist was so Schönes, wo man sich beim Nichtsehen gar nicht vorstellen kann. Dem Kaiser wurde ein sehr schönes Spektakel da gegeben, da hätte ich Kaiser sein mögen! Es ist eine wahre Schande für die Römer, wo ihr herrliches Kolosseum mit allem Fleiß ruinierten, während die Veroneser sich das ihrige so gut als möglich noch erhalten.

- - - -

In Augsburg. Unsere Reise durch Tirol ging schnell und glücklich. Manch gute Wirte und Kellerinnen freuten sich unseres Wiedersehens, ich vermißte in den schönen wilden Gegenden zwar die häufigen Wasserfälle und mehr brausenden Ströme, aber genoß mit doppelten Freuden die wieder blühende Natur. In Augsburg machte ich die Bekanntschaft von Nanette Stein[656], Tochter des berühmten Instrumentenbauers. Wir werden unsere zwar so kurze Bekanntschaft durch Korrespondenz in eine haltbare Freundschaft übergehen lassen. Ich verlebte mehrere recht glückliche Stunden bei ihr.

- - - -

Der freudige Empfang in Erbach und bei meinen geliebten Eltern, Geschwistern und Freunden läßt sich besser fühlen als beschreiben.

---

[655] Um 290 n. Chr. unter Diokletian erbaut. 152 x 123 m.

[656] Nanette Stein (1769-1833), einzige, höchst talentierte Tochter des Klavier- und Orgelbauers Johann Andreas Stein in Augsburg (1728-1792). Sie heiratete ca. 1794 Andreas Streicher (1761-1833), den Freund Schillers, mit dem dieser von Stuttgart nach Mannheim floh, und betrieb mit ihm in Wien eine Klavierfabrik.

Marianne Kraus (1765-1838)

Marianne Kraus wurde am 8. Mai 1765 in Buchen/Odenwald geboren. Ihr Vater Joseph Bernhard Kraus (1724-1810) war hier kurmainzischer Beamter (Keller) und bewohnte mit seiner Familie[1] das Amtshaus, ein Gebäude, das zum Komplex der kurmainzischen Sommerresidenz gehörte. Er stammte aus einer Gastwirtsfamilie in Weilbach, zwischen Miltenberg am Main und Amorbach gelegen. Seine Vorfahren waren um 1700 aus Witterda bei Erfurt eingewandert. Zunächst war er Amorbacher Stadtschreiber, dann „Keller" in Osterburken, ab 1761 in Buchen. Die Mutter, Anna Dorothea Schmitt (1733-1804) kam aus Miltenberg, wo ihr Vater Senator, Steinbruchbesitzer und Kirchenbaumeister war.

Maria Anna Walburga Kraus, so ihr voller Taufname, hatte 13 Geschwister, von denen 7 früh starben. Von den übrigen 6 starben 5 vor ihr. Die älteste Schwester, Anna Barbara (1755-1805), war mit 7 Jahren scheintot, dann taubstumm. Sie half ihrem Vater bei seinen Amtsgeschäften. Eine Schwester wurde Nonne, die andere heiratete den Amtsnachfolger ihres Vaters.

Der eine Bruder, Franz Leonhard (1760-1791) wurde einst von seinen Kommilitonen so erschreckt, daß er einen Schock erlitt, geisteskrank wurde und früh starb. Der jüngste Bruder, Johann Aloys Ignaz (1770-1824) ist der Stammvater aller Namensträger geworden. Sie schreiben sich heute „Krauß".

Früh, zu früh, starb auch ihr ältester Bruder, Joseph Martin (1756-1792), das bekannteste Glied der Familie. Schon bei dem kleinen Knaben stellte man eine ausgesprochene musikalische Begabung fest, die seine Lehrer in Buchen und Mannheim nach Kräften förderten. Er spielte ausgezeichnet Klavier und Violine, hatte eine gute Stimme und fing schon früh zu komponieren an.

Mitten aus seinem Jurastudium an der Landesuniversität Erfurt heraus wurde er von seinem Vater 1775 nach Hause gerufen. Dieser war in einen Prozeß verwickelt, in welchem ihm „Corruption, Bestechungen, Schikanen und muthwillige Concursverfahren gegen Unterthanen etc."[2] zur Last gelegt wurden. Er wurde vom Dienst suspendiert und sein Gehalt gesperrt. Ein Jahr mußte der Sohn in Buchen pausieren. Er benutze die Zeit zum Komponieren.

---

[1] Zur Familie siehe Karl Friedrich Schreiber, Biographie über den Odenwälder Komponisten Joseph Martin Kraus, Buchen 1928 und Friedrich W. Riedel, Das Himmlische lebt in seinen Tönen, Mannheim 1992.

[2] Helmut Brosch, Die Jugendjahre des Joseph Martin Kraus in Buchen. In: Joseph Martin Kraus in seiner Zeit. Hrsg. Friedrich W. Riedel, München-Salzburg 1982, S. 20 ff.

Zum Schlimmsten, zur Cassation (Entlassung) kam es nicht, doch der Vater wurde nach Königstein im Taunus strafversetzt. Die neue Stelle war der in Buchen gleichwertig, man konnte aufatmen. Nach und nach aber stellte sich die Unschuld des Vaters heraus: die Kläger hatten falsche Angaben gemacht, die untersuchenden Beamten waren zu voreilig gewesen. Vater Kraus wurde nicht nur voll rehabilitiert, er wurde sogar befördert und auf eine höhere Stelle nach Amorbach in seine Heimat (2 km von seinem Geburtsort Weilbach entfernt) zurückversetzt. Für den Sohn jedoch erwuchs aus der ganzen Geschichte ein Haß auf Mainz und die Mainzer. Sein Studium setzte er in Göttingen fort, widmete sich aber mehr und mehr der Musik und folgte 1778 einem Kommilitonen nach Schweden, um dort sein Glück zu suchen. Nach einigen Hungerjahren fand er es am Königshof, wurde Kapellmeister, Leiter der Oper und Direktor der Musikakademie. Sein kompositorisches Schaffen umfaßt Kammer- und Orchestermusik, Lieder, Singspiele und Opern sowie Kirchenmusik.

Zwischen ihm und seiner Schwester Marianne entwickelte sich ein besonders enges Verhältnis, dessen Grundlagen gleiche Begabungen und Neigungen waren. Der Fünfzehnjährigen verspricht Joseph Martin, Noten zu schicken. 1785 schreibt er aus Paris: „Mein Mariannchen meint's also im Ernste?" und meint damit, daß sie sich ernsthaft der Malerei widmen wolle. Er schreibt von „Bäumen, Wiesen, Bächen, Männlein, Weiblein, Vögelein etc.", weiß also, daß es ihr um Landschaftsmalerei zu tun ist. Ein lebhafter Briefwechsel zwischen beiden hatte sich entwickelt. Joseph Martin schickt weitere Musikalien und empfiehlt ihr moderne Komponisten fürs Klavierspielen. Entscheidend wird die Begegnung der beiden, als Joseph Martin auf der Rückreise nach Stockholm den Eltern in Amorbach einen längeren Besuch abstattet. Er traf Marianne in Frankfurt (wahrscheinlich bei der Familie Schütz) und gemeinsam fuhren sie nach Amorbach. Hier lernten sie sich erst richtig kennen und schätzen. Eine lebhafte Schilderung davon lesen wir in einem Brief von ihm aus dem Jahre 1790 (siehe Briefanhang).

Beachtliche musikalische Begabung wird auch den übrigen Geschwistern nachgesagt. Franz wirkte in Mannheimer Konzerten als Violinist mit, die Nonne Katharina Josepha „spielte recht artig Klavier"[3] und Johann Aloys war nicht nur ein guter Geiger, er komponierte auch. Marianne bekam neben dem obligatorischen Gesangsunterricht beim Rektor der Buchener Schule auch Klavierunterricht beim Kantor. Alle hatten auch später noch ausgesprochene

---

[3] Georg Lämmerhirt an Frederik Samuel Silverstolpe, Erbach, Februar 1801. In: Mitteilungen der Internationalen J. M. Kraus-Gesellschaft, H.5/6 1986 S. 6 f. Hrsg. von Helmut Brosch.

Freude an der Musik und am Musizieren. Lehrer und Eltern haben diese Begabung gefördert, obwohl Marianne über die Eltern berichtet, daß sie „wenig Kenntnisse in der Musik haben“[4].

Ob bereits der Buchener Rektor ein zeichnerisches Talent bei Marianne Kraus entdeckt hat, kann vermutet werden, und es ist wahrscheinlich, daß sie schon während ihrer weiteren Ausbildung in einem Mannheimer Töchterinstitut mit Ferdinand Kobell bekannt wurde. Jedenfalls deuten die drei Briefe Kobells an Marianne Kraus aus dem Jahre 1788 auf eine nähere Bekanntschaft mit dessen Familie hin. Kobell wird ihr in dieser ersten Zeit (1778-1780) ersten Unterricht im Zeichnen und Malen gegeben haben[5]. Sie hatte vor ihrem Weggang die Freude, daß sich Kobell als erster in ihr Album mit einer Bleistiftskizze „Reiter, sein Pferd tränkend“ 1780 eintrug[6]. Im nächsten Jahr finden wir Marianne Kraus im Institut der Französischen Schwestern (Welschnonnen) in Mainz. Kurz nach ihrer Ankunft, am 1. Juni 1781, mußte sie dort den Tod ihrer sieben Jahre älteren Schwester Katharina Josepha miterleben, die in jenem Kloster Nonne war[7]. 1784 hielt sich Marianne nochmals in Mainz auf, lernte dort den Maler Caspar Schneider (1753-1839) kennen und bekam Unterweisung im Zeichnen von ihm. 1784 malte er ihr ein Aquarell - Ruine mit Wasserfall - ins Stammbuch[8].

Noch fruchtbarer waren die wiederholten längeren Aufenthalte in Frankfurt von Herbst 1785 bis Herbst 1786 bei der Malerfamilie Schütz[9]. Sie bekam

---

[4] Wie Anm. 3, Erbach, 19. Januar 1801.

[5] Das Wohnhaus der Familie Kobell in Mannheim M 2,5 wurde im 2. Weltkrieg zerstört. Ferdinand Kobell (1740-1799), älterer Bruder des Franz Kobell (1749-1812) und Vater des Wilhelm Kobell (1766-1855), war zunächst als Jurist im kurpfälzischen Staatsdienst, dann gestattete der Kurfürst seinen Austritt und förderte seine künstlerische Ausbildung, die er mit einem längeren Aufenthalt in Paris abschloß. 1793 folgte er dem Hofe nach München. ADB 16, 1882, S. 350-353, NDB 1, 1953, S. 236, Thieme-Becker 21, 1928, S. 50-52. Katalog: Die Künstlerfamilie Kobell. München 1993. Siehe auch die Briefe an Marianne Kraus im Anhang.

[6] Heute Freies Deutsches Hochstift Frankfurt.

[7] Schreiber, wie Anm. 1, S. 10. Elisabeth Darapsky, Geschichte der Welschnonnen in Mainz. Beiträge zur Geschichte der Stadt Mainz 1980, S. 157.

[8] Johann Kaspar Schneider (1753-1839), Landschaftsmaler. Neuer Nekrolog der Deutschen, 17. Jg., 1839, S. 238-241. Nagler, Allgemeines Künstlerlexikon 15, 1845, S. 284 f. ADB 32, 1891, S. 127. Thieme-Becker 30, 1936, S. 196.

[9] Christian Georg Schütz d. Ä. (1718-1791). War zunächst Freskomaler und wandte sich dann der Tafelmalerei mit Landschaften zu. Goethe, Dichtung und Wahrheit, 1. Teil, Buch 1. Hirsching, Historisch-literarisches Handbuch 11, 2. Abt., 1808, S. 277-279, Nagler 16, 1846, S. 43 f. Thieme-Becker 30, 1936, S. 314 f.

hier Klavier-, Gesang- und Malunterricht. Die Verbindung war so eng, daß sie den älteren Christian Georg (1718-1791) als Onkel, dessen Söhne und den Neffen als Vettern bezeichnete. Christian Georg hatte 1759 in zweiter Ehe eine entfernte Verwandte von Mariannes Mutter geheiratet. Seine Landschaften waren in jedem Frankfurter Bürgerhaus zu finden. Auch Goethes Vater beschäftigte ihn. Sein Sohn Johann Georg (1755-1813) war mit Goethe in Rom und hieß „Schütz der Römer". 1786 malt er in Mariannes Stammbuch ein Aquarell: „Blick aus einer Grotte auf einen Burgberg am Fluß"[10]. Aus demselben Jahr stammt ein Aquarell von Johann Georg Pforr (1745-1798): „Kühe im Wasser". Pforr unterrichtete sie in der Tiermalerei. Seine Frau, eine geborene Tischbein, fügte noch eine Federzeichnung hinzu: „Genius auf einem Schwan"[11]. Ohne Bild: ein Eintrag von Sebastian Hüssgen (1744-1807), Hessisch-Hamburgischer Hofrat, Kunstfreund und mit der Familie Schütz gut bekannt[12].

Als Joseph Martin 1778 nach Schweden ging, war seine Schwester ein 13 Jahre altes Schulmädchen. Nun - 1786 - traf er eine 21-jährige hochgebildete kunstsinnige junge Dame an. Der Amorbacher Aufenthalt brachte die beiden Geschwister erstmals wirklich näher, und der Gedanke tauchte auf, ein gemeinsames Künstlerleben zu führen. Marianne wollte sogar mit ihm nach Schweden gehen.

1787 kam Marianne Kraus zur weiteren musikalischen Ausbildung nochmals nach Mannheim. Sie lernte dort auch den eben zum Koadjutor (designierten Nachfolger) des Mainzer Kurfürsten gewählten Freiherrn Karl Theodor von Dalberg (1744-1817) kennen, der als Statthalter von Erfurt mit ihrem Bruder Joseph Martin gut bekannt war und dessen Musik schätzte. Er besuchte öfter seinen Bruder Wolfgang Heribert (1750-1806) in Mannheim, der Theaterintendant am Mannheimer Nationaltheater und Förderer des jungen Schiller war (1782 Erstaufführung des Schauspiels „Die Räuber"). Mit diesem war Joseph Martin auf seiner Reise zur Erkundung des europäischen Theaterwesens bekannt geworden. Ein anderer Bruder der Dalberg war Johann Friedrich Hugo (1760-1812), Musikschriftsteller und Komponist, und schon von

---

[10] Freies Deutsches Hochstift Frankfurt. Abgebildet in: Christian Georg Schütz d. Ä., Frankfurt 1991, S. 41.

[11] Johann Georg Pforr (1745-1798). War zunächst Porzellanmaler in der Kasseler Manufaktur. Nach Errichtung der dortigen Malerakademie 1777 besuchte er diese. In Kassel schloß er auch Freundschaft mit dem Galerieinspektor Johann Heinrich Tischbein, dessen Schwester Johanna er 1784 heiratete. 1781 Übersiedlung nach Frankfurt. Malte mit Vorliebe Tiere, die er mit Landschaften umgab. ADB 25, 1887, S. 701 f. Thieme-Becker 26, 1932, S. 537. Gwinner, Kunst und Künstler in Frankfurt/M., 1862.

[12] Gwinner, wie Anm. 11.

daher mit den Geschwistern Kraus bekannt, mit Joseph Martin als Erfurter und Göttinger Jurastudent verbunden.

Auch bei diesem Aufenthalt hatte Marianne engen Kontakt zu Ferdinand Kobell, hat vielleicht sogar bei ihm gewohnt. Dies lassen dessen drei Briefe an Marianne aus dem Jahre 1788 schließen, die sich erhalten haben (siehe Briefanhang). Kobell war dem Kurfürsten Karl Theodor von der Pfalz nicht nach München gefolgt, wo er das bayerische Erbe antreten mußte, sondern war in Mannheim geblieben, wo es ihm an Aufträgen nicht mangelte. Marianne schickte ihm Briefe aus Aschaffenburg, auch einige ihrer Werke und bekam Ratschläge und Lob. Dort, wo sie viel nach der Natur zeichnete und malte, bekam sie wahrscheinlich Anschluß an ein Malertrio: Frau von Pfirdt (auch Ferret u. ä.), Gattin des Johann Nepomuk Freiherrn von Pfirdt, Kapitän der Kurfürstlich-Mainzer Leibgarde, Sophie von Coudenhove, eine Nichte des Mainzer Kurfürsten und eine Gräfin Hatzfeld, alle drei betreut von einer Gräfin Kesselstadt. Aus dem Projekt Kobells, mit Hilfe der Frau von Pfirdt beim Mainzer Kurfürsten ein Stipendium für Marianne zur Ausbildung als Malerin zu erwirken, ist nichts geworden[13 14].

Das Jahr 1789 verbrachte Marianne bei ihren Eltern in Amorbach, fleißig zeichnend, malend und musizierend. Für das nächste Jahr ist ein Besuch in Würzburg dokumentiert. Sie lernte da die Malerzwillinge von Kügelgen kennen. Gerhard (1772-1820)[15] fiel später bei Dresden einem Raubmörder zum Opfer. Er ist der Vater von Wilhelm Kügelgen (1802-1867), dem Verfasser der „Jugenderinnerungen eines alten Mannes“ (1870 anonym erschienen). Sein Zwillingsbruder war Carl (1772-1832)[16]. Gemeinsam trugen sie sich in Mariannes Album mit einer Bleistiftzeichnung ein: „Weibliche Figur an einem Altar mit lodernder Flamme“.

Das gleiche Jahr 1790 brachte Marianne eine ihr ganzes weiteres Leben prägende Veränderung. Wie es dazu kam, konnte selbst der Biograph von Joseph Martin Kraus (und ihr Urenkel), Karl Friedrich Schreiber, nicht mehr feststellen, denn in der Nacht vom 9./10. Januar 1893 fiel der Kanzleitrakt auf

---

[13] Im Falle einer Ablehnung hoffte Kobell auf dessen Nachfolger, den Koadjutor Karl Theodor von Dalberg, denn der Kurfürst war bereits 68 Jahre alt, man erwartete sein baldiges Ableben. Aber der „Papa“, wie er genannt wurde, starb erst 1802 im Alter von 83 Jahren. Da waren in Mainz die Franzosen und an Karl Theodor von Dalbergs Plan, dort einen Musenhof wie in Weimar einzurichten, war nicht mehr zu denken.

[14] Siehe die Briefe Kobells an Marianne Kraus im Anhang. Mariannes Briefe an ihn haben sich nicht erhalten.

[15] Gerhard von Kügelgen (1772-1820). ADB 17, 1883, S. 305 f. Thieme-Becker 22, 1928, S. 51-53.

[16] Carl von Kügelgen (1772-1832). ADB 17, 1883, S. 307. Thieme-Becker 22, 1928, S. 50 f.

Schloß Erbach den Flammen zum Opfer. Marianne Kraus wurde Hofdame der zweiten Gemahlin von Graf Franz I. zu Erbach-Erbach, Louise Charlotte Polyxène (1755-1844). Möglicherweise hat Ferdinand Kobell über den mit Graf Franz bekannten Archäologen Andreas Lamey (1726-1802) in Mannheim vermittelt[17].

Graf Franz I. zu Erbach-Erbach (1754-1823)

Der Name Franz war in der alten Dynastie nicht vertreten. Man nannte den Erbprinzen nach dem vornehmsten seiner 33 Taufpaten, dem Kaiser Franz I[18]. Als er zwei Jahre alt war, starb sein Vater. Franz besaß gute Anlagen und hatte treffliche Erzieher: Christian Freund (1730-1803), 1769 geadelt als Freund von Sternfeld, darf hervorgehoben werden. Er studierte Jura in Gießen, war dann Hofmeister der Söhne der Freiherrn von Günderode, bevor er 1765 als Hofrat und Erzieher nach Erbach kam. Erwähnung verdient auch Pfarrer Retter, der den Prinzen in Diplomatie, Genealogie, Münz- und Wappenkunde unterrichtete. Oft besuchte man das Mannheimer Theater. Wahrscheinlich rührt auch schon aus dieser Zeit die Bekanntschaft mit dem Mannheimer Geschichtsforscher und Archäologen Andreas Lamey.

1769 begab sich Graf Franz in Begleitung Freunds auf die übliche Kavalierstour. In Mannheim zeigte ihm Lamey die dortigen Altertumssammlungen, in Straßburg traf er mit dem Historiker Johann Daniel Schöpflin (1694-1771) zusammen, in Lausanne mit Voltaire (1694-1778). In Paris machte er die Bekanntschaft von Diderot (1713-1784) und d' Alembert (1717-1783). Der Herr von angenehmem Äußeren verkehrte in den besten Kreisen, alle Türen standen ihm offen. Die Könige von Frankreich, England, Preußen und Neapel empfingen und beschenkten ihn, auch der Papst, Kaiser Franz und Maria Theresia. Der Direktor der Vatikanischen Museen zeigte ihm persönlich deren Schätze, und in Neapel wohnte er Ausgrabungen bei.

Sechs Jahre war er unterwegs, nach seiner Heimkehr mußte er die Regierung antreten. Die Hebung seines Landes lag ihm am Herzen und er hat sie auf vielfältigem Wege bewerkstelligt. So förderte er den Anbau von Futterklee

---

[17] 80 Schränke, 100 Faszikel Personalakten, 35 Faszikel Briefwechsel Franz I. wurden vernichtet. 1944 fiel zusätzlich noch das an Darmstadt abgegebene Erbachsche Hausarchiv dem Bombenhagel zum Opfer.

[18] Dr. Willy List, Franz, regierender Graf zu Erbach. Neue Beiträge zu seiner Lebensgeschichte. Straßburg 1903.

und fremder Saatfrüchte, führte in Erbach die dort berühmt gewordene Elfenbeinschnitzerei ein und kümmerte sich um das Schul- und Verkehrswesen. 1776 verheiratete er sich mit Louise Charlotte Polyxène, Gräfin von Leiningen, die ihm sieben Kinder schenkte, aber schon 1785 verstarb. Sie bat ihn vor ihrem Tode, den Kindern ihre beste Freundin, die verwitwete Gräfin zu Erbach-Fürstenau zur Mutter zu geben. Noch im selben Jahr heiratete er sie, die dieselben Vornamen trug wie seine erste Frau (der Rufname war jedoch nicht Louise, sondern Charlotte). Die Ehe blieb kinderlos.

Die Italienreise 1791

Die Eindrücke, die Graf Franz vornehmlich von der Antike in Italien erhalten hatte, wirkten nach, zumal mitten durch seine Herrschaft einst der Limes führte. Er ließ erste private Grabungen durchführen. Reste von Kastellanlagen und Wachtürmen, auch Badeanlagen wurden gefunden. Spektakuläres tauchte nicht auf, Germanien war nicht Rom. Als der Gräflich Erbach-Erbachische Regierungsrat Johann Friedrich Knapp 1813 sein Werk „Römische Denkmale des Odenwaldes, insbesondere der Grafschaft Erbach und der Herrschaft Breuberg" herausgab, schrieb er gleich auf Seite 3: „Der Künstler lege also diese Schrift ungelesen bey Seite." Die Sehnsucht nach Italien verließ Graf Franz nie. Dort, so hoffte er, könnte man noch manche Antiquitäten erwerben, die hier nicht zu finden waren.

Der Gedanke reifte, eine zweite Reise nach Italien zu unternehmen. In der eigenen Kutsche und mit wenig Begleitung brach er am 2. Januar 1791 von Erbach auf. Seiner Gemahlin Charlotte wurde ihre Hofdame Marianne Kraus mitgegeben, vom Personal nahm er mit: den Maler Johann Wilhelm Wendt[19], den Hofjäger Georg Friedrich Louis[20] und den Kammerdiener Leidemann. Man reiste vierspännig von Poststation zu Poststation, wo jeweils Pferde und Kutscher gewechselt wurden. Am 17. Januar wurde Florenz erreicht, am 26. in Richtung Rom wieder verlassen. Drei Monate hielt man sich dort auf, fast einen in Neapel. Die Rückreise wurde in Rom und Florenz noch einmal kurz unterbrochen. Am 23. Juni traf man wieder in Erbach ein.

[19] Johann Wilhelm Wendt (1747-1815). Baumeister, Maler und Silhouettenschneider. Später zum Landes-Bauinspektor ernannt. Wendt ist der Schöpfer des Erbacher Silhouettenbuches. Hrsg. von Karl Morneweg, Das Silhouettenbuch des Grafen Franz zu Erbach von Wilhelm Wendt. Leipzig 1923. Es reicht bis 1790, Marianne Kraus ist daher nicht aufgenommen.

[20] Georg Friedrich Louis (1759-1846), später Gräflich-Erbachischer Forstrat. Urgroßvater des Dichters Ludwig Ganghofer (1855-1920).

Mariannes Reisetagebuch erfährt eine Ergänzung durch das von Johann Wilhelm Wendt, das sich allerdings nur in einer Abschrift erhalten hat[21]. Er war der ständige Begleiter des Grafen bei dessen Besichtigungstouren und bei Ankäufen von Antiken, einem der Hauptzwecke seiner Reise. Gräfin Charlotte und Marianne Kraus zog es mehr in Gemäldesammlungen. So trennte man sich oft. Umgekehrt war Marianne (wenn sie Lust dazu hatte, eine Verpflichtung gab es für sie nicht) bei Besuchen und Empfängen dabei, wovon Wendt, Louis und Leidemann als „Personal" ausgeschlossen blieben.

3 antike Statuen, 31 Büsten, 3 Mosaiken, 100 antike Vasen, ferner Bronzen, Helme, Schwerter, antike Münzen usw. wurden erworben, in Rom schon restauriert, verpackt und auf dem Wasserweg bis nach Eberbach am Neckar verbracht, von wo sie auf den inzwischen verbesserten Straßen Erbach erreichten. Wendt und Gmelin machten noch in Rom Pläne für „Römische Zimmer" im Schloß Erbach zur Unterbringung all dieser Dinge. Dort sind diese, nebst römischen Funden im eigenen Lande im wesentlichen noch heute so aufgestellt zu sehen[22]. In prächtigen, reich ausgestatteten und illustrierten Katalogen wurden die Schätze verzeichnet.

Italien 1791

Das Italien, welches die Reisegesellschaft mit Marianne Kraus vorfand, war politisch zerstückelt und von Fremdherrschaft geprägt. Überwogen im 17. Jahrhundert noch die spanischen Herrschaften, so kam es im 18. Jahrhundert zu einer Vorrangstellung Österreichs. Einzig Savoyen-Piemont hatte eine heimische Dynastie, sieht man vom Kirchenstaat ab. Der Gegensatz zwischen dem Norden und dem Süden - auch heute noch sichtbar - verstärkte sich. Venedig stand im Schatten Habsburgs, und Genuas Bedeutung war längst dahin. Die Bevölkerung arrangierte sich weitgehend mit den Verhältnissen. Habsburg hatte sich den Bourbonen genähert, ein Gleichgewicht war hergestellt worden. Es ging bis zu Kaunitz „renversement des alliances" und war durch gegenseitige Heiraten befestigt.

[21] Eine Kopie davon überließ Herr Paul Wagenknecht, ein Nachkomme Wendts, freundlicherweise der Kraus-Sammlung im Bezirksmuseum Buchen.

[22] Generalkatalog der Gräflich Erbachischen Sammlungen im Schlosse zu Erbach. Erbach 1894. Karl Morneweg, Graf Franz und seine Schöpfungen. Darmstadt 1924. Johann Friedrich Knapp, Römische Denkmale des Odenwaldes, insbesondere der Grafschaft Erbach und der Herrschaft Breuberg. Heidelberg 1813. 2. Aufl. Darmstadt 1854. Klaus Fittschen, Katalog der antiken Skulpturen im Schloß Erbach. Archäologische Forschungen 3, 1977. Georg Schäfer, Kunstdenkmäler im Großherzogtum Hessen. A. Provinz Starkenburg. Kreis Erbach. Darmstadt 1891.

Die Toscana war unter habsburgischer Herrschaft zu einem Musterland geworden, auch die Lombardei erfuhr starke Förderung: Verwaltungsreform, Steigerung der landwirtschaftlichen Produktion, Anfänge von Industrie (Manufakturen für Wolle, Baumwolle und Seide).

Im Kirchenstaat hatte Papst Pius VI. mit einer Sanierung der Finanzen und der Landwirtschaft begonnen, um den drohenden Staatsbankrott zu vermeiden. Der Staat war unproduktiv, die fruchtbare Campagna seit dem 17. Jahrhundert verödet. Zwar floß immer noch viel Geld ins Land: Kirchen und Orden hatten reiche Einnahmen aus der ganzen katholischen Welt, Reisende und Diplomaten mit großen Haushaltungen und Aufwand trugen das Ihre bei.

Am schlechtesten stand es mit Neapel und Sizilien. Alles konzentrierte sich dort auf Neapel und den Hof.

Insgesamt war Italien kulturell führend in Musik, Malerei, Plastik und Architektur. Zentren blieben Rom und Venedig, daneben behaupteten sich Florenz und Neapel. Speziell die Altertumsforschung war von den Päpsten sehr gefördert worden. Die kapitolinischen Sammlungen stellten das erste öffentliche Museum Europas dar. 1738 war Pompeji entdeckt worden, das hat das allgemeine Interesse an der Antike weiter belebt.

Waren es bisher meist Engländer gewesen, die sich für die Antike interessierten und sammelten, so finden sich nun auch Franzosen und Deutsche.

Nach der Italienreise

Bald nach der Heimkehr der Reisegruppe bekam man die Auswirkungen der französischen Revolution direkter zu spüren. Diskussionen über die Vorgänge in Frankreich führte man schon in Italien. Emigranten, vornehmlich aus Adelskreisen waren in Rom, etwa die Malerin Elisabeth-Louise Vigée-Lebrun (1755-1842). Der Besucherstrom nach Italien hatte zwar nachgelassen, aber noch dachte niemand an eine akute Kriegsgefahr. Der Fluchtversuch des französischen Königs Ludwig XVI., der mit Marie Antoinette, der in Frankreich unbeliebten Tochter Maria Theresias verheiratet war, brachte einen Umschwung. Am 20. April 1792 erklärte Frankreich Österreich den Krieg. Österreich verbündete sich mit Preußen, die Truppen drangen nach Frankreich ein, mußten sich jedoch nach der berühmten Kanonade von Valmy (20. September 1792) zurückziehen. Die Franzosen besetzten Mainz. Bei der anschließenden Belagerung und Beschießung der Stadt Ende Juni 1793 stand Graf Franz im hessischen Lager vor Mainz, auch Goethe war mit seinem Herzog dabei[23].

[23] Siehe dessen autobiographische Schriften „Campagne in Frankreich 1792“ und „Belagerung von Mainz“.

Als die Franzosen weiter vorrückten, flüchtete die gräfliche Familie von Erbach nach Crailsheim, worüber Marianne Kraus Aufzeichnungen gemacht hat[24]. Am 18. Juli traf man ein, Graf Franz ging jedoch schon am 8. September wieder nach Erbach zurück, am 20. gab er „Entwarnung" und ließ seine Familie wieder heimkehren. 48 Bürger zu Pferd eskortierten die Gesellschaft von Miltenberg bis Erbach. In Eulbach kam ihnen Graf Franz entgegen. „Wie wir Erbach zu Gesicht bekamen, da fing das Donnern der Kanonen an. Dem Schießhaus gegenüber kamen junge Mädchen entgegen, die Blumen und Verse überbrachten. Nun kamen wir an einen Hauptauftritt: der rote Osterwagen stand mit den Bürgern bespannt da." Später fügte Marianne Kraus hinzu: „In dem 1821. Jahre haben solche anderster denken lernen."

1795 war die Mutter von Graf Franz gestorben. In ihrer Obhut konnte er 1791 während seiner Italienreise seine 7 Kinder zurücklassen. Für ihre Erziehung war eine französische Gouvernante aus Neuchâtel da, Susanne Marguerite Petitpierre (1760-1804). Drei von den älteren Töchtern haben sich 1795, 1797 und 1799 verheiratet, die jüngste 1803, eine starb 1797. Als Erzieher für die beiden Söhne gewann Graf Franz einen Gothaer Theologiestudenten als Hofmeister: Georg Lämmerhirt. Er war 1763 in Ruhla als Sohn eines Lehrers und Organisten geboren. Für den 29. April 1789 läßt sich ein Matrikeleintrag der Göttinger Universität finden[25]. Matrikelgeld brauchte der Halbwaise nicht zu bezahlen[26]. Wann und wie er gerade nach Erbach kam, läßt sich nicht mehr feststellen. Marianne Kraus erwähnt ihn 1796 noch nicht. Nach ihrem Bericht über die Emigration nach Crailsheim 1796 fehlen im Tagebuch allerdings 10 Seiten, die herausgetrennt wurden (9 waren beschrieben, wie Buchstabenreste an den Rändern zeigen). Lämmerhirt war ein guter Pianist und komponierte Klaviersonaten, die 1798 bei André in Offenbach erschienen sind[27].

Das hat ihn sicher Marianne näher gebracht. Die beiden heiraten am 22. Mai 1798 und durften von Graf Franz als Hochzeitsgeschenk ein Schachspiel entgegennehmen, das er ihnen zu diesem Anlaß eigenhändig aus Elfenbein

[24] S. 87-96 im 2. Band ihres Tagebuches.

[25] Die Matrikel der Georg-August-Universität zu Göttingen 1734-1837. Hrsg. von Götz von Selle. Hildesheim und Leipzig 1937, S. 314, Nr. 15 186.

[26] Ob paupertatem gratis receptus.

[27] Grande sonate pour le piano-forte ... oeuvre 1r. No. 1068. RISM L 193. Deux sonates faciles à quattre mains pour le pianoforte ... oeuvre II. No. 1166. RISM L 194.

geschnitzt hatte[28]. Lämmerhirt entwickelte brauchbare Anlagen, so daß ihn Graf Franz für verschiedenste Aufgaben am Hofe einsetzte und ihm den Titel Hofrat verlieh. Am 1. November 1798 kam das erste Kind zur Welt, von Gräfin Charlotte aus der Taufe gehoben und nach ihr benannt.

Am 23. August 1800 wandte sich der schwedische Legationssekretär Frederik Samuel Silverstolpe (1769-1851) an Mariannes Vater und bat um Auskünfte über Mariannes Bruder Joseph Martin für eine zu schreibende Biographie[29]. Das übernahm bald Marianne, woraus sich ein lebhafter und aufschlußreicher Briefwechsel mit Silverstolpe entwickelte[30]. Hier erfahren wir, daß Mariannes Eltern inzwischen in Miltenberg im Hause der Großeltern mütterlicherseits, die beide schon verstorben waren, wohnten. Nach der Geburt ihrer Tochter Marianne (Anfang März 1801) hielt sich Marianne mehrere Monate dort in dem schönen großen Haus auf, beengt allerdings durch französische Einquartierungen. Das Töchterchen, von dem nichts weiter bekannt ist, starb mit 17 Jahren 1818.

Am 18. Oktober 1801 schickte Marianne an Silverstolpe ein Werk von ihr: „Ein Stück Ruine des berühmten Coliseum in Rom". Inzwischen hatte ihr Mann zum Tode Graf Eginhards von Erbach-Fürstenau (1764-11.9.1801) eine von ihrem Bruder komponierte Trauersymphonie aufgeführt. Joseph Martin Kraus schuf sie anläßlich des an den Folgen eines Attentats verstorbenen schwedischen Königs Gustav III.[31]

Als Marianne ihr drittes Kind erwartete, fragte sie Silverstolpe nach seinem Vornamen, um ihn, falls es ein Sohn werden würde, diesem zu geben. Doch Silverstolpes Antwort kam einen Monat zu spät und so erhielt der am 28. 10. 1803 Geborene den Namen Karl nach dem Erbgrafen Karl, der sein Pate und dessen Erzieher einst Georg Lämmerhirt war.

Ein Jahr später drückt Silverstolpe ihr sein Beileid zum Tod ihrer Mutter aus (gestorben am 21. 8. 1804), dann bricht der Briefwechsel ab. Am 3. 10. 1806 war dem Ehepaar Lämmerhirt ein weiterer Sohn geboren worden, der

28 Die Figuren im Bezirksmuseum Buchen erhalten. Inv.Nr. 848/8.

29 Frederik Samuel Silverstolpe, Biographie af Kraus. Stockholm 1833.

30 Hrsg. Helmut Brosch in: Mitteilungen der Internationalen Joseph Martin Kraus-Gesellschaft, H. 5/6, 1986.

31 Karl Friedrich Schreiber, Verzeichnis der musikalischen Werke von Joseph Kraus. In: Archiv für Musikwissenschaft, Jg. 7, 1925, F I, 10. Wie Anm. 30, S. 20.

seinen Namen nach Graf Friedrich August zu Erbach-Fürstenau (1754-1784) erhielt, dessen Witwe Graf Franz 1785 geheiratet hatte. Das letzte Kind, wieder ein Sohn, hob Graf Franz selbst aus der Taufe (1808). Er hieß nach ihm Franz.

Georg Lämmerhirt war seit Jahren für die Finanzen der Hofhaltung des gräflichen Hauses zuständig. Die zu zahlenden Kriegslasten überstiegen bei weitem die Kräfte des Landes. Schon 1799 hatte das Ehepaar Lämmerhirt auch seine eigenen Barmittel als Darlehen hingegeben. Am 12. Juli 1806 war durch die Rheinbundakte der Grafschaft Erbach die Landeshoheit genommen worden, sie wurde Hessen unterstellt. 200 000 Gulden hatte Graf Franz zur Tilgung hessischer Kriegsschulden beizutragen, Brennholz nach Darmstadt zu liefern, dazu noch mannigfaltige wirtschaftliche Einbußen hinzunehmen. Baden, Bayern und Württemberg verlangten hohe Einfuhrzölle, der Absatz in Hessen, zu dem man bisher fast gar keine Beziehungen hatte, war gering. All das geschah, wie es im Schreiben des hessischen Großherzogs Ludwig an Graf Franz hieß, „zur Beförderung der Legalität".

1813 verschärfte sich die wirtschaftliche Situation der ehemaligen Grafschaft nochmals. Große Lieferungen mußten an die russische Armee gemacht werden, zudem standen russische Einquartierungen bevor. Graf Franz war abwesend, alle Last lag auf Lämmerhirt. So ahnte Marianne nichts, als er einmal abends nicht wie gewohnt zur selben Stunde um 10 Uhr nach Hause kam. Sie wartete bis 12 Uhr und glaubte dann, daß er eilige auswärtige Geschäfte besorgen mußte, ohne ihr davon Bescheid hätte geben können. Am nächsten Morgen „brach man ohne meinen Willen seine Zimmertür (sein Amtszimmer im Schloß, d. V.) auf. Ich ging mit hinein. Zum Glück sah der junge Graf ein Zettelchen, das an mich von meinem Mann geschrieben auf dem Schreibtisch bei seiner Uhr lag, zuerst und tat's weg. Mich suchte man gleich mit guter Manier wieder zur Gräfin zu bereden"[32]. Nach längerem Suchen fand man ihn. Er hatte sich aus Verzweiflung über die ausweglose Lage das Leben genommen. Gräfin Charlotte holte Marianne mit ihren Kindern (5, 7, 10, 12 und 15 Jahre alt) zu sich ins Schloß und sorgte aufs Beste für sie. „Das erste Vierteljahr brachte ich wie in einem halben Traume zu, es war mir ein großer Trost zu sehen, wie allgemein mein guter Mann geliebt und geschätzt war ... wenn ich nur gesund bleibe und solange lebe, bis meine Kinder sich selbst vorstehen können und so rechtschaffen werden wie ihr unglücklicher Vater"[33]. Sie trug

[32] Wie Anm. 30, S. 30.

[33] Wie Anm. 30, S. 30.

mit größter Energie bei den geringen Mitteln, die ihr zur Verfügung standen, dazu bei, denn, schrieb sie: „Der Mensch kann, was er will, aber er muß nur mit Ernst wollen“[34]. Fortan lebte sie für ihre Kinder.

Charlotte besuchte ein höheres Töchterinstitut in Aschaffenburg und wurde 1822 Erzieherin der gräflich Eltzschen Kinder durch zwei Generationen. Jacob Graf Eltz (1779-1844) war K. K. Kämmerer, seine Frau Maria Anna (1796-1852) Hofdame, dann Obersthofmeisterin der Königin von Bayern, Therese (1792-1854), Gemahlin König Ludwig I. (1786-1868). Bevorzugter Aufenthalt war das Schloß Aschaffenburg. Mit den beiden Töchtern Sophie (1814-1902)[35] und Bernhardine (1815-1895)[36] begleitete Charlotte den Grafen 1828 auf einer Parisreise. Im Schlosse hieß sie nur „die liebe Lämm“ und ihre Mutter, die oft in Aschaffenburg zu Besuch war, „das liebe Stiefmütterchen“. Schon 1827 (am Heiligen Abend) setzte Graf Eltz Charlotte eine lebenslange Rente „nach gänzlich vollendeter Erziehung der Töchter“ aus[37]. Doch sie blieb in der Familie und erzog auch noch die Kinder des Erbgrafen Carl (1823-1900). Dieser hatte sich 1853 mit der Witwe seines Bruders Hugo (1817-1848) verheiratet. Hugo nannte seine einzige Tochter Hugoline (1849-1935), nach den Mode gewordenen Pauline, Josefine etc., sicher eine Neuschöpfung. Zwei Söhne und fünf Töchter gingen aus der Ehe Carls hervor, alle auch von Charlotte Lämmerhirt betreut. Aus dem Jahre 1860 ist noch ein Brief von ihr aus Vukovar in Ungarn, einem Besitz der Familie Eltz, überliefert. Am 24. 09. 1876 verstarb sie in Eltville.

Ihr Bruder Karl (1803-1828) immatrikulierte sich nach Gymnasialjahren in Darmstadt für das Fach Jura am 25. 10. 1822 an der Universität Gießen[38]. 1823 machte er ein „Krippenexamen, welches ein ganz erbärmliches Examen war“[39]. 1827 schloß er sein Studium ab und fand eine Anstellung als Hofgerichtsassessor in Darmstadt, wo er bei Verwandten wohnte. Er war gut zu Fuß und legte große Strecken - schon um Geld zu sparen - zurück. In einem Tage spazierte er von Darmstadt nach Erbach oder besuchte seine Schwester Charlotte in Aschaffenburg. 1823 zog es ihn in die Heimat seines Vaters, Ruhla, wo er auf zahlreiche Verwandte stieß, die ihn alle herzlich aufnahmen.

---

[34] Wie Anm. 30, S. 29

[35] Sie heiratete 1839 Erwein Graf von Schönborn, Herr zu Wiesentheid.

[36] Seit 1845 mit einem Graf Lützow zu Drei-Lützow und Seedorf vermählt.

[37] Original Bezirksmuseum Buchen, Inv.Nr. 3612.

[38] Register zu den Matrikeln und Inskriptionsbüchern der Universität Gießen WS 1807/08 - WS 1850. Hrsg. Franz Kössler. Gießen 1976, S. 108.

[39] Brief an die Mutter, Gießen, 4. 10. 1823, Kraus-Sammlung Bezirksmuseum Buchen, Inv. 3612.

1827 führte ihn der Weg noch einmal dorthin, von wo aus er seine Fußreise bis Dresden fortsetzte. Ein ausführliches Tagebuch hierüber von seiner Hand hat sich erhalten[40]. Kurz nach seiner Rückkehr, im Oktober 1827, kam er wegen einer „schlimmen Nase" nach Erbach zur Mutter. Am 29. 1. 1828 starb er dort an Blutvergiftung.

Ein schwerer Schlag für die Mutter, die nun schon ihr zweites Kind verlieren mußte. Von den verbliebenen beiden Söhnen war der jüngere, Franz - Patenkind von Graf Franz und 1808 geboren - schwachsinnig. Das Kindermädchen soll ihm als Schlaf- und Beruhigungsmittel Mohnsamentee zu trinken gegeben haben. Die Mutter und alle Geschwister bemühten sich rührend um ihn, versuchten, seinen Geist zu bilden, um ihn „von der Hobelbank" loszubekommen. 1864 wurde er erlöst.

Blieb noch Friedrich August, geboren 1806. Allein auch er hatte sein Schicksal. Als wilder Junge sprang er im Jahre 1823 einmal mehrere Stufen einer Treppe hinunter und brach sich das Bein. Es mußte amputiert werden. Zeitlebens war er nun an eine Prothese gebunden. Er besuchte die Gymnasien in Darmstadt und Bensheim. Anschließend studierte er wie sein Bruder Karl Jura in Gießen[41]. 1830 verlor er die Lust am Studium, kehrte im Oktober nach Erbach zurück, wurde Buchbinder und Kartonagenmacher und gründete dort eine Papier- und Buchhandlung[42].

Letzte Lebensjahre der Marianne Kraus-Lämmerhirt

Nach dem Tode ihres Mannes Georg Lämmerhirt (1813) lebte Marianne in der Sorge um ihre fünf unmündigen Kinder. Auf Bitten der ältesten Tochter Charlotte wurden die protestantisch Getauften katholisch. Marianne Kraus-Lämmerhirt stammte aus einem katholischen Elternhause. Der Vater war zwar weltlicher Beamter, aber er stand im Dienste des Kurfürsten und Erzbischofs von Mainz. Ihre Heimat war katholisch, sieht man von einigen kleinen protestantischen Enklaven freier Reichsritter ab. Ihre Brüder besuchten das Jesuitengymnasium in Mannheim, Marianne selbst kam für eine Ausbildung zu den Welschnonnen in Mainz. Dort war auch ihre Schwester Katharina Josepha Nonne (ihr Ordensname war Maria Benedikta). 1781 hat Marianne

---

[40] 27 Seiten. Bezirksmuseum Buchen, Inv.Nr. 3612/11/20.

[41] Immatrikuliert am 24. April 1826, erneuert 1828. Kössler, wie Anm. 38, S. 108.

[42] Ein von ihm gefertigtes Pappkästchen, das seine Mutter mit einer Stickarbeit verzierte, im Bezirksmuseum Buchen, Inv.Nr. 848/20, ebenso ein Visitenkartentäschchen Inv.Nr. 848/21.

dort ihren Tod miterlebt. Ihre drei Brüder starben vor ihr, auch ihre übrigen Schwestern (außer Maria Theresia, welche erst 1842 verstarb). Die Mutter galt als ausgesprochen fromm. Es war deshalb nicht leicht für sie, als ihr Ältester, Joseph Martin, nach Schweden ging, der Heimat Gustav Adolfs. Aus dessen Briefen geht hervor, daß die Mutter sehr um seinen Glauben besorgt war. Nun war auch Marianne an einem protestantischen Hof, heiratete gar noch einen Protestanten und ließ ihre Kinder protestantisch taufen.

Mariannes Pension war bescheiden. Die durch die Franzosenkriege und die Mediatisierung arm gewordene Grafschaft Erbach war verschuldet. Trotzdem tat Marianne alles, um ihren Kindern eine gute Ausbildung zu ermöglichen. Aus Briefen geht hervor, wie die beiden Gießener Studenten Karl und Friedrich einander zur Sparsamkeit ermahnten.

Marianne Lämmerhirt verlor ihre zweite Tochter, die ihren Namen Marianne trug, als diese gerade 17 Jahre alt war (wie ihre zweite Schwester Katharina Josepha). Ihr zweiter Sohn, Franz, war geisteskrank (auch ihr zweiter Bruder, welcher ebenfalls Franz hieß). Ihr ältester Sohn Karl starb jung wie ihr ältester Bruder Joseph Martin. Der jüngste Sohn, Friedrich August, brach sein Studium ab, blieb aber bei ihr in Erbach zu ihrer Unterstützung und der seines Bruders Franz.

73 Jahre alt ist Marianne Kraus-Lämmerhirt geworden. Am 24. Mai 1838 ging ihr Leben zu Ende. Friedrich August hatte 1836 die Tochter des Erbacher Hofgärtners, Luise Müller, geheiratet. Die Geburt ihres Enkels Karl 1837 (genannt nach Mariannes verstorbenem Sohn Karl) hat sie noch erlebt. Friedrich August, der wahrscheinlich bis zu deren Tod bei seiner Mutter wohnte, oder sie und den geisteskranken Bruder Franz in seiner Wohnung aufgenommen hatte, baute sich nach der Geburt zweier Töchter 1845 in Erbach ein Haus. Dort wurde noch eine dritte Tochter geboren. 1866 verkaufte er dieses Haus wieder und zog mit seiner Familie nach Eltville, wo seine Schwester Charlotte lebte. Dies geschah nach dem Tode seines Bruders Franz, der 1864 verstarb. Als Friedrich Augusts Frau 1872 starb, schloß er sich ganz seiner Schwester Charlotte an. Drei seiner Kinder waren inzwischen verheiratet, das vierte, die jüngste Tochter Julie, blieb ledig. Nur ein Jahr hat er Charlotte, die 1876 starb, überlebt. Ein Grab nahm beide auf.

Sein Sohn Karl (1837-1903), Direktor des „Deutschen Phoenix" in Frankfurt, starb kinderlos. Ihn beerbte sein Neffe Karl Friedrich Schreiber (1864-1933) und kam dadurch in den Besitz eines beträchtlichen Vermögens. Dies erlaubte ihm, seinen Beruf - er war zuletzt Beamter der „Mannheimer Versicherung" - aufzugeben. Er erbte auch die wichtigsten Andenken der Familien

Kraus - Lämmerhirt. Mit ihnen begründete er nicht nur die Kraus-Sammlung im Bezirksmuseum Buchen, er widmete sein ganzes weiteres Leben den Geschwistern Joseph Martin Kraus und Marianne Kraus-Lämmerhirt. Über Joseph Martin verfaßte er eine Biographie[43] und schuf ein Werkverzeichnis[44]. Sein Bemühen galt der Aufführung von dessen Werken und dem Ausbau der Buchener Kraus-Sammlung[45].

[43] Wie Anm. 1.

[44] Wie Anm. 31.

[45] Helmut Brosch, Die Geschwister-Kraus-Sammlung im Bezirksmuseum Buchen. In: Mitteilungen (wie Anm. 3), H.1, 1983 und: Ds., Die Entstehung der Kraus-Sammlung im Bezirksmuseum Buchen. In: Mitteilungen ... H.2, 1984.

Die Familie Kraus

STEPHAN KRAUS
aus Witterda. † Weilbach 1707
⚭ Witterda 24. V. 1671 Maria Magdalena WALTHER
*5. II. 1651, † Weilbach 17. X. 1732.
T. v. Hans WALTHER, Lehrer,
† Witterda 30. VI. 1669 ⚭ Emilia, † Witterda 8. XII. 1666

RUPERTUS KRAUS
* Witterda 16. II. 1678, † Weilbach 22. X. 1756
⚭ I Weilbach 21. VIII. 1714 Maria Agnes LAMPERT
* Ohrnbach 30. VIII. 1690, † Weilbach 26. VII. 1727
⚭ II Weilbach 1. IV. 1728 Maria Margareta SCHLUND
* Ballenberg ca. 1690, † Weilbach 10. XII. 1772

JOSEPH BERNHARD KRAUS
* Weilbach 21. VIII. 1724, † Fürth i. Odw. 24. X. 1810
⚭ Amorbach 13. II. 1754 Anna Dorothea SCHMITT
* Miltenberg 27. II. 1733, † Miltenberg 21. VIII. 1804.
T. v. Johann Martin SCHMITT
* Stätten ca. 1700, † Miltenberg 18. XII. 1763
⚭ Miltenberg 5. II. 1732 Anna Barbara MÜLLER
* ca. 1700, † Buchen 4. XII. 1772

ANNA BARBARA	JOSEPH MARTIN	KATHARINA JOSEPHA	FRANZ LEONHARD ANTON	ANNA MARIA THERESIA	MARIA ANNA WALBURGA	JOHANN ALOYS IGNAZ
* Amorbach	* Miltenberg	* Miltenberg	* Osterburken	* Buchen	* Buchen	* Buchen
12. I. 1755	20. VI. 1756	20. V. 1758	10. XI. 1760	18. I. 1764	8. V. 1765	3. VII. 1770
† Miltenberg	† Stockholm	† Mainz	† Amorbach	† Köln	† Erbach	† Bensheim
15. XII. 1805	15. XII. 1792	1. VI. 1781	15. XI. 1791	17. VI. 1842	24. V. 1838	17. XII. 1824
ledig	ledig	ledig	ledig	verh.,	verh.,	verh.,
				Nachkommen	siehe S. 177+178	Nachkommen
				bis heute		bis heute s. S. 178

Die Familie Kraus - Lämmerhirt

MARIA ANNA WALBURGA KRAUS (Marianne)
* Buchen 8. V. 1765, † Erbach 24. V. 1838
∞ Erbach 22. V. 1798 Georg LÄMMERHIRT
* Ruhla 3. I. 1763, † Erbach 7. XI. 1813
S. d. Johann Kaspar LÄMMERHIRT
* Lauterbach 6. XI. 1737, † Ruhla 23. X. 1768
∞ Ruhla 3. VI. 1760 Josepha Catharina Elisabeth
DEISING; † Ruhla 1825

CHARLOTTE * Erbach 1. XI. 1798 † Eltville 24. IX. 1876 ledig	MARIANNE * Erbach 1. III. 1801 † Erbach 31. V. 1818 ledig	KARL * Erbach 28. X. 1803 † Erbach 29. I. 1828 ledig	FRIEDRICH AUGUST * Erbach 3. X. 1806 † Eltville 5. VIII. 1877 ∞ Erbach 23. X. 1836 Louise MÜLLER * Erbach 9. IX. 1812 † Eltville 2. II. 1872 T. v. Georg MÜLLER	FRANZ * Erbach 1808 † Erbach 1864 ledig

KARL * Erbach 21. VIII. 1837 † Frankfurt 23. II. 1903 ∞ Frankfurt 1860 Wilhelmine HEHNER † Frankfurt 13. IV. 1895 kinderlos	AMALIE * Erbach 3. V. 1840 † Heidelberg 5. III. 1907 ∞ 3. VIII. 1863 Friedrich SCHREIBER * Höchst 7. III. 1841 † 30. VIII. 1872 S. v. Kaspar SCHREIBER * Habitzheim 6. I. 1809 † Lorsch 5. XII. 1890 ∞ 1831 Maria Magdalena PFUHL * Habitzheim 10. IV. 1808 † Lorsch 4. VI. 1888	BERNHARDINE * Erbach 17. XI. 1844 † Frankfurt 1908 ∞ 1868 Christian GRAF † Frankfurt 1906	JULIE * Erbach 3. VII. 1850 † Neustadt 6. VII. 1912 ledig

KARL FRIEDRICH * Erbach 16. IV. 1864 † Lorsch 25. V. 1933 ∞ 15. XI. 1890 Maria Theresia WEILGUNY * Kecskemet/Ungarn 2. X. 1862 † Darmstadt 18. X. 1906. T. d. Johann WEILGUNY, * Ungarn 12. XII. 1832, † Zettwitz/Böhmen 27. VI. 1914 ∞ Agnes BERKES; * Ungarn 21. I. 1840, † Fürstenau 1. VIII. 1899	WILHELM * Erbach 29. XI. 1865 † Tonking 14. III. 1890 ledig	AUGUST * Niederroden 23. IX. 1867 † Darmstadt 30. III. 1908 ∞ 28. I. 1895 Lina METZGER kinderlos	JULIUS *25. XII. 1869 † Eltville 15. VI. 1872 ledig

WILHELMA * Wiesbaden 30. IV. 1892 † Wiesbaden 1. VII. 1893 ledig	AGNES MARIA * Wiesbaden 14. X. 1894 verh.	MAGDALENA * Mainz 24. IX. 1896 † Lorsch 18. XII. 1980 ledig	ANNA * Mainz 7. VI. 1899 † Darmstadt 26. VII. 1909 ledig

Briefanhang

(Die Originale befinden sich in der Kraus-Sammlung
des Bezirksmuseums Buchen)

Joseph Martin Kraus an seine Eltern

Paris den lezten September 1785

... Mein Marianchen nimmt's also im Ernste? .. Bliz! wär nicht ein kleiner Verstoß vorgegangen; so hätt' es zuverlässig schon mein Zeug[1] in Händen, und ich vielleicht eben schon seine Bäume, Wiesen, Bäche, Männlein, Weiblein und Vögelein etc. ...

Joseph Martin Kraus an seine Schwester Marianne

Paris, 26. Dezember 1785

Beste Mariana! Um Dir zu beweisen, wie lieb mir Deine Briefe sind, antworte ich flugs. Mach es ebenso; unser Briefwechsel bleibt dabei hübsch gesund. Es thut mir leid, dass Du die Musikalien nicht schon in Händen hast. Die Ursache dieses zufälligen Verzuges habe ich Dir in meinem lezten Schreiben gesagt. Ich hoffe aber bald eine glücklichere Gelegenheit zu erhaschen, Dich zu befriedigen und mich eurem musikalischen Klubbe bestmöglich empfehlen zu können. Dass du dich an Kozeluch[2] und Clementi[3] gemacht hast, freut mich. Kozeluch ist Mann meines Herzens: Clementi ist mehr für Kopf und Finger. Abbé Sterkel[4] für dormeusen und Kurzsichtige. Wenn du noch etliche gute wissen willst, so sind's Mozart[5], Reichardt[6], Haydn[7], Hässler[8], Türk[9],

---

[1] Der Bruder schickte ihr Noten.

[2] Leopold Kozeluch (1747-1818). Grove 10, 1980, S. 224-227. MGG 7, 1958, Sp. 1658-1670.

[3] Muzio Clementi (1752-1832). MGG 2, 1952, Sp. 1487-1496.

[4] Johann Franz Xaver Sterkel (1750-1817). MGG 12, 1965, Sp. 1272-1276.

[5] Johann Wolfgang Mozart (1756-1791). MGG 9, 1961, Sp. 699-839.

[6] Johann Friedrich Reichardt (um 1720-1780). MGG 11, 1963, Sp. 151-160.

[7] Franz Joseph Haydn (1732-1809). MGG 5, 1956, Sp. 1858-1933. Schätzte J. M. Kraus sehr, der 1783 in Wien mit ihm verkehrte.

[8] Johann Wilhelm Häßler (1747-1822). MGG 5, 1956, Sp. 1299-1307. J. M. Kraus lernte ihn während seines Studiums in Erfurt kennen. Helga Brück, J. M. Kraus als Student in Erfurt. In: Mitteilungen der Internationalen Joseph Martin Kraus-Gesellschaft, H. 13/14, 1992/93.

[9] Daniel Gottlob Türk (1750-1813). MGG 13, 1966, Sp. 947-953.

Eckhardt[10], Adam[11], Küfner[12] und mein herrlicher Freund Albrechtsberger[13] in Wien. Wie stehts mit eurem Theater zu Frankfurt? Welches sind die neuesten und besten Produkte? Kennst Du Mozarts Entführung aus dem Serail? Er arbeitet nun an seinem Figaro, einer Operette in 4 Aufzügen, worauf ich mich herzlich freue. Piccini[14] hat uns neulich seine Penelope gegeben, die aber nicht so recht gefallen wollte. Ueberhaupt hat keine von den Opern, die man in Fontainebleau gab, hier glück gemacht. Dagegen ist die Erndte im Instrumentalfache desto gesegneter. Klein und gross schreibt, wie es immer die löbliche Gewohnheit war und wahrscheinlich auch bleiben wird, weil es immer Leute giebt, die es lesen. An Koncerte fehlt's nicht, folglich giebt's Gelegenheit genug für die musikalischen Versuchungen, sich auf gute Art zu prostituiren. Da kam zum Beispiel gestern ein gewisser Troni[15] und gab im Concertspirituel ein Motett, dass mit Gluck[16] anfieng und mit Jomelli[17] aufhörte. Die lieben Pariser wurden gleichwohl darob nicht böse und klatschten mit bestem Herzen, so wie anderwärts. Wahrlich, ich glaube manchmal zu träumen, wenn ich die nähmlichen Hände in Bewegung beim Rameau[18], gluck, Gretry[19], Philidor[20], Floquet[21] und Condeille[22] sehe, die von gottes Welt nicht das geringste gemeinschaftliche zusammen haben -

---

[10] Johann Gottfried Eckard (1735-1809). MGG 3, 1954, Sp. 1086-1090.

[11] Louis (Johann Ludwig) Adam (1758-1848). MGG 1, 1949, Sp. 76 f.

[12] Wohl: Johann Jacob Paul Küffner (1727-1786). MGG 7, 1958, Sp. 1851 f.

[13] Johann Georg Albrechtsberger (1736-1809). MGG 1, 1949, Sp. 303-307. J. M. Kraus freundete sich 1783 in Wien mit ihm an.

[14] Nicola Piccini (1728-1800). MGG 10, 1962, Sp. 1238-1245.

[15] Nicht festgestellt.

[16] Christoph Willibald Gluck (1714-1787). MGG 5, 1956, Sp. 320-380. Kraus' großes Vorbild für die Oper.

[17] Niccolò Jommelli (1714-1774). MGG 7, 1958, Sp. 142-154.

[18] Jean Philippe Rameau (1683-1764). MGG 10, 1962, Sp. 1884-1907.

[19] André-Ernest-Modeste Grétry (1741-1813). MGG 5, 1956, Sp. 821-834.

[20] François-André Danican Philidor (1726-1795). MGG 10, 1962, Sp. 1194-1200.

[21] Etienne-Joseph Floquet (1748-1785). MGG 4, 1955, Sp. 362-365.

[22] Henry Condell (1757-1824). Grove 4, 1980, S. 640.

Joseph Martin Kraus an seine Eltern

Wißmar den 1t Nov [1786] morgens um 5 Uhr.

Einen herzlichen Gruß von meinem Hallart[23] und seiner alten todkranken Frau ... Sie thaten mir viel Gutes und Liebes ... Ich hab ihnen dagegen etwas von meines Mariangens Arbeiten versprochen. Bitten Sie meine liebe Schwester, so bald wie möglich etwas recht Gutes hieher zu schiken. Ich weiß gewiß, daß es in gute Hände kömt und ein warmes Stellchen krigt.

Joseph Martin Kraus an seine Eltern

Stockholm den 15 Merz 87

... Meinem Marianchen wünsch ich Glük zu seiner andern gelehrten Wanderschaft. Bestes Mädchen! von ganzem Herzen Dank, daß du an meinen lieben *Hallardt* gedacht hast ... Thu mir den Gefallen und schik ihm die lieben Produkte so bald wie möglich, und schreib mir bald; denn du weist's, wie wohl das mir thun muß, wenn ich einen Brief von dir bekomme.

Joseph Martin Kraus an seine Eltern

St: den 11 Junius 87

Gaudium! Nun habe ich meinen Hallardt hier. Das Erste, was er mir vortischte, war meines lieben Marianchens Landschaften. Freilich freute ich mich herzlich darüber; denn sie sind bei meiner Seele hübsch. Aber - den Alten hätten Sie sehn sollen! Der war ganz ausser sich und hat 3 goldne Ramen drum machen lassen: 2 für die Gemälde und - rathen Sie, was in dem 3ten sizt? ... Marianchens Brief! Dank - dank liebste Schwester für die Freude, die Du mir und meinem Freunde gemacht hast ... Wollen auch schon wieder was ausfindig machen, um ein wenig erkentlich dagegen seyn zu können ...

---

[23] Johan Frederik Hallardt (1726-1794). Schwedischer Postinspektor in Wismar, Musikschriftsteller. Freund von J. M. Kraus. Ließ sich nach dem Tode seiner Frau pensionieren und zog nach Stockholm. Svenskt Biografiskt Lexikon, XVIII, 1971, S. 1.

Joseph Martin Kraus an seine Schwester Marianne
(Beilage eines Briefes an die Eltern)

Stokholm den 19 Aug 87

Herziges Marianchen

Hundert einen und zwanzigtausend Küsse für deinen allerliebsten Brief, göttliches Mädchen! Ich gesteh' liebe beste Seele ... noch mehrere und bittre Verweise ... ich hätte sie verdient; aber .. So wahr ich lebe, noch liebe ich Dich, noch hänge ich so unzertrenlich an Deinem herrlichen guten Herzen, als den Augenblik, da Dir in Geldersheim[24] mein weinendes Aug zum leztenmal nachfolgte; noch bist Du mir täglich mein freundschaftlichster gewönlichster Gedanke; und noch ahnt mir in Zukunft, nie eine lachende Aussicht, ohne daß du mit eingeschlossen bist. Der liebe Gott woll's, daß der tausend Wünschen Einer in Erfüllung käme, und wir beide wären unsers Glükes gewiß. Dank für das Stükchen Mudau[25] - ist mir's doch als wenn ich mit Leib und Seele so vor dem Nestchen stähe. Hallarts Brief muß zweifelsohne fehlgeloffen seyn; alle Tage, wo ich in der Stadt bin, kom ich und liebe und umarme Dich in Deinen 2 Landschäftchens. Deine andren Aufträge will ich betreiben. Grüß unsre andre Geschwistrigen tausendmal. Der Brief an *Klein*[26] soll bald nachfolgen. Der Brief an den Waldhornisten *Strasser*[27] ist abgeliefert.

Bitt' unsre Mutter, daß Sie ja meinen guten *Häußler*[28] recht herzlich von mir grüßt - wollt ich doch lieber's Fieber für ihn haben.

Adieu Liebe Liebende
Ganz
Dein Bruder Joseph

---

[24] 37 km nördlich von Würzburg gelegener Ort. Marianne Kraus und ihre Mutter begleiteten bis dahin Joseph Martin Kraus 1786 bei dessen Rückreise nach Stockholm.

[25] Ort im Odenwald, wo Verwandte der Familie Kraus wohnten.

[26] Anton v. Klein (1748-1810). Mannheimer Lehrer von J. M. Kraus. Einst Jesuitenpater, nach Auflösung des Ordens Professor der Dichtkunst und Philosophie. ADB 16, 1882, S. 78.

[27] Ein Fagottist Strasser in Mannheim erwähnt bei Robert Eitner, Biographisch-bibliographisches Quellenlexikon der Musiker und Musikgelehrten, Bd. 9, 1903, S. 307.

[28] Von J. M. Kraus als sein Pate bezeichnet. In der Miltenberger Taufmatrikel ist dies sein Großvater mütterlicherseits Martin Schmitt. Professor Andreas Heusler in Würzburg.

Joseph Martin Kraus (1756-1792) an seine Schwester Marianne

Stokholm den 4t Jul: 88

Beste Schwester

Hör! So gerne ich auch vermeiden wolte, ein Kapitelchen von Dir zu verdienen, war's gleichwohl meine Meinung nicht, so mit einer Lüge durchzuwischen; und deine schwesterliche Herrlichkeit hätte sich gar wohl die Mühe nehmen können, auf der manheimer Post nachfragen zu können, ob nicht ein Brief an eine gewisse *Mlle Kraus* (:ohne weitere Titel:) dort angekommen sey, ehe und bevor man sich so dunkeldeutlich erklärt: der Herr Bruder könte aufgeschnitten haben. Allenfals steht Euer gestrengen Herrlichkeit ein Schein von hiesigem Postamte zu Dienste, der zum wenigsten beweisen muß, daß ein solcher Brief unter solcher Adresse den und den Datum von hier abgegangen ist. Warum ich die Aufschrift nicht bestimter machen konte, ist ganz natürlich; denn - kurz vorher schriebst Du mir, Du würdest ausziehen; wohin? das sagtest du nicht .. und da dacht ich; müssen andre Leute sich's gefallen lassen, manchmal auf dem *Comtoir* nachzufragen, so kans wohl das dazumal dort residirende Fräulein Marianne auch Thun. Ich weiß nicht, ob ich so ganz unrecht dachte ... wie meinst du? Gleichviel! ehe ich mich weiter um's Geschrieben oder Nichtgeschrieben zu haben herumzanken will, lieber will ich Schuld haben. Denn, daß ich so ganz unschuldig sey, hab ich nicht gesagt; ich gestehe gerne, daß ich hätte eher und mehr schreiben können und sollen. Die Sünde verzeih mir als *Schwester*; denn als *Mädchen* hast du mir nicht's weiter zu verzeihen. Für die psychologische Anatomie, die du mit meinem Herzen vorzunehmen beliebet hast, sage ich Dir gar säuberlichen Dank ... Hör kleine Doktorin! das heißt in's Handwerk gepfutscht - Daß ich nicht lange bös auf jemand seyn kann, und eine Beleidigung zu leicht vergessen kann, mag seyn; aber, daß Anhänglichkeit und Liebe blos von meiner Laune abhänge, und nichts als Hünerfreundschaft sey ... Mädchen, das Resultat macht deiner Philosophie blutschlechte Ehre, und damit Holla!

Von Dalberg[29] hab ich keinen Brief erhalten; den Einzigen, den ich durch den Grafen *Stadion*[30] bekommen habe, war der Deinige. Hier ist aber

[29] Johann Friedrich Hugo von Dalberg (1760-1812). MGG 2, 1952, Sp. 1869-1871. Pianist, Komponist und Musiktheoretiker. Erfurter und Göttinger Kommilitone von J. M. Kraus.

[30] Johann Philipp Graf Stadion (1763-1824). Studierte in Göttingen, 1787 kaiserlicher Gesandter in Stockholm, 1805 Österreichischer Außenminister. 1813 Finanzminister.

gleichwohl Einer an ihn (:nehmlich den jungen Dalberg:) weil ich seine Adresse nicht weiß so bitte den Papa, ein *Couvert* drüber zu machen und ihn an seine Behörte zu schiken. Dem Coadjutor[31] mag ich noch nicht schreiben, bis ich Antwort von seinem Bruder erhalten habe. *Kobels* (:nehmlich des Jungen:)[32] Titul weiß ich auch nicht. Sey Du so gut und schreib ihn drauf.

Grüß unsre lieben Aeltern. Sie müssen mir's verzeihen, daß ich dießmal Ihnen nicht mit zuschreibe, denn ich habe heute wirklich zu wenig Zeit. Tausend Grüße an unsre lieben Geschwistern.

Und Dir Mädchen, verzeih es der liebe Gott, wenn Du einen Augenblik Deinen Bruder weniger lieben köntest.

Dein Joseph

PS: Hallardt ist nicht hier.

An's wohlweise Mariannch(en)

Liebe Marianne! Heil und Seegen Deinem Malergenius! Möchte ihn der liebe Himmel gedeihen lassen, wenn er unser einem die Weinstöke vorm Maul weg so unbarmherzig erfriren läßt. D:b[33] Antwort war wahrer Som[m]erregen - Sieh! das ist ein Mann; und Deine Hofkaze[34], an die Du eines der Werke Deiner Hände verliedert hast - - eine Gans; daraus wir den erbaulichen Schluß machen können, niemals sich mit Gänse abzugeben, als entweder in ihrer Gesellschaft ein Stündchen herunterzu schnattern, oder sie in der Absicht stopfen, um sie mit mehr Appetit um Martini herum aufschmausen zu können. Da keins von beiden mit der mainzer Gans dein Entzwek seyn konte, hast du folglich übel, sehr übel daran gethan, dem Dinge zu hofiren.

Deine Gedanken *übers in die Lehre sezen* sind auch die Meinige. Freilich wär's gut, wenn der Patron die Sache selbst verstunde. Aber, liebes Herzensschwesterchen! damit kan der liebe Gott selber nicht fertig werden. Hat Er sich's gewiß oft selbst bei sich so gedacht: der soll mir ein Schuster, Schneider oder Abdeker werden, und sieh! Aus dem einen, ehe du dich's versiehst, wird

---

[31] Karl Theodor von Dalberg (1744-1817), ältester Bruder von Johann Friedrich Hugo. 1772 Kurmainzer Statthalter in Erfurt, 1787 Koadjutor (designierter Nachfolger) des Kurfürsten von Mainz. 1802 Kurfürst.

[32] Sohn von Ferdinand Kobell: Wilhelm (1766-1855).

[33] Johann Friedrich Hugo von Dalberg. Wie Anm. 29.

[34] Eigentlich: Pfirdt. S. Anm. 78.

dir ein Presidentchen, aus dem andern ein Weihbischof, aus dem dritten endlich ein Amtsverweser. So geht's! Drum wollen wir's auch den Leuten nicht in übel nehmen, die da längere Arme und dikere Köpfe haben, wenn sie ins Gelag hinein patroziniren[35] ... ist im[m]er besser, als wenn's gar nicht geschähe.

Daß du mir's Klavier hast liegen lassen, hat mich geärgert .. bin aber wieder gut, daß sich die Finger wieder aufüben. Du hast hübsche Musik, aber mit Deinem Urtheile bin ich nicht eins. Mozard ist freilich reich und wizig an Ideen, aber das Einzige *Quand le bien aimé* ez in d'Aleyrac's Ninna[36] ist mir lieber als die *Entführung*[37] ez und der *Apotheker*[38] zusammen .. NB .. wenn Herzrührung höchster Entzwek der Musik seyn soll und ist. *Richard coeur de lion* ist von Grétry[39]. Viel Erfindung und Variation ist drin, aber all das spazirt so auf der Oberfläche herum als ein Federspul auf dem Rüken des tanzenden Stromes. Wolt' wünschen, daß wir etwas näher zusam[m]en wohnten; könten dann freilich manches einander leichter kom[m]uniziren als nun.

Indessen hab mich immer lieb! Hör Mädchen! So lange Du dir noch nicht ein Männchen zulegst, hab ich immer noch Hofnung, einst ein Künstlerleben zusam[m]en zu führen.

Mit Leib und Seele

Stokholm den 3t Merz 89 Dein Joseph.

Brief Johan Fredrik Hallardt's (1726-1794) an Marianne Kraus' Mutter

Wohlgebohrne
Höchstzuehrende Frau!

Ich danke gehorsamst für Eur Wohlgebor(en) hochgeertesten Schreiben welches ich just wie ich vom Lande kam hatte die ehre zu erhalten.

Wie viel bin ich nicht Eur Wohlgebor(en) und die liebe freundin, die kleine Virtuosin den wärmsten und gehorsamsten dank schuldig, für die erwartende

[35] Gemeint: die Schutzherren spielen.

[36] Nicolas Delayrac (1753-1809). Französischer Komponist, schrieb 56 Opern. „Nina ou la Folle par amour“ 1786. MGG 2, 1952, Sp. 1859-1869.

[37] Mozarts „Die Entführung aus dem Serail“ 1782.

[38] Johann Jakob Engel (1741-1802). „Der Apotheker“ 1771. Komische Oper. Oder: Joseph Haydn (1732-1809). „Der Apotheker“ 1768.

[39] André-Ernest-Modeste Grétry, wie Anm. 19. „Richard Coeur-de-Lion“ 1771. Mit großem Erfolg in ganz Europa und Nordamerika aufgeführt

Stücke welche ich zum geneigten andenken erhalten werde? ich freue mich; und erwate sie jetzt mit ungeduld, da sie unter wegens sind, um sie nach dem lande in mein kleine Landthaus zu haben.

Mein freund Krause wirdt mir bald da besuchen: ach! hätten wir die werteste freundinnen bey uns, wie vergnügt solten wir nicht das landtleben haben; der Sommer ist wohl kurtz hier, aber doch angenähm. Vermutlich werden wir künftiges Jahr friede[40] haben, da es nicht so gefährlich werden kan, eine Reise zu wasser, zu machen.

Nebst meinen gehorsamsten respect an Eur Wohlgeb(oren) Herr Gemahl und die kleine Virtuosin, habe die ehre mit vollkommenster hochacktung zu beharren

Eur Wohlgebor(en)
gehorsamster diener
JF Hallard

Stockh. d 5 Maji
1789.

Johan Fredrik Hallardt (1726-1794) an Marianne Kraus' Mutter

Wohlgeborne Höchstgeehrteste Frau!

Ich habe die ehre von der freund Krause sein Brief hiebey zu begleiten; sein fauelkrankheit im Brief-Schreiben, verbleibt bey ihm, ob er sich sonst jetzt ziemlich gut befindet; wie er mich hier auf dem Lande besuchte, erinnerte ich ihm und solches recht ernsthaft; er verspricht immer besserung, aber hierin kan er sein wort nicht so halten, wie es sich gebühret. -

Die stücke sind kurtzlichst angekommen, mit ein Schiffer aus Wismar; Wir haben uns sehr gefreuet und ich habe die ehre mein gantz gehorsamste danck an Eur Wohlgebor(en) und die liebe und gute Mademoiselle für die meinige abzustatten, welch ich nebst beiden den vorigen zum freudigen Andenken aufbewahren werde: sie sollen zusammen sitzen und mir die freundschaft des Krauschen geehrten Haus erinnern welche ich niemahls vergesse. Aber just komt der Postbothe der nach der Stadt soll, ich muß also eiligst schliesen um

[40] Krieg gegen Rußland. Erst 1809 wurde zu Fredrikshamn ein Friede geschlossen.

der posttag nicht zu verseumen. bitte um mein gehorsamsten respect an die liebe Madselle Tochter die kleine gute Virtuoisin und beharre mit aller respect

Lillebo d. 16 Sept. 1789.

Ewr Wohlgebor(en) Gehorsamster diener
JF Hallard

Wenn Ewr Wohlgebor(en) belieben die briefe an den Post Inspectr. Seidenschaur in Wismar zu adressiren erhalten wir sie auch recht gut und sicher.

Joseph Martin Kraus an seine Schwester Marianne

Stokholm den 28 Janner 90

Vergieb mir liebes Mariannchen, daß ich mich wirklich im Falle befinde, um Vergebung bitten zu müssen. Wasser und ein geraumes Stük Erde trennen uns; ich hätt' Dir dann oft so vieles und so viel Angelegenes zu sagen; morgen ist Posttag, denk ich, da plauderst du nach Muse, und deine liebe Schwester soll wunderschönes und warmes von dir lesen: der Morgen kömt, und mir fehlt Zeit, viel zu schreiben, und mit wenigem das abzuthun, möcht ich nicht, weil ich's zu lange aufgespart habe. Da rechne ich nun von einer Woche zur andern, und stehe und gaffe am Schlusse des Monats, und begreif's nicht, wie es möglich war, nicht geschrieben zu haben. Liebe Seele! du kenst mich. Ich bin nicht vergessen; dazu bin ich zu sinnlich, und mein Kopf steht mir zu nahe am Herzen, um lau seyn zu können. Kömt's etwa auf eine Beleidigung, ein Unglük oder auf ein Anlaufen an, da nimt's mein Gedächtniß freilich so genau nicht; deßhalb hab ich mir's auch so ziemlich klar herausdemonstrirt, daß ich zum Philosophen ganz und gar verdorben bin. Kömt mir einmal so ein Stoß der Queere und schüttelt mein Gallhäfelchen; braußt's freilich ganz erschreklich auf, macht aber weiter nichts als Windblasen, die der folgende Augenblik ganz gemächlich im Winde davonführt, und verursacht mir wenig, und andern gar keinen Schaden. Frag mich aber einmal von einem genoßnen Vergnügen; um einen Moment, wo mein Herz mit dabei war; traun! und wär's vor 12, 15 Jahren, ich getraue mir, dir's so lebhaft hinzumalen als wenn ich's noch genöße „da watscheln wir das kleine Gäßchen hinter der Kellereimauer[41] hinan, Arm in Arm zum obern Thor hinaus: das weiße verdrießliche Amtshaus bleibt links liegen; und wenn's der ewige Koth erlaubt, gerade übern großen Weeg hinüber auf die Stadtwiese, dann

[41] Erinnerungen an den Besuch bei Eltern und Geschwistern in Amorbach 1783 oder 1786.

über's schmale dike Brüklein auf den weilbacher Weg hinauf. Da guken wir so gerade hinauf auf'n Berg: 's mag wohl hübsch und interessant droben seyn, sag ich; und da ich es sage, sind wir schon auf dem krummen verdekten Schnekenpfade, der doch leider ehemals nicht schmal genug für die bösen Schweden gewesen war, wie sie ausgingen um's Zeisignest zu verstören. Immer ich dir, du mir nach, ein manches lokende Büschchen, manch einladendes Ruheplätzchen und manches ehrwürdiges Stük Felsen vorbei, bis wir oben sind. Wie wir da stehen, ich mit meinem Paar Augen so gerade in Gottes Welt hinein; du mit dem Künstlerblik unter deinem Hütchen hervor fest hinüber an den mutauer Berg geheftet. Dort drunten, Liebe, links am Ende sind unsre Lieben und freuen sich auf'n Abend, uns wiederzusehn; aber freilich würde die alte Kellerei kein Aug feseln als das Unsrige, weil niemand so vermöchte durch die Mauern durchzuspähen, wie wir. Auch die armen, armen Nönchen[42], die die garstige Schweden in Tonnen hinunter in den Bach gerollt haben! Hier war ihre Kapelle: Nordwerts ihre Klause; da noch der Eingang zum Keller, wo die Schweden vermutlich ihre Sünden werden abgebüßt haben, wenn sie nichts als amorbacher gefunden haben " I nu Schwesterchen, so wolt' ich Wochen lang mit dir schwäzen, und's gewiß nicht müde werden; wenn ich auch Nächte durch dort am Bächlein[43], das von Schneeberg die Wiese herunter schlängelt, mit dir sizen solte. Nahebei hätt' ich's dem Alten weggepuzt; denn was weiß Hallardt, was es für ein Ding um den Gothardsberg ist? Aber dem Alten sind deine Sächelchens an die Seele gewachsen, und ich glaube, er wäre unverzeihlich zu Grabe gegangen, wenn ich etwas davon hätte merken lassen. Die Luft hat an allen 4 Stüken am meisten gelitten, und durch den neuen Firniß, den ich durch einen hiesigen sonst geschikten Maler drüberziehen ließ, hat ihr ein sehr unangenehmes monotones Ziegelkolorit gegeben. So interessant uns unsre alte Wohnung ist, so hätt' ich doch lieber gewünscht, du hättest den Standpunkt vom Gothardsberge genom[m]en. In der Vordergrubbe hätte das alte Gemäuer mehr hervorgestochen, und im Städtchen im Hintergrunde wolt ich dir doch unser altes Nestchen herausbuchstabirt haben. Vom Hasen kann ich blos sagen, daß er mir lieb ist, weil er von deiner Hand ist; denn du weißt ich habe schlechterdings für Fruchtstüke, niederländische botanische physiognomien, und porträte von todten Thieren, gar kein Gefühl. Ob mir der Künstler eine geschossene Ente oder Gans, eine Baßgeige oder einen Besen, eine Tulipane oder Sauerkraut hinkopirt; das ist mir alles einerlei: aber

[42] Nonnenkloster auf dem Gotthardberg bei Amorbach. Bestand bis 1439. Gebäude im Bauernkrieg 1525 verbrannt. Neubau 1631 geweiht. 1714 Blitzschlag und Brand. Das hier Erzählte ist eine Sage.

[43] Die aus Buchen kommende Morre vereinigt sich in Amorbach mit dem aus Mudau zuströmenden Mudbach. Dieser mündet bei Miltenberg in den Main.

einen sterbenden Hirsch - ein Wildschwein, das noch in dem lezten Lebenszuge sich an dem festgebißnen Bullenbeißer rächt; da ist's ein ganz andres mit mir; das gehört aber dem Thiermaler. Nimm du Gottes liebe Natur webend und lebend, und späh den Punkt aus, wo sie stand, als sie das alles so vor und um sich herschuf; dann stell du dich auf den nämlichen Punkt, und schaffe nach! - Ich hatte *Tivoli* und *Ternati*[44] zehnmal vorher gesehen, und sagte niemals mehr als „schön! schön!(") - Der Landschaftsmaler Moore[45] führte mich zum eilftenmal hin, auf eine andre Stelle, kaum 30 Schritte weit von meinem alten Plaze entfernt, von welchen aus ich zuvor das Ding begukt hatte; und ich schrie „groß! groß!"

Deine nunmehrige Lage gefält mir, wenn du Nahrung für dein Künstlertalent findest, das ist: du mußt frei seyn, wählen zu dürfen, wie du selbst fühlst, nicht, wie andre fühlen. Nicht, daß andre sagen „diese oder diese Stelle ist malerisch, sehr malerisch: machen sie mir doch ein Bildchen davon" Nicht „wir möchten gerne eine Samlung haben, 's fehlt noch der hintere Zaungarten" Sieh liebe! das ist für Künstlergenius Höllenplage, und muß er, muß er durchaus für's liebe Brod, so ist's Pesttod für ihn. Hast du aber eine Seele um dich, die mit deinem Blike sieht und schaut, und sich in dein Geschäft ohne Zirerei hineinempfinden kann dann bist du glüklich; und wär's, wie ich wünsche, daß du Kenner um dich hast, die deiner Einbildungskraft thätiges Leben verschaffen können - so weiß ich nichts, was du noch wünschen könntest, .. nicht einmal Unabhängigkeit.

Hier ists auf altem Trall. Aus'm Frieden wird vermutlich nichts. Alles ist übertrieben theuer, so daß ich kaum auskom[m]e (:freilich bin ich kein Haushälter:) Aber Opern, Konzerte, Spektakel[46] und Masqueraden gehen Täglich ihren gewöhnlichen Gang. Addieu liebes Mädchen, lieb deinen Bruder, so viel du kanst, denn er verdient's. Grüß unsre alten guten Aeltern und liebe Geschwistern. Herr Gott! Wenn ich doch bei euch wäre, um euch halb todt zu herzen und halb taub zu schwazen.

Dein Joseph.

---

[44] Tivoli bei Rom. Ternati: unklar.

[45] Jacob (James) More (Moore of Rome) (1740-1793). Thieme-Becker 25, 1931, S. 125. Landschaftsmaler, mit Goethe bekannt, seit 1773 in Rom.

[46] Schauspiel.

Joseph Martin Kraus an seine Eltern

Stokholm den 22 Febr. 91

Nu wärs freilich post festum, meinem Mariangen eine glükliche Reise zu wünschen - denn hoffentlich ist sie schon hinter den Bergen. Wünsche und Musik - die schon seit einem Vierteljahr auf reisendem Fuße sind, kommen also in allem Falle zu spät. Gleich gut! besser wärs, ich brächt's selbst.

Marianne Kraus an ihre Eltern.

Neapel den 14 t Maj 91

Liebe Eltern!

Es könte wohl geschehen, daß Sie diesen Brief erst in einem Monat zu lesen bekömen, den ich nehme mir so die fezger Zeit zum Schreiben, wo ich nicht zeignen oder guken kann, ich bin in meinem ganzen leben nicht so äkonomisch[47] damit umgegangen als izt, und bei allem dem, ich bring doch nicht Vil hir zuwegen, schon 2 mal war ich sehr Unglüklich wie ich eine Zeignung Tuschen wolten, hate das papir fleken, da hab ich aber alle meine philosopfie zu sammen genomen, und mich nicht darüber geergert, sehen Sie was Ihr Töchterchen einen starken Geist hat! und nun führt der T gar meinen alten Meister[48] aufs lande, weil Ihro Königlicher Maiestät einfiel auch nach Caserta[49] zu gehen der jungmeister[50] ist den doch so Resonabel gewesen hir zu bleiben sonst wär ich gar tesperat geworden. heute ist mein Freund hirt[51] nach Cecillien[52] abgesegelt, wir besahen das Schiff, es ist gemächlich eingericht daß ich sehr gewünscht meine gesellschaft machte diese Reiße mit, aber den spaß eine große See Reiße zu machen, muß sich das Mädchen für izt Vergehen lassen. Ihr lieber Brief Vom 2t Aprill machte mir Vil Vergnügen, ich dank Ihnen

47 ökonomisch: haushälterisch, sparsam.

48 Philipp Hackert (1737-1807).

49 Schloß des Königs von Neapel. 1692-1774 erbaut.

50 Hackerts jüngerer Bruder Georg (1755-1805).

51 Alois Hirt (1756-1839).

52 Sizilien.

recht sehr dafür, auch meinen lieben Schwestern und Brüder, die Angelegenheit vom Annebärbchen[53] werde so balt ich zurük nach Rom kome, besorg(en), aber das Anliegen Vom Aloiß[54] wegen dem Pfeifenkopf kann nicht gehoben werden, es gibt dies Zeugs gar nicht hir, weil kein Mensch was Vom Tabak Rauchen weiß. Dafür hab ich Ihm ächte gute Geigen Seiten[55] gekauft, daß wird Ihro juristische Herrlichkeit besser bekomen, izt wil ich Ihnen für heute noch sag(en), daß ich für lauter guken Kopfwehe habe, wir waren in Portici[56] wo all die herausgegrabne Sachen von Pompeja und Herkulanum aufbewahrt sind, da hab ich unsren lieben Vater dazu gewünscht - es ist nur schade, daß man nicht ein bischen Abschreiben darff. Daß herz Thut einem wehe. so Schöne Sachen nicht zu haben. ich habe Vil Vergnügen schon genossen, aber wenn meine gräfin ein bischen anderster für die Schönheiten dieses landes tächte - den würd ich alles mit mehr Mußen genießen können. Aber so sind unser geschmak sehr Verschieden. Den 16t das wetter macht uns böße spiele, heute sind wir nach Puzzoli gefahren um die Solvatara[57] und noch Vile merkwürdigkeiten zu sehen, aber wir musten uns begnügen mit der hundsgrotte[58] der Anhaltende Regen hieß uns wider nach hause Kutschen, mich hats sehr vertroßen den wenn ich daß Voraus gesehen häte, so würd ich hübsch zu hause dafür gemalt haben, den mein alt Meister hat mir gestern von Caserta farben geschikt da hab ich arbeit, ich bin oft in der gröste Verlegenheit, ein bilt[59] in gewasch farb(en)[60] muß ich absolut Copiren um ein Muster zu haben, und ich mögte doch auch nicht gerne was Merkwürdiges Versäumen zu sehen, das ist warhaftig eine Schlime lage, heute den 18t Erhielt ich wider einen Brif Von Ihnen, der mich recht gefreut hat, den so balt hab ich keinen

[53] Anna Barbara (1755-1805). Worum es sich handelte, nicht mehr feststellbar.

[54] Johann Aloys Ignaz (1770-1824), Jüngstes der Geschwister.

[55] Johann Aloys Ignaz studierte Jura und war ein ausgezeichneter Violinspieler. Stammvater aller heutigen „Kraus" (sie schreiben sich jetzt „Krauß").

[56] Ursprünglich waren alle Funde im Königreich Neapel in der königlichen Residenz Portici aufbewahrt. Ab 1787 Plan für ein Museum. Das heutige Museo Nazionale 1586 als Kaserne erbaut, seit 1616 zur Universität gehörend, ab 1790 für die königlichen Sammlungen eingerichtet, zu denen später auch die antiken Funde kamen.

[57] Pozzuoli, westlich Neapel. Die Solfatara, ein halb erloschener Vulkan mit heißen Schwefelgasen.

[58] Hundsgrotte, Grotta del cane: zwischen Neapel und Pozzuoli. Ausströmende Gase betäuben Hunde, die aber an der frischen Luft wieder „zum Leben erweckt" werden.

[59] Wahrscheinlich Mariannes Bild „Italienisches Kloster", Gouache, 43,5 x 33,5 cm. Bezirksmuseum Buchen, Inv. Nr. 834. Kopie nach Philipp Hackerts „Eremo presso Albano" 1781, Gouache. Der Stich von B. A. Dunker nach diesem Bild Abbildung 67, S. 228 in: Paolo Chiarini, Il paesaggio secondo natura. Jacob Philipp Hackert e la sua cerchia. Rom 1994. Dort auch (S. 312-326) Hackerts zwei Briefe über Landschaftsmalerei und Goethes daraus formulierter Aufsatz über das Thema erstmals abgedruckt.

[60] Französisch gouache, deckende Wasserfarben. Aquarellfarben sind durchscheinend (lasierend).

erwartet, der gute Rath meiner lieben Mutter kam mir gut zu stadten, den ich muß all meine philosophie zusamen nehmen, um mich glauben zu machen, daß es so sein muß, daß ich ein Mädchen bin! könt ich hir bleiben, der beste landschaftsmahler wo man izt kent, würd ich zum lehrer haben, und zum Freunde. Er Ergert sich selbst daß es so und nicht anderster ist. wer Er Verheurath so hät es sein können, daß ich NB mit Ihrem Kopfniken, mich des hir bleibens wegen mit der gräfin brulirt[61] hätte, daß böß sein häte aber nicht lange gewärth. es ist aber so bestimt Vermüthlich, daß daß Mädchen nach jtalien spazirte, da gafte, einen Misch masch Von gut(en) und Schlechten Menschen kennen lernte, und wider nach hause spazirte. Wo es aber eigendlich da seinen Tabernakel[62] aufschlag(en) würd, daß weiß der liebe Gott. ich sehe Voraus daß ich ohne Verdruß nicht Von Erbach kann, für disen winter ist einmal gar nicht daran zu denken. Mündlich wollen wir von der sache ausführlicher sprechen, H. Graf zeigt sich sehr Freundschaftlich geg(en) mich, es kann Ihm eine große Freute machen, wenn mein lehrmeister meine Arbeit lobt. den 22t hiebei erhalten Sie ein gleines brifchen daß ich auf dem Vesuf mit bleistift Krizelte, weil der Unhöfliche bursch uns die Tinten mit seinem Unerwartente Regen Verschütten machte, Sie hätten uns nur lauf(en) sollen sehen - übers Kreuz und quer dampf aschen, feuer steine, und Schwefel konte keines das andre sehen, ich habe mich nur 2 mal nach dem furchtbaren Monsieur umgesehen auserordendlich bin ich nicht Erschrocken, aber doch weiß ich nicht mehr so recht zu sag(en) wie mirs war, ich dachte, indem ich lief, fiel, auf füß und Hände Krog, ein Durcheinander, ans durch komen aber am wenigsten, wenn wir nur geschwind himlen[63] war mein wunsch. und dabei war ich doch noch froh das die gräfin nicht dabei war, die blieb bei dem Eremitten am fuß des Aschenbergs. wie wir Uns beim wider finden alle gesund sah(en) da hätten Sie das Gejuks und die freute hören sollen, zwei patienten, fanden sich doch bei der gesellschaft es hate aber nicht sonderlich vil zu bedeuten, fürst Schwarzenberg[64], bekam ein(en) heißen stein auf die hand die nun freilich einen Vulkanisches aussehen hat, der hofmeister[65] Vom prinz(en) lief so geschwind, den Aschenberg herab, daß Er sich den fuß verenkte an einer lava, nun schnapt[66]

---

[61] Französisch brouiller, entzweien.

[62] Lat. tabernaculum, Zelt. Gemeint: „seine Zelte aufschlagen".

[63] In den Himmel kommen, sterben.

[64] Joseph Fürst Schwarzenberg (1769-1833). Trat 1789, nach dem Tode seines Vaters, die Regierung an.

[65] Prinz Friedrich (Franz) (1774-1795). Jüngerer Bruder. Hofmeister: Martin Forch (gest. 1814), später Direktor des Schwarzenbergschen Hofarchivs in Krummau.

[66] Hinkt.

Er ganz scharmand. wir andre kamen alle ohne grinsten kenzeich(en) wech, mein armer Rock muste allein, herhalten der sieth Zimlich zerfezt auß einen großer glumpten brenender Schwefel, der Vor meiner Naße herab fiel, und zerplazte Erzeigte ich die Ehre und nahm davon ein stükchen zum beständig(en) Andenken mit, daß ich Ihnen zeigen werde. es hat mir aber in meinem leben noch kein stük brod und glaß wein so gut geschmäkt als das wo wir beim Ankomen in der Eremitage fanden. meine schuh die wurff ich grade von den füßen wech zum glük hatte die gräfin 2 paar bei sich da borgte ich ein paar und bestieg Vergnügt mein(en) Esel und so gings nach hause, und nun wird ein langes und breites von der Nahe Todes gefahr gesproch(en) und wir freuen sich ganz auserordentlich unsres lebens. izt haben wir alles Merkwürdige gesehen, in edlichen Tag(en) geh(en) wir nach Caserta um dem *hakert* adjo zu sag(en), da werd(en) wir 2 Tage bleiben, ich lerne einen Mondschein Mahlen, das ist was sehr schönes. dan geths wider nach Rom, wie lange wir noch dorten bleiben, weiß ich so ganz sicher nicht, h graf selbsten noch nicht, Vileicht 14 Tag, und dan nach Teutschland, wir tretten alle dahin unser Reiß Vergnügt an, unser aller wunsch und hoffen ist, daß wir ohne alles unglük zu hause Treffen und die wo wir lieb haben gesund wider sehen. Ich schreibe Ihnen itz nicht mehr, es müste den was besonderes Vorfallen, das unsere baltige Abreiße aus Italien zurükhilte, wir werden den weeg Vermuthlich über heilbron nehmen, ich kome also Von Erbach aus zu Ihnen und da bleib ich zum wenigsten 14 Tage um recht ausgramen zu können all die Sieben Sachelcher so ich gesehen und gehört habe. meine gräfliche Mama und papa Empfehlen Sich Vilmals, ich habe auch ein großVatter hir bekomen der Hofmeister Vom prinz Schwarzenberg, es Thut denen lieben leutcher sehr leith daß wir balt abschied nehmen müßen, wir sind so zusamen gewöhnd das Es uns was fremtes ist Einen Tag ohne zusamen Verlebt zu hab(en) es sind rechte brafe gute junge leutchen man würde 100 Von Ihrer Classe finden ohne Einen so Ihnen gleich kömt. Der jüngste ist heute mit H. grafen zum König aufs lande gefahren und Essen da zu Mitag, der Fürst aber blieb bei uns, wegen sein(er) Vesufische(n) hand. leben Sie wohl alles gute an meine geschwister, und übrige gute freunde. Ihre gehorsame Maria

Auf dem Vesuv
den 21 t May 1791

Liebste Eltern

Nicht Vil hätte gefehlt, so hätten Sie ein Töchterchen weniger gehabt! Wir wünschten schon so lange wir in Neapel sind, den H Vesuf speien zu sehen, und Siehe da, wo wir Ihm die Ehre erwieß(en), Ihn zu besuchen, Erfülte er unsren wunsch. so wie wir uns lange satt an seinem großen Rachen gegaft hatten, so fing Er an zu brumen, und husch waren wir im schwefel, stein, und aschen-Regen, wie's Uns da ums herze war - können Sie sich leicht denken ich gab um uns aller leben keine 6 Kreuzer, wir liefen, Rettete(n) Uns so gut wir konten aber der Schreken, und die Rutschende heiße Asche machte das wir dem unhöfliche Vulcan Vile Complimenter zur Erde machen musten. Es ging aber recht glücklich ab, wir nämten nun alle kein Viles Geld wenn wirs nicht geseh(en) hätten, meinem führer bin ich sehr dankbar, Er dekte mich mit sein(er) breiden Fügur ganz zu, und ließ die steine auf sich Regnen: nun sind wir ganz Auser gefahr. mit strümpfen lief ich den heiß(en) aschen berg herab.

und nun hat sich h graf, lui, vent und unser führer zum Ausschnaufen nieder gesezt, wir wollen dem Vesuf zum Troz schreiben weil Er uns so garstig eben als wir papier und feter zu recht legt(en), gejagt hat. wie's den Andren von Unsrer Reißgesellschaft ging, wissen wir noch nicht, wir hoffen das beste: die gräfin ist bei dem Eremitt(en) geblieb(en) wofür wir recht froh waren. ich habe disen wisch mit Tinten umfahr(en)[67] den es wäre doch schade gewesen, wens Verwüscht geworden wäre, den ich bin sicher daß ich keinen Brief mehr in meinem leben auf dem Vesuf schreibe.

nun ein par zeilen an dich liebe Schwester b[68]. es freut mich, daß du dich freust über mein nach hauße komen, dafür will ich dir auch recht Viles erzehlen den ich bleibe dismal länger als 1 oder 2 Tage zu hauß da läst sich auch mehr schwaz(en), ich kann dir für diesmal nicht vil sag(en) de(n) ich bin noch Von der gesterig(en) Reiße wie gerädert, und mögte für heute einmal wider recht ausRuhen und schlafen, den wen das Reißen wider angeth so genießt man nicht Vil Von Ruhe. leb gesund und Vergnügt biß ich dir selbst sag(en) kan wie lieb ich dich habe.

[67] Der Brief war mit Bleistift geschrieben. Die Schrift wurde von ihr mit Tinte nachgezogen.

[68] Anna Barbara (1755-1805).

nun ans Thereßchen[69]

für dein grüßchen und gute wünsche dank ich dir recht Schwesterlich, daß du's aufrichtig und gut mit mir Meinst daß glaub ich und wenn wir auch in Vilen Sach(en) nicht gleich denken, so sind wir's doch in dis(em) ich wünsche dir eben das Gute was ich mir selbst zu denke, und freue mich recht vom ganzem Herz(en) über die nachricht, das du zeit meiner abreiß keine Haupt Krankheit gelitten hast, wir wollen nun sicher hoffen, das es ganz gut gehen wird, welches dir herzlich wünscht deine Schwester die dich lieb hat.

Marie

heute den 29 t May sind wir alle wider glüklich hir nemlich in Rom angekomen, noch 14 Tage werden wir bleiben, und den unsre Reiß wid(er) nach Teutschland andretten, von Napel brachte ich ganz artige sächelchens mit, nur schade, daß wir so balt wider von da ging(en), ich häte Sehr vil lernnen könn(en) bei H Hakert wahren wir 3 Tage in Caserta Er traktirte uns fürstlich. lassen Sie's niemand auf Erbach wissen das wir so balt kommen, den es soll ein Surpris[70] geben.

Joseph Martin Kraus an seine Schwester Marianne.

Drottningholm d 12 nov 91.

Vielen Dank, liebes Marianchen, für die milde Strafpredigt. Ich hätte sie schärfer verdient; drum herzlichen Dank, daß du so schonsam warst. Es freut mich, daß du den Sprung vom Vesuv bis ins Herz des Ottenwaldes hinein ohne einige Verenkung gemacht hast: das beweißt mir noch einmal, was ich immer für einen Glaubensartikel in unsrer Künstler-Bibel hielt, daß, den Idyllen und Mondscheinsdichter, den Miniatur und Blumenmaler ausgenommen, keiner, der da je Lust hat, unter etwas *fecit* zu schreiben, aus Mazepan geknetet seyn darf. Ist's nicht 'was herrliches, mit gesundem Kopf und warmer Seele unter den hehren Trümmern des Altertums herumzuwandern? Ich nähme nicht das beste Oberamt dafür, daß du diese Wonne nicht mitgenossen hättest. Manch Stündchen möcht' ich nun mit Dir verplaudern; du soltest mich dann so erinnern bald an dieß, bald an jenes Steinchen, das unser einem Freude gemacht

[69] Anna Maria Theresia (1764-1842).
[70] Französisch surprise, Überraschung.

hat; und wenn's dan an die grosse Massen käme, und wir so ganz unabgeredt ein *Sapperlot* herauspluften, *per dio*[71], wie mir das wohl Thun solte! I nu - müssen halter warten, bis uns der liebe Gott zusam[m]entreibt. Unterdess(en) bin ich nicht böse drüber, daß du glüklicher bist, dann ich. Du webst mit Geschöpfen, deren Mitgefül dich in Wärme erhält: ich hingegen size und hauche mir in die Faust, um in meinem edlen Lande nicht völlig eingereift zu werden. Ein wahres Patagonien[72] für moralische Naschmäuler. Gieb ihnen etwas pathetisches, so kauen und kauen sie dran und thun, als wenn sie am Bissen erstiken möchten; husch, geh ich nach dem Züller und stopf ihn den zanlosen Seelen ins Mündchen! du solltest sehen, wie freundlich sie thun, und wie lieblich grinzend die alten Kinder einen anlächeln. Da ist freilich schlecht Treiben mit einer solchen Heerde, die nicht einmal das gute an sich hat, sich willig scheeren zu lassen, wenn nicht ungefär einmal so ein Wollendieb drüber herkömt, als, zum Beispiel, *Vogler*[73].

Gottbefohlen, liebes Marianchen. Von deinem römisch(en) Briefe hab ich nichts gesehen.

Dein Joseph.

28 Junj 92.

Meiner Schwester Marianne.

Sieh'st du, ich halte Wort, und das freilich von Rechtswegen; denn mein eigner Name stand ja auf dem Spiele. Dank liebes Marianchen, daß du's nicht so genau mit mir nimst; ich hab dich deßhalb auch noch einmal so lieb. Gäbe der Himmel, daß wir unser Stükch(en) Leben so hübsch miteinander herunterschlentern könten: wahrlich manches Haar solte mir dann später hinaus erst grau werden. Das wär so mein Wunsch, aber wahrscheinlich nicht der Deinige; Denn da hofiren sie Dir und deinen Künstlerpfötchen links und rechts so viel, daß du es dir bei deinen Egyptischen Fleischtöpfchen vermutlich recht wohl seyn läßt, und leicht der Versuchung widerstehen wirst, dich deinem Joseph in die Sandwüste hinüber zuzuwünschen. Doch, wer weiß, ob nicht die Kunst selbst endlich dich einmal zu mir herlokt. Neapel haben wir beyde gesehen: Stokholm

---

[71] Bei Gott!

[72] Wegen ihrer kühlen Witterung bekannte Landschaft in Südamerika.

[73] Georg Joseph (Abbé) Vogler (1749-1814). In Stockholm Rivale von Joseph Martin Kraus, der sich jedoch mit ihm verständigte. Vogler gab neben seinem Dienst als Kapellmeister Orgelkonzerte und fiel bei König Gustav III. in Ungnade, als er ohne dessen Erlaubnis solche Konzerte in Norwegen gab. MGG 13, 1966, Sp. 1894-1905.

ist gewiß reicher am Malerischen als jenes, und an großen Aussichten manichfaltiger als vielleicht jemals eine der andern berümten Städte in Europa.

Für den Antheil, den du an meiner Lage nimst, dank ich dir; aber wo zum Henker hast du das Kernsprüchlein aufgegabelt *„daß alles zum Besten des Ganzen geschehe?(„)* Haben sie Dirs in Mainz oder sonstwo zum präsent aufgehängt? - Hm! da wärst Du einmal im Handel beschummelt worden. I nu, im Grunde ist's immer eben so gut, als *„Warum? Darum!(")* aber giebt bei meiner Seele blutschlechten Trost, oder besser garkeinen.

Adieu liebe Schwester, wenn ich Gelegenheit kriege, so schik' ich dir noch vor Ende des Herbstes etwas Musik. Schik mir auch etwas von deinen sieben Sachen; aber freilich wär's ungleich besser, wenn du selber kämest. Lebwohl und hab mich recht lieb.

Dein Joseph.

Joseph Martin Kraus an seine Eltern (Zusatz an die Schwester Marianne)

Stokholm d 30 Nov. 92

Unendlichen Dank liebes Marianchen für deine paar freundschaftlichen Zeilen. Wenn des *gesunden* Bruders erster Wunsch immer war, das bischen Leben neben seinem Marianchen so hinabzuleben - was solte es erst für den *Kranken*?

(Letzter Brief von Joseph Martin Kraus, geschrieben 15 Tage vor seinem Tode)

Drei Briefe Ferdinand Kobell's (1740-1799) an Marianne Kraus

d 14t Junij 1788

Dagegen habe ich nichts, meine liebe Mademoiselle Kraus, daß Sie sich Vorgenommen haben, mir offt zu schreiben, sie schreiben einen schöhnen, und angenehmen brief, den mann mit Vergnügen ließt, nur Verlangen sie nicht immer antwort darauf, dann sie Wißen es ja selbsten, welch geplagtes Thier ein armer Mahler ist.

mein(e) antwort, auf Ihren lieben brief[74] haben sie nun vermuthlich erhalte(n) und da ich darinn(en) alles gesagt, was ich Ihnen in ansehung Ihrer

[74] Der Brief hat sich nicht erhalten. Ferdinand Kobell (1740-1799). Thieme-Becker 21, 1928, S. 50-52. Marianne Kraus wohnte wahrscheinlich schon während ihrer Ausbildung bei der Familie, die Familien Kraus und Kobell waren jedenfalls gut miteinander bekannt.

Mahlerey sagen Kann, so werde ich für die Zukunfft über dieses Capitel schließen, und schweigen, auf ihren andr(en) brief mit den 2 Zeichnung(en) nach dem lieben Amorbacher Rind, und pferds Vieh, hab Ich darum nichts geantwortet, Weil ich denselben erst gestern von dem jämmerlich verliebt(en) Innocent[75] erhalten habe, er hat ihn Gott Weiß Wie viel Täg in dem sack herum getragen, und gestern sich nie mehr errinner(n) Können, wer Ihm solchen gegeben, noch von Wem er seye.

sehen Sie es nun, daß Ich Ihnen alß freund gerathen habe - Ihre 2 Zeichnungen sind mehr, alß all Ihre Copien werth, dann das sind nun originalien, und was sie nach der natur machen, eignet Ihnen zur Künstlerin - und bleibt unauslöschlich in ihrem gedächtnüß, Würden sie nur solches gemahlt oder mit dem pinsell gezeichnet und mit farb(en) lavirt haben, so hätten Sie zugleich ihre Wißenschafft in der mahlerey geübt, und vervollkomnet. sehen Sie doch an mein(em) sohn Wilhelm[76] welchen nuzen Ihm das mahlen nach der natur geschafft hat - Er ist nun herr seiner hand, und des auftrags mit farb, und pinsell, und hat einen schaz, sein ganzes leben, in sei(nem) Zimmer Gemälde darnach fertig zu machen.

Die Zeichnungen von Ihnen, sind über meine Erwartung schöhn, und Versprechen eine grose Künstlerin. Ich bedaure Ihnen würklich, daß Sie nicht gleich auf de(n) rechten Weeg in der Kunst geführt worden, mit so viel talent, und so guten füßen würd(en) Sie schohn unendlich weit voran seyn! doch es ist noch nichts verlohr(en) also frisch voran.

meine Kinder, und Wilhelm bedank(en) sich für Zwetschgen, und hoonig, und sonst(iges). alles grüßt und Küst Ihn(en) herzlich, und wir alle sind mit der aufrichtigst(en) ergebenheit Ihre freunde -

Empfehlen sie mich, und alle Ihren werthest(en) Eltern, und Ihrer lieben Mlle schwester[77] , und glauben Sie mich mit aller hochachtung und freundschafft

Ihre(n) ergebenst(en) D(iene)r Kobell

---

[75] Sohn Ferdinand Kobells: Innozenz (1765-1838).

[76] Weiterer Sohn Kobells: Wilhelm (1766-1855). Das bekannteste Mitglied der Malerfamilie. Thieme-Becker 21, 1928, S. 54-58.

[77] Wie Anm. 69.

Sie haben mir einmahl gesagt, daß viel holz von Amorbach hieher geführt würde, um verkauft zu werden. Könte mir Ihr Herr Vatter nicht die freundschafft erzeigen, und, wann es so, und thunlich ist, mir 6, oder 8 wägen gute buchene Klappern kauffen und accordir(en), und mit so einem händler hieher senden? es würde mit ein groser Gefall(en) geschehen - und Ich würde schöhneres brennholz und vermuthlich auch wollfeylers bekom(men).

adieu

Ihre Zeichnung(en) will ich Ihn(en) aufheben

Montags d Ich weiß nicht
welch(en) october 88.

Ich habe Ihre briefe von Aschaffenburg erhalten, meine liebe freundinn aus der Ursache - weil Ich nicht wuste, wo Sie logir(en) - und weil Ich faul ware, antwortete Ich nicht. über Ihr studium nach der natur alda freue Ich mich, sonderlich weil wie mir frau v: Ferrett[78] schreibt - Sie viel gemahlt haben - glaub(en) Sie mir - das ist der einzige Weeg geschwind, und mit Vortheil sein talent auszubilden, und Maler zu werd(en) - all das Copir(en) nach anderen Meisterstüken drängt uns nicht voran - viel ansehen, und examinir(en) der besten Gemälden und dann ununterbrochenes Studium, und malen nach der Natur ists allein, was uns fördert - nehm(en) Sie nun eins von Ihren und führen Sie ein Gemälde darnach aus, oder brauchen Sie es zu einer parthie eines Gemäldes, das sie sich Componir(en), und sie werden seh(en) wie das ding gehet, niemahl - es seye auch, wemme es will, geben Sie eins dieser studien nach der Natur hinweg - wann mann eins davon will, so mahlen Sie es ab und machen Sie es fertiger, alß das Original - so werd(en) Sie beydes erlangen - Ehre, und Nuzen!

es ist noch kein scheid, kein stökgen Holz für mich angekomm(en) - wann ich nun mir nicht einige Waagens angekauft hätte, so säß Ich frisch und meine pinsells fröhren im Öhle. ist es noch Zeit, und möglich, daß Ihr geehrtester Herr Vatter mir 6 wägen besorgen kann, so ersuche Ich Ihn höfflich darum, Kanns nicht mehr seyn so bitte Ich um baldige Nachricht und Ich muß von hier aus Vorsehung treffen.

---

[78] Frau von Ferrett: v. Pfirdt. Gattin des Mainzer Generalfeldmarschall-Lieutenants Johann Nepomuk Freiherr von Pfirdt. Sie, Frau v. Coudenhove (Nichte und Maitresse des Kurfürsten) und Gräfin Hatzfeld bildeten unter der Gräfin Kesselstadt ein Malertrio. S. Brief von Johann Jakob Wilhelm Heinse an Sömmering, Aschaffenburg 31. 1. 1796. Sämtliche Werke, hrsg. von Carl Schüddekopf, Bd. 10, S. 285.

Wir sind alle recht wohl, und alles grüßet mit mir, Ihnen, und Ihre liebe Madlle schwester herzlich. Empfehlen Sie mich, und die meinige(n) Ihren Verehrungs-würdig(en) Eltern, und glauben Sie mich immer mit ohnveränderlicher Freundschafft

Ihren ergebenst(en) D(iener) Ferd Kobell

d 15. decemb(er) 88.

Hier sende Ich Ihnen, meine liebe freundinn die 2 grose Gemälde wider, damit Sie solche Ihrem Wunsch gemäß Ihrem Herrn bruder senden können - das eine, wo der abend und zwar sehr war, und warm ausgedrukt ist, ist das beste, was Sie mir geschikt haben - nur haben Sie dabey vergeßen, was Ich Ihnen hier offt gesagt, daß die ausführung bey einem gemälde, nicht gleich - sondern nach der distance unsres augpunkts ausgeführt seyn muß und das mann dahero immer, wan das Gemälte untermahlt ist, sowohl beym 2t übermahlen, alß beym lezten ausmahlen, und retouchiren, bey dem Vorgrund, und der haupt parthie, so unsrem auge in der Natur am nächsten ist, zu mahlen, und fertig zu machen anfangen muß - dieses kann mann sehr leicht, mittelst anfeuchtung desjenigen Orths an sein(em) Gemälde, welches mann in einem tag fertig zu mahlen, sich getrauet, zu diesem anfeuchten braucht mann jene pomade, oder retouchier firnniß, davon Ich Ihnen das recept gab. Mann verdünnt disen firneis mit öhl, und überziehet damit, mit einem zarten borst, oder fisch pinnsell den übermahlen wollenden Orth, so viel mann kann egal, und sauber - läst es etwas anziehen, und mahlt dann darein.

über die andre Gemälde von Ihnen will Ich Ihnen nächstens noch ausführlicher schreiben, jezo ist es mir ohnmöglich wegen Mangell der zeit. mein project wegen Ihnen, an frau von Ferret war, Ihnen mit einer Kurfürstlichen unterstüzung zur ausbildung Ihres ausgezeichneten talents zu mir, nach Mannheim zu bringen - Ich habe diese Zeit nichts davon gehöret, und wanns nicht zu stand kömt, so ists es sicher meine schuld nicht - aus dieser ursach glaube Ich - könten sie dann und wann Ihre Arbeit, durch eine gelegenheit, dem Hh Coadjutor[79] der Ihnen kennt, schäzt, und mir bey seinem lezten hierseyn von Ihnen gesprochen, zum sehen send(en) was jezt nicht geschiehet, das kann vieleicht in einiger Zeit beßer zu stand kommen.

Ihr haaß ist das, was ich nicht von der Kraus geglaubt hätte - die Kuh ist herrlich, und 2000 haaßen werth.

---

[79] S. Anm. 31.

da sie nun nicht komm(en), und sich bey dem guten Holz, so mir ihre liebe(n) Eltern gütigst besorgt haben wärm(en) so bitten Sie dieselbe, um meine schuld dafür.

empfehlen Sie mich mit den meinig(en) denselben bestens, und küß(en) Sie ihre liebe Mdlle schwester - alles bey mir küßt, und grüßt sie von Herzen adieu - Kobell

senden Sie mir eine Gelegenheit, um Ihnen die andre Gemälde zurück zu senden.

Angelica Kauffmann (1741-1807) an Marianne Kraus

Liebe Mademoisell Kraus -

Ich danke Ihnen, dem Gnädigen Herrn Grafen und Frau Grafin von Erbach - vor die gute wünsche die gewiss aus treuen Herzen kommen. Ich schäzze mich unendlich glüklich solche würdige persohnen gekan[n]t zu haben. aber leider nur auf kurze augenblike. Doch augenblike die mier Zeit Lebens unvergeßlich sein, und bleiben werden.

ich bitte Sie von mier und meinem mann dem gnädigen Herrn Grafen und Frau Grafin all *erdenklich höfliches* zu sagen, wier beide Empfählen uns in dero beiden gnädiges, und gütiges andenken. und hoffend durch unseren guten Hr: Rath[80] erwünschte nachrichten zu erhalten, möge die Reiße glüklich sein ich habe Ihnen meine liebe Madlle Kraus ein sehr flüchtig gemachte Zeichnung[81] geschikt, die ich schon vor einiger Zeit gemacht habe diese ist mier under meinen zerstreut(en) papieren zu erst in die Hände gekom[m](en). nem[m]en sie in dessen mit dieser vorlieb villeicht folgt mit der Zeit etwaß bessers[82] ich hab vergessen mein namen darund(er) zu sezzen, den werden Sie aber doch nicht vergessen wan Sie Ihre gedank(en) dan[n], und wann nach Rom wenden - und sich mit güte der erinnern die mit wahrer achtung, unverenderlich sein wird

Meiner liebe Madlle.
Dero
Freundin und Die(nerin)
Angelica Kauffman

d 5 Juni 91.

[80] Nicht geklärt.

[81] Melida und der junge Schiffer. 20,7 x 27,4 cm. Nach Salomon Gessner „Der erste Schiffer", 2. Gesang. 1979 bei C. G. Boerner in Düsseldorf verkauft (Lagerliste 70, Nr. 2 mit Abbildung). Heute in Privatbesitz.

[82] Nach K. F. Schreiber ist diese Zeichnung erst später in Mariannes Besitz gekommen und dem Brief wäre die im Bezirksmuseum Buchen befindliche Silhouette der Angelica Kauffmann beigelegen (Handschriftliche Aufzeichnung Schreibers, Bezirksmuseum Buchen). Die Silhouette ist jedoch signiert!

Alexander Trippel (1744-1793) an Marianne Kraus.

An die Jungfer
Maria Kraus. Weldt berühmte
Mahlerin

Beste und Liebe freundin!

Sie haben recht das ich Ihnen nur ein Par Wordt hörren soll, es wahren auch nur ein Par Wordt, vor einen so langen Weg und so vill Geld dafor auzugeben, um weitter nichts zu wissen als das Sie mit Leib und Sel wider in Erbach angelangt sind. Was komt mir das bey. Hätten Sie mir einige Neuigkeitten geschriben wen es auch nicht wahr währe Das hätte nichts gethan Den es steht Ihnen gutt an, und ich hätte es mit Vergnügen geleßen. ich bin gar nicht stoltz darauf, das Sie mir sagen, das Sie einen gutten Menschen ken[n]en gelernt haben in Rom, das habe ich vorher gewußt Das ich gutt bin nehmen sie Exempel daran und seind Sie auch so gutt, und schleichen Sie nicht mehr so dafon wie der Marder aus dem Tauben Haus, ich habe würcklich gedacht und habe mir große Versprechungen gemacht das Sie was in Rom gelernt haben, aber diser schlich hat mir alle hoffnungen benom[m]en, es geht aber alle mahl so wen die Jungen Leutte so frühe aus der Schulle kom[m]en da glauben Sie haben die Spitze erreicht, wo sie kaum nur die helft gesehen haben.

Nun meine freundin Jetzt ernsthafftig mit einander ein Par Wort gesprochen, so freut es mich von Hertzen das Sie glücklich und wohl in Erbach angelangt sind und haben gar keine ursach zu dancken vor die erwisenen Freundschafft die ich Ihnen erwisen haben soll, ich wuste nicht worin[n]en es bestehen solte, ihm gegentheil bin ich Ihnen allen disen Danck schuldig, um das glück gehabt zu haben Ihre bekantschafft und Ihre angenehm[m]e gesellschafft hier mit beyzuwohnen, leid Thate es mir das es nur von kurtzer Dauer wahr, Sie werden aber froh gewesen sein um einen Segatori[83] mehr vom Halse zu laden.

Sagen Sie mir doch aufrichtig, wie gefalt Ihnen die Deu(t)sche Natur gegen der Welschen, und besonders gegen der Romischen, ich bin versichert der gegenstand der abwechslung muß Ihnen sehr aufgefallen sein, in deme Sie es Jetzunder gantz mit andern Augen ansehen werden, ich dencke Sie werden Jetzunder sehr fleißig sein und nach der Natur arbeitten, aber die schönen

[83] Italienisch seccatore, lästiger Mensch, Plagegeist.

Binien und zipressen und Ruderen[84] die werden Sie da nicht finden und weniger die schönen Sta(t)uae, also machen Sie das Sie bald wider zurück fahren in das gelobte Land. Sie sagen ich Sprache im[m]er mit Totten figuren und Marmor, nicht allein Marmor sondern Erden, und er nahm ein Erdenklotz und schuff einen Menschen, bedencken Sie was dise zwey Worte sagen wollen was machen Sie nichts als Schattenwerk, um die Leuten die Augen zu verblenden, genug von disem Geschwätz, Leben Sie von Hertzen recht wohl und gesund und sein Sie meine Freundin so wie ich Ihr Freund bin

Ihr aufrichtigster Freund
und Dien[n]er
Alexander Trippel

Rom d. 6 t August
1791

Bitte meine unterthenigste Entfehlung an die Gnädigste Gräffin. ich habe mich Erkundiget wegen die Großen Graßblumen sam[m]en[85], die gantz großen geben keinen Sam[m]en, sondern werden denen kleinen gezogen durch gutte Pflegung und Versetzungen. so bald ich von disem Jahr Sam[m]en bekomen kan so werde ich die Ehre haben und mit der ersten gelegenheit schiken, wan aber die Gräffin verlangt, so kan ich ableger von denen großen Blumen schicken, dises aber muß mit dem Curier gehen, auf dise art werden ville von hier verschickt. Darauf erwarte ich Ihre befehle.

Philipp Hackert (1737-1807) an Marianne Kraus

Caserta d. 21 ten Juny 1794.

Hochzuehrende Freundin!

Gelegentlich so bald es seyn kan, werde ich Ihnen die Zeichnung[86] machen, die Sie von mir verlangt haben, sie soll mit die Ubrigen die ich für den Herrn Graf Erbach zu machen habe mit Kommen, es ist mir ohnmöglich daß ich die Zeit gewiß bestim[m]en könte, Sie kön[n]en aber versichert seyn, daß es so bald als es mir Möglich ist geschehen soll.

---

[84] Lat. rudera, Überreste, Ruinen.

[85] Nicht geklärt.

[86] Aus Familienbesitz Mariannes nicht überliefert. Die anderen kamen ins Schloß Erbach.

Erlauben Sie mir daß ich Ihnen meine Meinung über Ihr Zeichnen Sage; Es ist zwar Nötig daß Sie Kopieren um den Mechanismus zu lernen, wie man die Sache Tractiren muß, allein ich finde daß es viel Nötiger ist, um vorwerts zu Kom[m]en, daß Sie nach der Natur zeichnen; Haben Sie es noch nicht gewaget so Thun Sie es auf mein Wort, und Fangen an Einzelene objecte zu zeichnen, welche Ihnen die Natur darbitet, Einzelene Bäume, Pf(l)antzen, Stücken Felßen und dergleichen, welche Sie Studiren müßen nach die Natur im detaille, wen Sie die Natur undeutlich in die Schatten Sehen, so Machen Sie sie undeutlich nach, Kurz ahmen Sie die Natur so genau nach als es Ihnen möglich ist, und dencken in Anfang auf keine Manier, sondern Bloß auf die Nachahmung, und wen auch die Natur Mangelhaft in einigen Theilen ist. Haben Sie einige Zeit die Natur so nach geahmet mit aller Möglichen Treue, so vergleichen Sie Ihre Arbeit mit anderer Meister Arbeit, die mit Geschmack die Natur Nachahmen, so werden Sie Mängel finden. Hüten Sie Sich nur daß Sie Sich nicht in gewiße Maniren Verliben den die sind gefährlich, sondern vergleichen Sie Ihre Arbeit allemahl mit der Meister Arbeit, die Warheit und Geschmack haben. Alsdan werden Sie Sehen wo Sie gefehlet haben, Sie werden nach und nach die Natur Sehen und Kennen Lernen, Sie werden alsdan wan Ihr Kopf mit Schönen Formen von der Natur angefüllet ist, sehen, Wan Sie nach die Natur Zeichnen, wo die Natur Mangelhaft ist, und werden sich alsdan die Guten Formen erin[n]ern die Sie anderswo Gesehen haben, und werden in die Theile Wo der Mangel in der Natur ist ersetzen, Sie werden in die Mängel zu setzen, und wo die Natur zu reich und öfter Confus ist abnehmen, so daß Ihre Zeichnungen deutlich und mit Richtigkeit und Voller Geschmack seyn werden. Wen Sie die Natur in ihre Einzelene Theile Studiret haben, so Machen Sie Sich an das Ganze, und Zeichnen Ganze Landschafften. Wen Sie Nur Curage haben, es hertzhaft anzugreiffen, und mit Standhaftigkeit fortfahren, so werden Sie Sehen daß Es Ihnen gelingen wird. und daß Mein recept probatum est[87] ist. Es würde fraglich geschwinder gehen, wen Sie einen Meister hätten der Ihnen Schrit vor Schrit führen Könte. Also da dißes nicht ist, so Wagen Sie es mahl, mit einen guten Blinden Glauben an Meine Kunst. Sie werden sehen, daß ich so Unrecht nicht habe. Ich Wünsche Ihnen Glück dazu und Recht Viele Lust und Vergnügen welches Ihnen gewiß nicht fehlen wird, und habe die Ehre zu sein Dero

(Rest und Unterschrift Philipp Hackerts abgeschnitten)

[87] Es ist erprobt, hat sich bewährt.

Werke von Marianne Kraus

1. *Mädchen auf einer Brücke*
   Öl auf Pappe, 20 x 26,3 cm, gemalt als Schülerin, nicht signiert
   Aus dem Besitz von Karl Friedrich Schreiber
   Bezirksmuseum Buchen, Inv. Nr. 1572
   Hans F. Schweers, Gemälde in deutschen Museen, Bd. 2, München etc. 1994, S. 1000.
2. *Italienisches Klösterchen*
   Gouache auf Papier, 43 x 33,5 cm, 1791, nicht signiert
   Nach J. Ph. Hackert, Eremo presso Albano 1781
   Aus dem Besitz von Karl Friedrich Schreiber
   Bezirksmuseum Buchen, Inv. Nr. 838
   Schweers, wie 1., S. 1000
   Fritz Muthmann (Hrsg.), Tagebuch einer Italienreise aus dem Jahre 1791. Von Marianne Kraus. In: Neue Heidelberger Jahrbücher, NF, Heidelberg 1931, Abb. 4, S. 113.
   Das Bezirksmuseum Buchen und seine Sammlungen, Buchen 1986, S. 119
   Unser Land 1991, S. 83.
3. *Italienische Landschaft*
   Sepia auf Papier, 42,6 x 57,6 cm, 1791?, nicht signiert
   Aus dem Besitz von Karl Friedrich Schreiber
   Bezirksmuseum Buchen, Inv. Nr. 853
   Muthmann, wie Nr. 2, Abb. 5, S. 129 (dort: Flußlandschaft).
4. *Churfürstlich Mainzische Amtskellerei in Amorbach*
   Öl auf Leinwand, 24 x 27,5 cm, nicht signiert
   Privatbesitz München
5. *Schloß Schönberg*
   Sepiazeichnung mit Bleistift, Papier, nicht datiert, nicht signiert
   Fürstlich Stolberger Forstamt, Ortenberg
   Freundlicher Hinweis von Frau Dagmar Gambichler, Wiesbaden.
6. *Schloß Fürstenau*
   Sepiazeichnung auf Papier, 24,5 x 32 cm, um 1790, signiert unten rechts: Marie Kraus
   Fürstlich Stolberger Forstamt, Ortenberg
   Otto Müller, Ein Mozartjahr-Beitrag des Odenwaldes. In: Der Odenwald 1956, H. 4

Nicht wieder aufgefundene Werke

1. *Flußlandschaft 1786*
   Muthmann, Abb. 2, S. 97
2. *Alte Brücke 1787*
   Muthmann, Abb. 3, S. 112
3. *2 Zeichnung(en) nach dem lieben Amorbacher Rind, und pferds Vieh*
   Brief Ferdinand Kobell, Mannheim, 14. 6. 1788 an Marianne Kraus
4. *2 große Gemälde*
   zurück
   Andere Gemälde (Hase, Kuh)
   Brief Ferdinand Kobell, Mannheim, 15. 12. 1788 an Marianne Kraus
5. *2 Landschaften*
   für Hallardt. Brief Joseph Martin Kraus, Stockholm, 11. 6. 1787 an die Eltern
6. *Stückchen Mudau*
   2 Landschäftchen (die von Nr. 5?) Brief von Joseph Martin Kraus an Marianne Kraus, Stockholm, 19. 8. 1787
7. *Eines der Werke Deiner Hände*
   an Frau von Pfirdt
   Brief Joseph Martin Kraus, Stockholm, 3. 3. 1789 an Marianne Kraus
8. *Bächlein, das vom Schneeberg die Wiese herunter schlängelt*
   Hase (=Nr. 4?)
   Alte Wohnung (=Nr. 6 oder 5?)
   Brief Joseph Martin Kraus, Stockholm, 28. 1. 1790 an Marianne Kraus
9. *ein bild in gewasch farb(en)*
   „muß ich absolut Copiren um ein Muster zu haben." Wohl das „Italienische Klösterchen" nach J. Ph. Hackert.
   Brief Marianne Kraus, Neapel, 14. 5. 1791 an die Eltern
10. *ich lerne einen Mondschein Mahlen*
    (bei Hackert). Brief wie Nr. 9.
11. *Eine Folge von Sepialandschaften*
    großenteils Baumschlagstudien, Architektur-Veduten aus der Umgebung von Rom, wie Ponte Molle, Tivoli. Bez. „Marie Kraus fecit 1794". 1824 verkauft, heutiger Besitz unbekannt. Schloß Bad König. Georg Schäfer, Kunstdenkmäler im Grossherzogthum Hessen. A. Provinz Starkenburg. Kreis Erbach. Darmstadt 1891, S. 152.

12. *Supraporten*
für das Schloß Krähberg? Der Hofschreiner Lautenschläger berechnete 1797: „dann 7 stück blindrahm der Malerin gemacht das stück a 6 Kreutzer." Falk Krebs, Das Jagdschloß auf dem Krähberg. Eine baugeschichtliche Studie. In: Beiträge zur Erforschung des Odenwaldes und seiner Randlandschaften IV. Breuberg-Neustadt 1986, S. 403.

13. *stück Ruine des berühmten Coliseum in Rom*
am 18. 10. 1801 aus Erbach von Marianne Kraus an Frederik Samuel Silverstolpe nach Wien geschickt.
Mitteilungen der Internationalen Joseph Martin Kraus-Gesellschaft, Heft 5/6, 1986, S. 19.

14. *2 Landschaften*
Sepia, Pinsel, je 30 x 39 cm, um 1850 (irrig!), rückseitig signiert
Auktion 38/39 H. O. Kamenski, Frankfurt 1961, S. 158, Nr. 2200
Freundliche Mitteilung von Frau Dagmar Gambichler, Wiesbaden

15. *Landschäftchen*
Öl, 6 x 8 Zoll (= 15 x 20 cm)
Katalog, Hrsg. N(ikolaus) Müller, 1840, S. 19
Freundliche Mitteilung von Frau Dagmar Gambichler, Wiesbaden

16. *Handzeichnungen*
wie Nr. 15, S. 30-31: Mappe G, Handzeichnungen. „Ist von Marianne Kraus (Lämmerhirt) ebenfalls etwas dabei."
Freundliche Mitteilung von Frau Dagmar Gambichler, Wiesbaden

17. *4 Landschaften*
in Schütz'scher Manier. Besitz von Marie Krauß in Bensheim (Nr. 7 und 8?)
Handschriftliche Notizen von Karl Friedrich Schreiber über Marianne Kraus, S. 63. Bezirksmuseum Buchen.

18. *2 Sepiabilder mit Kühen*
Besitz von Lina Sawatzki in St. Wendel.
Karl Friedrich Schreiber, wie Nr. 17, S. 63.

19. *Landschaft mit Ritterburg und Zugbrücke*
größeres Ölgemälde, Leinwand, Karl Friedrich Schreiber, wie Nr. 17, S.63: „War derart zerstört, daß es nach Untersuchung und Beurteilung zweier Fachmänner nicht mehr zu restaurieren war und daher von mir vernichtet wurde."

Das Stammbuch der Marianne Kraus

(Nach Aufzeichnungen von Karl Friedrich Schreiber)

Das Album von Marianne Kraus im Frankfurter Goethe-Museum (seit 1911)[1] enthält 119 Seiten mit 19, die ganze Seite füllenden Handzeichnungen, darunter:

1780 Ferd. Kobell[2], Mannheim, Bleistiftzeichnung: Reiter, ein Pferd tränkend
1784 C. Schneider[3], Mainz, Aquarell: Ruine mit Wasserfall
1786 Christian Georg Schütz[4], Frankfurt M., Aquarell: Wasserlandschaft mit Bergschloß
1786 Joh. Georg Pforr[5], Frankfurt M., Aquarell: Kühe am Wasser
1786 seine Frau J. E. Pforr, geb. Tischbein[6], Federzeichnung: Genius auf einem Schwan
1787 Heinrich Schütz[7], Frankfurt M., Aquarell: Brentanos Park in Rödelheim
1787 Maler Konrad Huber[8], Aquarell: Kampf zwischen Tag und Nacht
1787 Fohr[9], Federzeichnung: Heidelberger Schloß
1790 H. u. K. Kügelgen[10], Würzburg, gemeinschaftliche Eintragung mit Bild. Mit Kreide gehöhte Bleistiftzeichnung: Weibliche Figur an einem Altar mit lodernder Flamme

---

[1] 1910 vom Antiquariat Klein in Frankfurt für das Freie Deutsche Hochstift Frankfurt a. Main erworben.

[2] Ferdinand Kobell (1740-1799), Maler und Radierer, Thieme-Becker 21, 1928, S. 50-52; Von Mannheim nach München. Die Künstlerfamilie Kobell. Ausstellungskatalog. Mannheim-München 1993/4.

[3] Johann Kaspar Schneider (1753-1839), Maler, Thieme-Becker 32, 1938, S. 127 f. Neuer Nekrolog der Deutschen 1839, S. 238-241.

[4] Christian Georg Schütz d. Ä. (1718-1791), Maler, Thieme-Becker 30, 1936, S. 314 f. Freies Deutsches Hochstift Frankfurt - Goethe-Museum, Christian Georg Schütz der Ältere 1718-1791. Ein Frankfurter Landschaftsmaler der Goethezeit. Hrsg. Christoph Perels, Frankfurt 1991. Abb. S. 41.

[5] Johann Georg Pforr (1745-1798), Tiermaler, Thieme-Becker 26, 1932, S. 597.

[6] Johanna E. Pforr, geb. Tischbein. Schwester von Johann Heinrich Tischbein d. J. (1742-1809), der „Kasseler Tischbein". Pforr heiratete sie 1784. Sie verstarb 1800.

[7] Heinrich Joseph Schütz (1760-1822), Maler und Stecher, Thieme-Becker 30, 1936, S. 316.

[8] Konrad Huber (1750-1830), Maler, Thieme-Becker 18, 1925, S. 5 f. Malte 1788-1790 das Deckenbild in der Amorbacher Bibliothek. Walter Hotz, Amorbacher Cicerone, Amorbach 1953, S. 47.

[9] Nicht Carl Philipp Fohr (geb. 1795).

[10] Gerhard v. Kügelgen (1772-1820) und Carl v. Kügelgen (1772-1832), Thieme-Becker 22, 1928, S. 50-52.

1791 Wilh. Gmelin[11], Rom, Sepiazeichnung: Italienische Landschaft
1791 Alexander Trippel[12], Rom, Sepiazeichnung: Achill unter den Töchtern
1791 Aloys Hirt[13], Rom, Bleistiftzeichnung: Hirten sitzend, Hirten stehend
1791 Angelica Kauffmann[14], Rom, Ältere Bleistiftzeichnung: Amor
1802 Gräfin Charlotte zu Erbach[15], getouchte Bleistiftzeichnung: Italienische Ruine

Schriftliche Eintragungen:

1786 H. S. (J?) Hüsgen[16] 1791 in Rom: die beiden Prinzen zu Schwarzenberg[17]
1796 J. J. Gerning[18]
Graf Ludwig zu Wartenberg-Roth[19]

---

[11] Wilhelm Friedrich Gmelin (1760-1820), Kupferstecher, Thieme-Becker 14, 1921, S. 273 f.

[12] Alexander Trippel (1744-1793), Bildhauer, Thieme-Becker 33, 1939, S. 405 f.

[13] Alois Ludwig Hirt (1759-1837), Archäologe und Kunstdilettant, Thieme-Becker 17, 1924, S. 143. Neuer Nekrolog der Deutschen 1839, S. 672-682.

[14] Angelica Kauffmann (1741-1807), Malerin, Thieme-Becker 20, 1920, S. 1-5. Katalog 70 C. G. Boerner, Düsseldorf, Angelika Kauffmann und ihre Zeit. Düsseldorf 1979.

[15] Louise Charlotte Polyxène (1755-1844). 1785 in zweiter Ehe verheiratet mit Franz I. Graf zu Erbach.

[16] Heinrich Sebastian Hüssgen (1745-1807), Hess.-Homburg. Hofrat. Ph. Friedrich Gwinner, Kunst und Künstler in Frankfurt am Main, Frankfurt 1862.

[17] Joseph Johann Fürst von Schwarzenberg (1769-1833) und Friedrich Prinz von Schwarzenberg (1774-1795).

[18] Johann Isaak von Gerning (1764-1837), Schriftsteller und Sammler, Noack II, S. 204. Heinrich Eduard Scriba, Biographisch-literarisches Lexikon der Schriftsteller des Großherzogtums Hessen, 1. Abt., 1831.

[19] Ludwig Graf zu Wartenberg Roth (1755-1818). Bruder der Gräfin Louise Charlotte Polyxène. Wie Anm. 15.

Schuber mit Visitkärtchen

Pappe, mit Leder bezogen, Goldprägung „ZUM ANDENKEN.“, rechts Bleistifthülse (leer), 8,8 x 5,5 cm, mit 44 beschriebenen Kärtchen (einst 45, das von Verschaffelt abhanden gekommen). Inv. Nr. 848.6.
Handschriftliche Liste mit Erläuterungen von Friedrich Noack (1890-1958) im Bezirksmuseum Buchen. Überprüft und ergänzt.
Aus dem Besitz von Karl Friedrich Schreiber.

2 beck:	Boeck, Ignaz (geb. 1754), Waldhornist, und Boeck, Anton (geb. 1757), Hornist. Noack II, S. 94. Eitner 2, S. 83.
bouke:	Boquet (Boguet), Didier (1755-1839), Landschaftsmaler und Radierer. Thieme-Becker 4, 1910, S. 219 f.
büry:	Bury (Büri, Bürri, Burri), Friedrich (1763-1823), Maler. Thieme-Becker 5, 1911, S. 275 f.
Canova:	Canova, Antonio (1757-1822), Bildhauer. Thieme-Becker5, 1911, S. 515-521.
Crefer, Caserta:	nicht geklärt.
Signora D Crispi:	ein Pietro Crispi (um 1737 - um 1797), Musikdilettant, gab in seinem Haus in Rom Konzerte.
p ex general deker:	der letzte General der Jesuiten, Lorenzo Ricci (1703-1775) war schon tot.
dies:	Dies, Albert Christoph (1755-1822), Maler und Kupferstecher. Thieme-Becker 9, 1913, S. 248.
Dischbein:	Tischbein, Wilhelm (Johann Heinrich Wilhelm) (1751-1829), Maler. Thieme-Becker 33, 1939, S. 213-215.

ducros: Ducros, Abraham Louis Rodolphe (1748-1810), Maler und Radierer. Thieme-Becker 10, 1914, S. 48.

Gmelin: Gmelin, Wilhelm Friedrich (1760-1820), Kupferstecher. Thieme-Becker 14, 1921, S. 273 f.

georg Hakert: Hackert, Georg (1755-1805), Kupferstecher. Thieme-Becker 15, 1922, S. 411.

Philipp Hakert: Hackert, Jacob Philipp (1737-1807), Landschaftsmaler. Thieme-Becker 15, 1922, S. 412-414.

Heker: Hecher (Heger), Bartholomäus (um 1729 - nach 1792), Goldschmied. Thieme-Becker 16, 1923, S. 198 f. Noack II, S. 247.

Gf Hornstein: Nicht bei Noack!

jenny: Jenny, Ziehtochter der Gräfin Friederike Wilhelmine Solms-Baruth (1755-1832).

Angelika Kauffman: Kauffmann, Angelica (1741-1807), Malerin. Thieme-Becker 20, 1927, S. 1-5.

Kniep: Kniep, Christoph Heinrich (1755-1825), Maler und Zeichner. Thieme-Becker 20, 1927, S. 584 f.

Maco: Macco, Alexander (1767-1849), Historien- und Porträtmaler, Radierer und Lithograph. Thieme-Becker 23, 1929, S. 507 f.

Mayer: der bei Noack II, S. 398 genannte Meyer, Maler aus Göttingen?

Professor Mayer: Meyer, Friedrich Ludwig Wilhelm (1759-1840), Schriftsteller. ADB 21, 1885, S. 573 f.

Mechau: Mechau, Jacob Wilhelm (1745-1808), Landschaftsmaler, Zeichner und Radierer. Thieme-Becker 24, 1930, S. 322 f.

Naal:	Nahl, Johann August d. J. (1752-1825), Maler. Thieme-Becker 25, 1932, S. 333.
Odescaldi:	Odescalchi. Ein Sohn von Baldassare (1748-1810) ?
Peter:	Peter, Wenzel (Johann Wenzel) (1745-1829), Tiermaler. Thieme-Becker 26, 1932, S. 477.
Pforch:	Forch, Martin (gest. 1814), Hofarchivdirektor der Fürsten Schwarzenberg. Noack II, S. 180. List, S. 134, 203.
Reberg:	Rehberg, Friedrich (1758-1835), Maler, Lithograph, Radierer und Kunstschriftsteller. Thieme-Becker 28, 1934, S. 93.
Reifenstein:	Reiffenstein (Reifenstein, Reiffstein), Johann Friedrich von (1719-1793), Altertumsforscher. Thieme-Becker 28, 1934, S. 111.
Reinhart:	Reinhart, Johann Christian (1761-1847), Maler und Radierer. Thieme-Becker 28, 1934, S. 125-127.
Sable:	Sablet, François (Jean François) (1745-1819), Maler, genannt „le Romain". Thieme-Becker 29, 1935, S. 285. Sablet, Jacques (Jacob) Henri (1749-1803), Maler und Radierer, genannt „le peintre du Soleil". Thieme-Becker 29, 1935, S. 285 f.
Schmitt:	Schmidt, Heinrich (um 1740-1821), Maler und Radierer, „Fornaro" = Bäcker genannt. Thieme-Becker 30, 1936, S. 144 f.
Schultheßius:	Schulthesius, Johann Paul (1748-1816), Prediger, Komponist und Schriftsteller. F. W. Riedel, Mitteilungen der Internationalen Joseph Martin Kraus-Gesellschaft, Heft 3, 1984, S. 14 f. MGG 12, 1965, Sp. 239-241.
Fürst Schwarzenberg:	Schwarzenberg, Joseph Johann, Fürst von (1769-1833). Noack II, S. 547.

Prinz Schwarzenberg:	Schwarzenberg, Friedrich, Prinz von (1774-1795). Noack II, S. 546.
Simonis:	Noack nennt hier einen Carlo de Simonis, öst. Maler, der 1791-1792 als kaiserlicher Pensionär in Rom lebte. Nicht bekannt.
gräfin Solms:	Solms-Baruth, Friederike Wilhelmine Luise, Gräfin von (1755-1832). Noack II, S. 562.
Stein Anette:	Stein, Nanette (1769-1833), Pianistin. ADB 35, 1893, S. 601.
Trippel:	Trippel, Alexander (1744-1793), Bildhauer. Thieme-Becker 33, 1939, S. 405 f.
Valentin:	Valentini, Ernst von (1759-1835), Maler. Thieme-Becker 34, 1940, S. 66.
Verschaffelt:	Verschaffelt, Maximilian (1754-1818), Baumeister. Thieme-Becker 34, 1940, S. 298 f.
Vincens:	Rößler, Vinzenz (gest. 1793), Hotelbesitzer, Rom „d'Allemagne". Noack II, S. 498.
g Werther:	Ein Jakob Friedemann Graf Werthern (1739-1808) war Anfang April bis Juli 1762 in Rom. Noack II, S. 639.
Zinkens:	Jenkins, Thomas (um 1720-1798), Sammler und Kunsthändler. Thieme-Becker 18, 1925, S. 508.
Zuchi:	Zucchi, Antonio (1726-1795), Maler. Thieme-Becker 36, 1947, S. 576 f.

Literatur

L'Accademia Nazionale di San Luca, Roma 1974
ADB = Allgemeine Deutsche Biographie, Leipzig 1875-1912. 2. Auflage Berlin 1967-1971
Alten, von, Oldenburger Museumskatalog, Oldenburg 1881, 5. Auflage
Argan, G. C., Storia dell' Arte Classica e Italiana, Bd. IV, Florenz 1983
Arpino, Giovanni, L' opera completa di Rembrandt, Milano (1978)
Asturias, Miguel und Bardi, P.M., L' opera completa di Velázquez, Milano 1969
Bacchesi, Edi, L' opera completa del Bronzino, Milano 1973
Barbieri, Giovanni Francesco, Il Guercino, Bologna 1991
Bellori, Giovanni Pietro, Le Vite de' Pittori, Scultori ed Architetti moderni, Roma 1672
Ds., Admiranda Romanorum antiquitatum, Roma 1693
Bénézit, Emmanuel-Charles, Dictionaire critique et documentaire des Peintres, Sculpteurs, Dessinateurs et Graveurs, 10 Bd., Paris 1911-1923, 2. Auflage Paris 1976 (Reprint der Ausgabe 1948-55)
Bernari, Carlo e De Vecchi, Pierluigi, L' opera completa del Tintoretto, Milano 1978
Bernini, Giovanni Pietro, Giovanni Lanfranco, Val Baganza 1982
Bertelli, Carlo u. a., Storia dell' arte in Italia, Bd. III, Milano 1986
Berti, Luciano, Die Uffizien, Königstein o. J. und Stuttgart-Zürich 1984
Berto, Giuseppe e Puppi, Lionello, L' opera completa del Canaletto, Milano 1981
Bevilaqua, Alberto, L' opera completa del Correggio, Milano (1970)
Bibliothèque de la Compagnie de Jesús, Brüssel/Paris, 12 Bd., 1960
Biermann, Karl Wilhelm Georg, Deutsches Barock und Rokoko, Leipzig, 2 Bd., 1914
Börner, C. G., Angelika Kauffmann und ihre Zeit. Katalog 70. Düsseldorf 1979
Börsch-Supan, Helmut, Die deutsche Malerei von Anton Graff bis Hans von Marées 1770-1870, München 1988
Bodmer, Heinrich, Lodovico Carracci, Burg 1939
Brenner, Peter J., Der Reisebericht in der deutschen Literatur. Tübingen 1990
Brieger, Lothar (Hrsg.), Aus meinem Leben. Von Wilhelm Tischbein. Berlin 1922
Briganti, Giuliano, Pietro da Cortona. O della pittura barocca. Firenze 1982
Brilli, Attilio, Reisen in Italien. Die Kulturgeschichte der klassischen Italienreise, 2. Auflage Köln 1990

Brosch, Helmut, Marianne Kraus, in: Der Wartturm, Buchen 1975, Heft 10
Ds., Marianne Kraus in Italien, in: Joseph Martin Kraus und Italien, hrsg. von Friedrich W. Riedel, München-Salzburg 1987, S. 27-33
Ds., Vor 200 Jahren: eine Buchnerin auf dem Vesuv, in: Unser Land 1991, Buchen 1990, S. 81 ff.
Ds., Marianne Kraus. The sister of Composer Joseph Martin Kraus, in: Gustav III and the swedish Stage (Studies in the History and Interpretation of Musik, Vol. 40), Lampeter 1993, p. 65 ff.
Buchowietzki, Walter, Handbuch der Kirchen Roms, 3 Bd. (nicht abgeschlossen), Wien 1967-1974
Burckhardt, Jacob, Der Cicerone, Stuttgart 1986
Cagli, Corrado, L' opera completa di Tiziano, Milano (1969)
Callari, Luigi, Le Ville di Roma, Roma 1968
Ds., I Palazzi di Roma, Roma 1968
Campos, D. Redig de, Die Kunstschätze des Vatikans, Freiburg-Basel-Wien 1974
Castel, André, Leonardo da Vinci. Sämtliche Gemälde und die Schriften zur Malerei, München 1990
Castellaneta, Carlo, L' opera completa del Perugino, Milano 1969
Cavalli, Gian Carlo, Guido Reni, Florenz 1955
Chiarini, Marco, Palazzo Pitti, Königstein o. J., Florenz 1973
Chiarini, Paolo, Il Paese secondo Natura. Jacob Philipp Hackert e la sua cerchia. Rom 1994
Cinotti, Mia, Caravaggio. La vita e l' opera, Bergamo 1991
Colonna, Galeria Colonna. Catalogue, Rom 1910
Cooney, Patrick J., L' opera completa di Annibale Carracci, Milano 1976
Deutsches Biographisches Archiv, hrsg. von Bernhard Fabian, München etc., 1982 und NF
Deutscher Biographischer Index, hrsg. von Willy Gorzny, München etc. 1986
Dictionnaire de Biographie Française, Paris 1929- (nicht abgeschlossen)
Dizionario Biografico degli Italiani, Rom 1960- (nicht abgeschlossen)
Doria-Pamphilij, Catalogo della Galleria Doria-Pamphilij in Roma, 11. Auflage Roma 1911
Eberhard, Graf zu Erbach, General-Catalog der Gräflich-Erbachischen Sammlungen im Schlosse zu Erbach, Erbach 1894
Erasmus, Kurt, Roelant Savery. Sein Leben und seine Werke, Halle 1908
F.A., Guide du Musée Royal Bourbon, Naples 1841
Fischel, Oskar, Raphael, 2 Bd., London 1948

Foucart, Jacques; Lecaldano, Paolo, Tout L' oeuvre de Rembrandt, Paris 1971
Francia, Ennio, Pinacoteca Vaticana, Milano 1960
Francini, Ciaranfi, La Galleria Pitti, Firenze 1956
Franciscis, Alfonso de, Il Museo Nazionale di Napoli, Napoli 1963
Gabelentz, Hans von der, Fra Bartolommeo, 2 Bd., Leipzig 1922
Gaehtgens, Barbara, Adriaen van der Werff, München 1987
Garboli, Cesare, L' opera completa di Guido Reni, Milano 1971
General-Catalog der Gräflich Erbachischen Sammlungen im Schlosse zu Erbach, Erbach 1894
Gerard, F. A., Angelica Kauffmann. A Biography, New Edition, London 1893
Giustiniano, Vincenzo, Galleria Giustiniana, 2 Bd., Roma 1640
Goethe in Italien. Ausstellung Goethe-Museum Düsseldorf, Mainz 1986
Goldschneider, Ludwig, Michelangelo, London 1975
Gould, Cecil, The paintings of Correggio, London 1976
Gregorli, Mina; Schleier, Erich, La pittura in Italia. Il Seicento, T. I, II, Milano 1989
Guida d' Italia del Touring Club Italiano, 12: Firenze e Dintorni, Milano 1974. 16:Roma e Dintorni, Milano 1977. 19: Napoli e Dintorni, Milano 1976
Guttuso, Renata e della Chiesa, Angela Ottini, L' opera completa del Caravaggio, Milano 1981
Gwinner, Ph. Friedrich, Kunst und Künstler in Frankfurt am Main. Frankfurt 1862
Harnack, Otto, Deutsches Kunstleben in Rom im Zeitalter der Klassik, Weimar 1896
Haskell, Francis and Penny, Nicholas, Taste and the Antique. The Lure of ClassicalSculpture 1500-1900, New Haven and London 1981
Helbig, Wolfgang, Führer durch die öffentlichen Sammlungen klassischer Altertümer in Rom, 4 Bd., 4. Auflage, Tübingen 1963-1972
Henze, Anton, Reclam Kunstführer Italien. V. Rom und Latium, Stuttgart 1974
Henze, W., Studien zur Darstellung der Schlacht und des Kampfes in den Bildkünsten des Quattro- und Cinquecento in Italien, Diss. München 1970
Herder, Johann Gottfried, Italienische Reise. Briefe und Tagebuchaufzeichnungen (1788-1789), hrsg. von Albert Meier und Heide Hollmer, München 1989
Hermanin, Federico, Catalogo della R. Galleria d' arte Antica nel Palazzo Corsini- Roma, Bologna 1924
Hertel, Michael und Renate, Laokoon, München 1969

Hülsen, Hans von, Funde in der Magna Graecia, Göttingen 1962
Ds., Römische Funde, 2. Auflage, Darmstadt 1960
Iñiguez, Diego Angulo, Murillo, 3 Bd., Madrid 1981
Johnstone, Catherine; Shepherd, Gyde Vanier; Worsdale, Marc, Vatican Splendor, Ottawa 1986
Kauffmann, Angelika und ihre Zeitgenossen. Ausstellungskatalog, Bregenz-Wien 1968/1969
Keiser, Herbert Wolfgang, Landesmuseum Oldenburg. Gemäldegalerie, München 1967
Kelber, Wilhelm, Raphael von Urbino, Stuttgart 1979
Kerber, Bernhard, Andrea Pozzo, Berlin-New York 1971
Knab, Eckhart u. a., Raphael. Die Zeichnungen. Stuttgart 1983
Knapp, Fritz, Fra Bartolommeo della Porta und die Schule von San Marco, Halle 1903
Kobell. Von Mannheim nach München. Die Künstlerfamilie Kobell. Ausstellungskatalog. Mannheim-München 1993/1994
Königliche Museen zu Berlin, Beschreibendes Verzeichnis der Gemälde im Kaiser-Friedrich-Museum, 7. Auflage, Berlin 1912
Ds., Führer durch die Königlichen Museen zu Berlin, hrsg. von der Zentralverwaltung. Das Kaiser-Friedrich-Museum, 2. Auflage, Berlin (1911)
Kraut, Gisela, Lukas malt die Madonna, Worms 1986
Kuhn, Dorothea, Auch ich in Arkadien. Kunstreisen nach Italien. 1600-1900, 3. Auflage, Stuttgart 1986
Kurzer allgemeiner Führer der Skulpturen und Malereien des Vatikan, des Lateran und der Vatikanischen Bibliothek, Vatikanstadt 1951
Lafenestre, George/Richtenberger, Eugène, Rome, les Musées, les Collections Particulières, les Palais. Le Vatican. - Les Eglises, Paris 1905
La Galerie des Tableaux au Vatikan, Rom 1851
Lalande, Joseph Jérôme Lefrançais de, Voyage en Italie, 2. Auflage, 9 Bd., Paris 1786
Landon, Charles Paul, Galerie Giustiniani ou Catalogue figuré, Paris 1812
Landsberger, Franz, Wilhelm Tischbein, Leipzig 1908
Larson, Erik, L' opera completa di Van Dycke, 2 Bd., Milano 1980
Leslie, Stephen, Dictionary of National Biography. 63 Bd. 1885-1990
List, Willy, Franz, regierender Graf zu Erbach, Straßburg 1903
Mahon, Denis, Il Guercino. Dipinti, Bologna 1991
Malvasia, C., Felsina pittrice. Vite pittori bolognesi, Bologna 1841 (1678)
Mancinelli, Fabrizio, Vatican Museum: Pinacoteca, Vatican 1981

Mansuelli, Guido A., Galleria degli Uffizi. Le Sculture, 2 Bd., Roma 1958/1961
Marcucci, M. L., La Galleria Nazionale di Firenze. I dipinti toscani del secolo XIII, Roma 1958. I dipinti toscani del secolo XIV, Roma 1965
Marini, Maurizio, Michelangelo Merisi da Caravaggio „pictor praestantissimus", Rom 1987
Merz, Jörg Martin, Pietro da Cortona, Tübingen 1991
Morneweg, Karl, Graf Franz und seine Schöpfungen, Darmstadt 1924
Müller, Hermann Alexander und Singer, Hans Wolfgang, Allgemeines Künstler-Lexikon, 6 Bd., Frankfurt 1922
Musée National du Louvre, Catalogue Sommaire des Marbres Antiques, Paris 1922
Museo Nazionale di Napoli, La Pinacoteca Illustrata, Napoli 1911
Musik in Geschichte und Gegenwart, Die. Allgemeine Enzyklopädie der Musik, hrsg. Friedrich Blume, Kassel etc. 1949-1986
Muthmann, Fritz (Hrsg.), Tagebuch einer Italienreise aus dem Jahre 1791, Von Marianne Kraus, in: Neue Heidelberger Jahrbücher NF 1931, Heidelberg 1931
Muthmann, R.-M., Angelika Kauffmann und ihre Zeit. Graphik und Zeichnungen von 1760-1810, Düsseldorf 1979 (Verkaufskatalog)
Nagler, G.K., Neues allgemeines Künstler-Lexicon, 22 Bd., München 1835-1852
Neppi, Lionello, Palazzo Spada, Roma 1975
Neue Deutsche Biographie, hrsg. von der Historischen Kommission bei der Akademie der Wissenschaften, Berlin 1953- (Nicht abgeschlossen)
New Grove Dictionary of Music and Musicians, The, hrsg. von Stanley Sadie, London 1980
Noack, Friedrich, Deutsches Leben in Rom 1700-1900, Stuttgart und Berlin 1907
Ds., Das Deutschtum in Rom seit dem Ausgang des Mittelalters, 2 Bd., Stuttgart 1927 (Neudruck Aalen 1974)
Ds., Italienische Reisetagebücher aus der Goethezeit, in: Zeitschrift für die Geschichte des Oberrheins NF Bd. 42, Karlsruhe 1929, S. 68-83
Nolfo, Carpegna di, Catalogo della Galleria Nazionale Palazzo Barberini, Roma. Roma 1954
Nuño, Juan Antonio Gaya, L' opera completa di Murillo, Milano 1978
Oberhuber, Konrad, Poussin. The Early Years in Rome, New York 1988
Ozzòla, L., I pittori di battaglie nel Seicento e nel Settecento, Mantua 1951
Paillot, Alex. / Delaroche, Hyp., Catalogue Historique et Raisonné de Tableaux du Prince Giustiniani, Paris (1812)

Palluchini, Rodolfo e Rossi, Paola, Tintoretto. Le opere sacre e profane, Milano 1982
Pepper, David Stephen, Guido Reni. A complete Catalogue of his works with an introductory text, Oxford (1984)
Perels, Christoph, Hrsg., Christian Georg Schütz der Ältere. (1718-1791). Ein Frankfurter Landschaftsmaler der Goethezeit. Freies Deutsches Hochstift - Goethemuseum. Frankfurt 1991
Pergola, Paolo de, Galleria Borghese. I dipinti, 2 Bd., Roma 1955/1959. Le Sculture dal Secolo XVI al XIX, Roma 1954
Petra, G. de, Illustrierter Führer des Nationalmuseums in Neapel, Neapel o. J.
Pieraccini, Eugène, Catalogue de la Galerie Royale des Uffizi à Florence, Prato 1910
Piovene, Guido/Marini, Remigio, L' opera completa del Veronese, Milano 1981
Pomilio, Mario, L' opera completa di Leonardo pittore, Milano 1978
Posse, Hans, Königliche Museen zu Berlin. Die Gemäldegalerie des Kaiser-Friedrich-Museums. 1. Abt. Die Romanischen Länder, Berlin 1909
Praz, Mario/Pavanello, Giuseppe, L' opera completa del Canova, Milano, 1981
Prisco, Michele, L' opera completa di Raffaello, Milano 1968
Quasimodo, Salvatore, L' opera completa di Michelangelo pittore, Milano 1977
Raffaele, Bruno, Roma Pinacoteca Capitolina, Bologna 1978
Ramdohr, Friedrich Wilhelm Basilius von, Ueber Mahlerei und Bildhauerei in Rom für Liebhaber des Schönen in der Kunst, 3 Bd. , Leipzig 1787
Rehberg, Friedrich, Drawings Faithfully copied from Nature at Naples. Engraved by Thomas Piroli, London 1794
Richard, Abbé, Description historique et critique de l' Italia, 6 Bd., Dijon 1766
Robertson, Martin, A History of Greek Art, 2 Bd., Cambridge 1975
Röthlisberger, Marcel, Claude Lorrain, 2 Bd., New Haven 1961
Ds./Cecchi, Doretta, L' opera completa di Claude Lorrain, Milano, 1975
Ds., Cavalier Pietro Tempesta and his time, Delaware 1970
Rossi, Filippo, Il Museo Nazionale di Firenze (Palazzo del Bargello), Roma 1932
Rossini, Pietro, Il Mercurio errante, Roma 1760
Safarik, Eduard A., Catalogo sommario della Galleria Colonna in Roma. Busto Arsizio 1981
Salerno, Luigi, The Picture Gallery of Vincenzo Giustiniani, in: Burlington Magazine 1960

Ds., I Dipinti del Guercino, Roma 1988
Ds., L' opera completa di Salvator Rosa, Milano (1975)
Die Sammlungen der Selbstbildnisse in den Uffizien, 2 Bd., Berlin 1971
Sánchez, Alfonso E. Pérez, L' opera completa del Ribera, Milano 1978
Ds., Ribera. Ausstellung Musé del Prado 1992
Saur, Allgemeines Künstler-Lexikon, München-Leipzig 1992- (nicht abgeschlossen)
Scarpellini, Pietro, Perugino, Milano 1991
Schiavo, Armando, Michelangelo nel complesso delle sue opere, 2 Bd., Roma 1990
Schirn Kunsthalle Frankfurt, Guido Reni und Europa, Frankfurt 1980
Schulz, Sabine, Goethe und die Kunst, Stuttgart 1994
Schudt, Ludwig, Italienreisen im 17. und 18. Jahrhundert, Wien-München 1959
Schweers, Hans F., Gemälde in deutschen Museen, 10 Bd., München etc., 1994
Serra, Luigi, Domenico Zampieri, detto il Domenichino, Rom 1909
Spear, Richard E., Domenichino, New Haven and London 1982
Steinmann, Ernst (Hrsg.), Die Porträtdarstellungen des Michelangelo (Römische Forschungen der Bibliotheka Hertziana III), Leipzig 1913
Stieger, Franz, Opernlexikon, T. I, Bd. 2, Tutzing 1975
Suida. W./Suida, Manning, Luca Cambiaso, Milano 1958
Sutherland, Harris Ann, Andrea Sacchi, Oxford 1977
Thieme, Ulrich und Becker, Felix, Allgemeines Lexikon der bildenden Künstler von der Antike bis zur Gegenwart, 37 Bd., Leipzig 1907-1950
Thullier, Jaques, L' opera completa di Poussin, Milano (1974)
Tietze, Hans u. Tietze-Conrat, Erika, Kritisches Verzeichnis der Werke Albrecht Dürers, 3 Bd., Augsburg, Basel und Leipzig, 1928-1938
The Uffizi Gallery, Catalogue of the principal paintings, Florence 1930
Vigée-Lebrun, Elisabeth-Louise, Die Erinnerungen der Malerin Vigée-Lebrun, Weimar (1921)
Vlieghe, Hans, Corpus Rubenianum, Brüssel 1977
Volkmann, Johann Jacob, Historisch-kritische Nachrichten von Italien, 3 Bd., 2. Auflage, Leipzig 1777
Vollmer, Hans, Allgemeines Lexikon der bildenden Künstler des XX. Jahrhunderts, 6 Bd., Leipzig 1953-1962
Voss, Hermann, Die Malerei des Barock in Rom, Berlin 1925
Waagen, G. F., Verzeichniß der Gemälde und Gipsabgüsse in der Grossherzoglichen Sammlung zu Oldenburg, 2. Auflage, Oldenburg 1867
Wagner, Hugo, Raffael im Bildnis (Berner Schriften zur Kunst XI), hrsg. von H. R. Hahnloser, Bern 1969

Wallraf-Richartz-Museum Köln, Roelant Savery in seiner Zeit, Köln 1985
Wendt, Johann Wilhelm, Reisetagebuch 1791, Erbach (nur abschriftlich erhalten)
Wendt, Johann Wilhelm, Silhouetten von Verwandten und Freunden, nach dem Leben vollkommen Ähnlich gezeichnet von Johann Wilhelm Wendt. Angefangen ANNO MDCCLXXXV. Von Fr(anz) G(raf) z. Erbach. (Faksimile Insel Verlag Leipzig 1923)
Wethey, Harold E., The Paintings of Titian, 3 Bd., Aberdeen-Edinburg (1969-1975)
Wiesel, J. M., Rom, Stuttgart
Wild, Doris, Nicolas Poussin. Leben, Werk, Exkurse, 2 Bd., Zürich 1980
Wright, Christopher, Poussin. Paintings, London (1985)
Wurzbach, Alfred von, Niederländisches Künstler-Lexikon, 3 Bd., Leipzig-Wien 1904-1910
Wurzbach, Constant von, Biographisches Lexikon des Kaiserthums Oesterreich, enthaltend die Lebensskizzen der denkwürdigen Personen, welche 1750-1850 im Kaiserstaate und in seinen Kronländern gelebt haben, Wien 1856-1923
Zampa, Georgio, L' opera completa di Dürer, Milano 1981
Zazoff, Peter, Die antiken Gemmen, München, 1983
Ds. und Zazoff, Hilde, Gemmensammler und Gemmenforscher, München 1983
Zeri, Federico, La galleria Spada in Roma, 2. Auflage, Roma 1963

Vereinzelt benutzte Literatur befindet sich bei den jeweiligen Anmerkungen

Ortsregister

(Ohne Verlagsorte)

Personenregister

(ohne Marianne Kraus, Graf Franz I. und Gemahlin)

– C –

– D –

– G –

– H –

– I –

– J –

– K –

– L –

– M –

– Q –

– R –

– S –

– W –

– Z –

Abbildungen

Abb. 2, Der Vater: Joseph Bernhard Kraus (1724-1810). Ölbild, Familienbesitz

Abb. 3, Die Mutter: Anna Dorothea, geb. Schmitt (1733-1804). Ölbild, Familienbesitz

Abb. 4, Jean Külsheimer, Buchen 1813. Zeichnung, aquarelliert. Bezirksmuseum Buchen. Ausschnitt mit Kurmainzer Amtskellerei

Abb. 5, Buchen, Kellerei, Amtshaus, Geburtshaus der Marianne Kraus

Abb. 6, Buchen, Altes Schulhaus in der Obergasse, abgerissen

Abb. 7, Bernhard Franz Wendler (1702-1782). Kantor und Klavierlehrer von Marianne Kraus. Tuschezeichnung. Bezirksmuseum Buchen

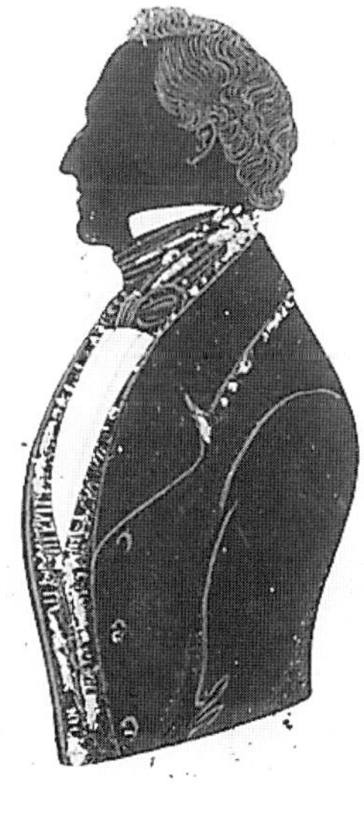

Abb. 8, Marianne Lämmerhirt, geb. Kraus (1765-1838) als Witwe. Blei, Tusche, Aquarell. Bezirksmuseum Buchen

Abb. 9, Charlotte Lämmerhirt (1798-1876). Blei, Tusche, Deckweiß. Paris um 1825 von François Pierre Dubasty. Bezirksmuseum Buchen

Abb. 10, Karl Friedrich Schreiber (1864-1933). Foto 1912. Urenkel der Marianne Lämmerhirt, Begründer der Kraussammlung im Bezirksmuseum Buchen

Abb. 11, Marianne Kraus, Mädchen auf Brücke. Jugendwerk. Ölgemälde, Bezirksmuseum Buchen

Abb. 12, Ferdinand Kobell (1740-1799). Marianne Kraus' Lehrer in Mannheim. Kupferstich, Bezirksmuseum Buchen

Abb. 13, Ferdinand Kobell (1740-1799). Das Monument. Radierung 1782. Bezirksmuseum Buchen.

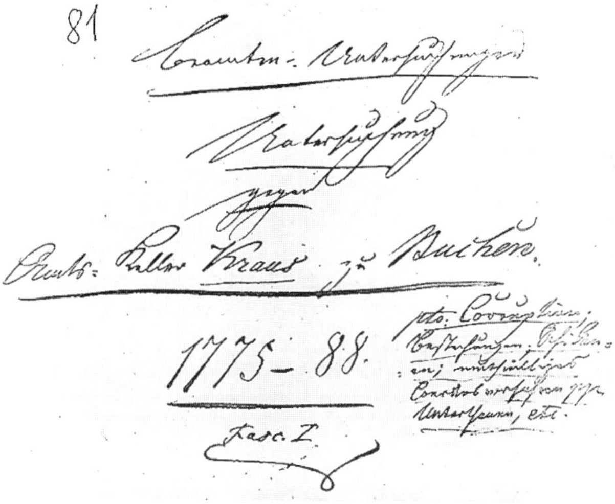
81

Beamten-Untersuchungen

Untersuchung

gegen

Amts-Keller Kraus zu Buchen.

1775–88.

Fasc. I.

Abb. 14, Beamtenuntersuchungen. Deckblatt der Prozeßakte gegen den Vater. Staatsarchiv Würzburg

Abb. 15, Joseph Martin Kraus (1756-1792). Autosilhouette, Göttingen 1777, Bezirksmuseum Buchen

Abb. 16, Joseph Martin Kraus (1756-1792). Bologna 1783, Ölgemälde von Pomarolli, Bezirksmuseum Buchen

Abb. 17, Schloß Erbach. Lithographie, Bezirksmuseum Buchen

Abb. 18, Titelblatt des Silhouettenbuches von Johann Wilhelm Wendt (1747-1815). Erbach, Gräfliches Archiv

Abb. 19, Gräfin Louise Charlotte Polyxéne (1755-1844). Aus Wendts Silhouettenbuch

Abb. 20, Graf Franz I. von Erbach-Erbach (1754-1823). Aus Wendts Silhouettenbuch

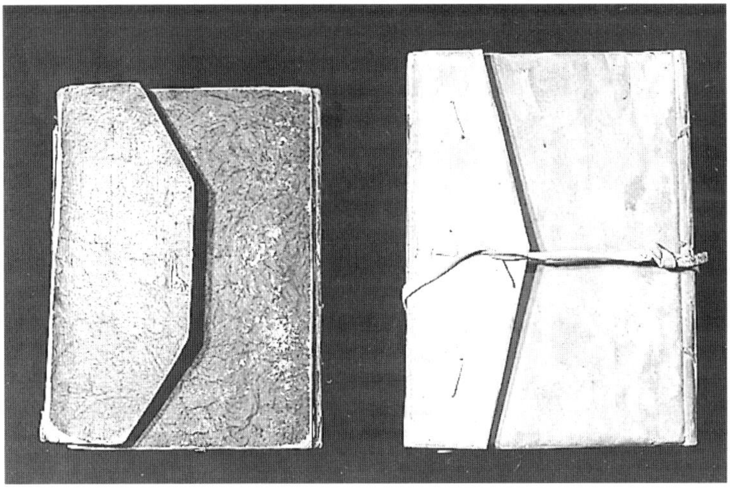

Abb. 21, Reisetagebücher der Marianne Kraus 1791. Bezirksmuseum Buchen

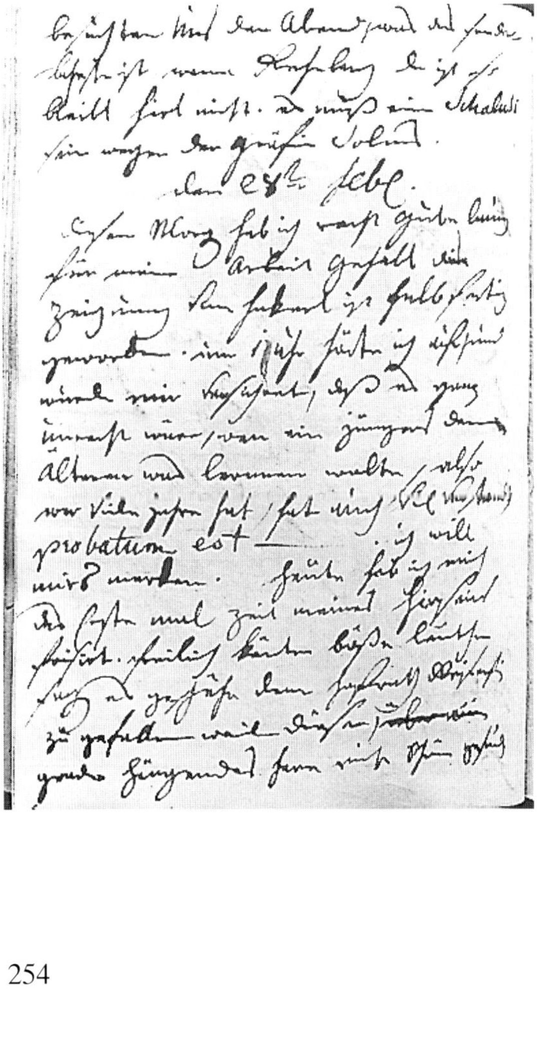

Abb. 22, Reisetagebuch, Eintrag zum 28. Februar 1791. Band I, S. 167. Bezirksmuseum Buchen

Historisch-kritische

Nachrichten

von Italien,

welche

eine Beschreibung dieses Landes

der Sitten, Regierungsform, Handlung, des

Zustandes der Wissenschaften

und insonderheit

der Werke der Kunst

enthalten.

von

D. J. J. Volkmann.

Erster Band.

Zweyte viel vermehrte und durchgehends verbesserte Auflage.

Leipzig,

bey Caspar Fritsch, 1777.

Abb. 23, Johann Jakob Volkmann, Historisch-kritische Nachrichten von Italien. 2. Auflage 1777. Titelblatt

Abb. 24, Niobe mit Tochter. Marmor, Römische Kopie. Uffizien Florenz

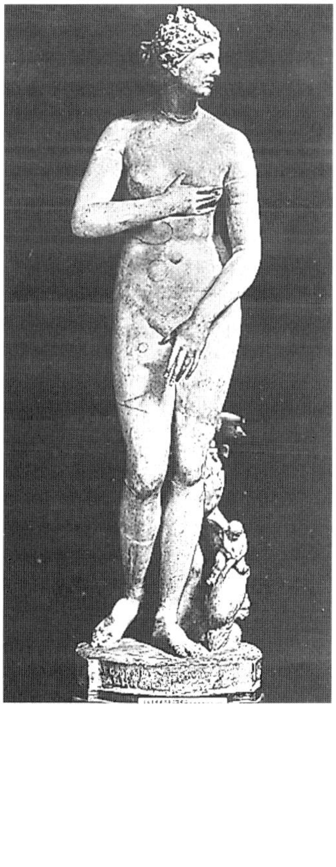

Abb. 25, Venus von Medici. Griechisch, 1. Jhdt. v. Chr., Marmor. Uffizien Florenz

Abb. 26, Rom, Peterskirche. Kupferstich

Abb. 27, Rom, Kolosseum. Kupferstich

Abb. 28, Apoll von Belvedere. Marmorkopie, 2. Jhdt. v. Chr. Rom, Vatikan

Abb. 29, Laokoon. Marmor, 1. Jhdt. v. Chr. Rom, Vatikan

Abb. 30, Guido Reni (1575-1642). Kupferstich nach Selbstbildnis

Abb. 31, Vecellio Tizian (1477-1576). Kupferstich nach Selbstbildnis

Abb. 32, Raffael Santi (1483-1520). Kupferstich nach Selbstbildnis

Abb. 33, Guido Reni (1575-1642). Aurora. Deckengemälde. Rom. Kupferstich nach Raphael Morghen

Abb. 34, Vecellio Tizian (1477-1576). Danae. Ölgemälde. Neapel

Abb. 35, Raffael Santi (1483-1520). Transfiguration. Ölgemälde. Rom, Vatikan

Abb. 36, Angelica Kauffmann (1741-1807). Kupferstich von Ernst Rauch. Bezirksmuseum Buchen

Abb. 37, Angelica Kauffmann (1741-1807). Selbstbildnis als Flora. Stahlstich von A. H. Payne.

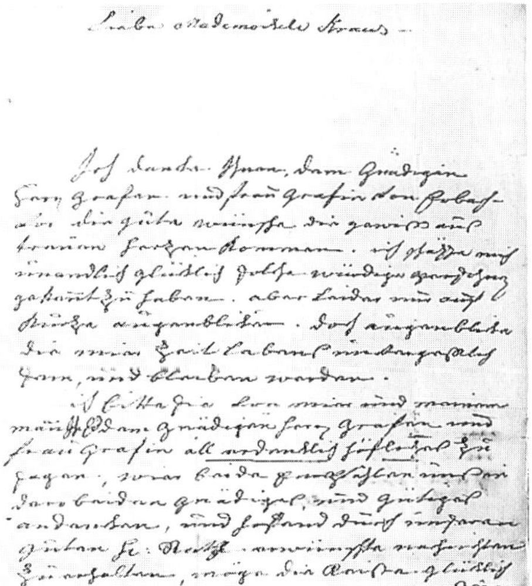

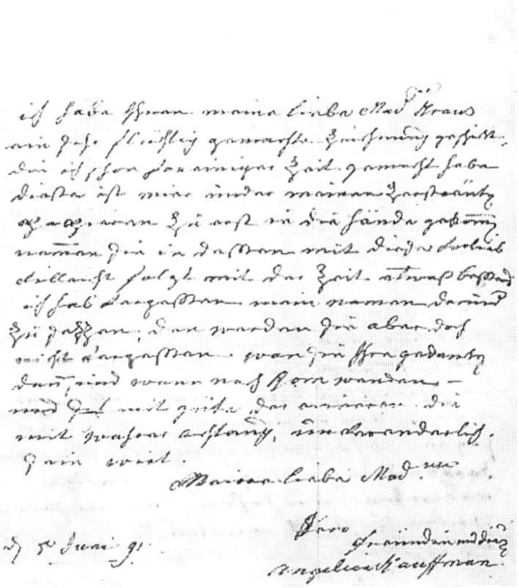

Abb. 38, 39, Brief Angelica Kauffmann an Marianne Kraus. Rom, 5. Juni 1791. Bezirksmuseum Buchen

Abb. 40, Jakob Wilhelm Mechau (1745-1808). Bauerngehöft in der Umgebung von Rom. 1792. Radierung. Bezirksmuseum Buchen

Abb. 41, Wilhelm Friedrich Gmelin (1760-1820). Tivoli, Villa des Maecenas. 1809. Radierung

Abb. 42, Emma Hart (um 1765-1815). Kupferstich

Abb. 43, Emma Hart (um 1765-1815). Zeichnung von Friedrich Rehberg (1758-1835). Kupferstich Nr. VI von Thomas Piroli 1794.

DRAWINGS
Faithfully copied from Nature
AT NAPLES
and with permission dedicated
To the Right Honourable
SIR WILLIAM HAMILTON.
His Britannic Majesty's Envoy Extraordinary and Plenipotentiary at the Court of Naples.
By his most humble Servant
FREDERICK REHBERG.
Historical Painter in his Prussian Majesty's Service at Rome
MDCCXCIV.

Abb. 44, Friedrich Rehberg (1758-1835). Emma Hart. Zeichnungen, gestochen von Thomas Piroli 1794. Titelblatt

DAS
RÖMISCHE CARNEVAL.
Berlin, gedruckt bey Johann Friedrich Unger.
Weimar und Gotha.
In Commission bey Carl Wilhelm Ettinger.
1789.

Abb. 45, Johann Wolfgang von Goethe, Das Römische Carneval. 1789. Titelblatt

Abb. 46, Johann Joachim Winckelmann (1717-1769). Stahlstich von Carl Mayer.

Abb. 47, Jacob Philipp Hackert (1737-1807). Lithographie. Bezirksmuseum Buchen

Abb. 48, Jacob Philipp Hackert (1737-1807). Eremo presso Albano. 1781. Kupferstich

Abb. 49, Marianne Kraus, Italienisches Klösterchen. 1791 (?). Nach Hackert. Gouache. Bezirksmuseum Buchen

Abb. 50, Neapel um 1800. Kupferstich

Abb. 51, Baiae 1836. Kupferstich

Abb. 52, Marianne Kraus, Alpenlandschaft. 1791. Feder über Blei. Tagebuch II, S. 189

Abb. 53, Marianne Kraus, Gehöft in den Bergen. 1791. Feder über Blei. Tagebuch II, S. 243

Abb. 54, Marianne Kraus, bez. „brixen". 1791. Feder über Blei. Tagebuch II, S. 249

Abb. 55, Marianne Kraus, Ortsstraße in Italien. 1791. Feder über Blei. Tagebuch II, S. 251

Abb. 56, Marianne Kraus, Flußlandschaft. 1791. Feder über Blei. Tagebuch II. S. 267

Abb. 57, Marianne Kraus, bez. „Casal Castel Maggiore“. 1791. Feder über Blei. Tagebuch II, S. 272

Abb. 58, Marianne Kraus, bez. „boscolanga“ und von fremder Hand: „12. Juni 1791: Hütte eines Kohlenbren[n]ers in Boscolonga“. Blei. Tagebuch II, S. 264.

Abb. 59, Marianne Kraus, Italienische Landschaft. 1791 (?). Sepia. Bezirksmuseum Buchen

Abbildungsnachweis

Bezirksmuseum Buchen (Originale): 3, 6, 8, 9, 11, 12, 13, 15, 16, 17, 21, 22, 36, 38, 39, 40, 47, 49, 52-59

Bezirksmuseum Buchen (Fotoarchiv): 4, 5, 10, 23, 33, 45, 48

Herausgeber (Originale): 26, 27, 30, 31, 32, 37, 41, 42, 43, 44, 46, 50, 51

Familienbesitz: 1, 2, 7

Bildarchiv Foto Marburg: 34 (Archivnummer 1.039.507), 35 (Archivnummer B 11.420/4)

Staatsarchiv Würzburg: 14

Gräflich Erbach-Erbachisches Archiv Erbach: 18, 19, 20

Freundliche Genehmigung F. Bruckmann KG München. Aus: Klassischer Skulpturenschatz, Hrsg. Franz von Reber und Adolf Bayersdorfer. München 1900: 24, 25, 28, 29

Zwischen Neckar und Main

Heimatblätter (ab Heft 21 : Schriftenreihe)
des Vereins Bezirksmuseum e. V. Buchen

Nr. 1 Max *Walter*: Die Steinkreuze des östlichen Odenwaldes. 1920

Nr. 2 Ambrosius *Götzelmann*: Besiedlungsgeschichte Buchens und seiner Umgebung. Buchens Flur- und Familiennamen. 1921

Nr. 3 Richard *Krebs*: Das Land zwischen Neckar und Main und seine Stellung in der deutschen Geschichte. 1921

Nr. 4 Carl *Christ*: Aus dem Odenwald. Mit einem Beitrag über Carl Christ als Heimatforscher von Geh. Hofrat Prof. Dr. J. Wille. 1921

Nr. 5 Gustav *Rommel*: Geschichte des ehemaligen Klosters Seligenthal. 1922

Nr. 6 Max *Walter*: Odenwälder Handwerk um 1800. 1923

Nr. 7 Eugen *Fehrle*: Der Johannistag. 1924

Nr. 8 Richard *Krebs*: Der Bauernkrieg in Franken 1525. 1925

Nr. 9 Karl *Schumacher*: Das Land zwischen Neckar und Main in der alemannischen und fränkischen Zeit. 1926

Nr. 10 Gustav *Rommel*: Geschichte des ehemaligen Klosters Billigheim. 1927

Nr. 11 John G. *Weiß*: Adelsheim im Wandel der Zeiten. 1927

Nr. 12 Karl Friedrich *Schreiber*. Biographie über den Odenwalder Komponisten Joseph Martin Kraus. 1928

Nr. 13 Peter Paul *Albert*: Konrad Koch „Wimpina“ von Buchen. 1931

Nr. 14 Peter Paul *Albert* (Hrsg.): Biedermaiers Reise durch Baden zwischen Neckar und Main (Christian Ludwig Fecht, 1787-1858). 1933

Nr. 15 Peter Paul *Albert*: Die Edelherren von Dürn. 1936

Nr. 16 Peter Paul *Albert*: Ritter Albrecht „Pilgrim“ von Buchheim, ein Minnesänger des dreizehnten Jahrhunderts. 1937

Nr. 17 Ernst Fritz *Schmid*: Die Orgeln der Abtei Amorbach. 1937 (2. veränderte Neuauflage ist erschienen 1963 von Ernst Fritz Schmid/Franz Bösken im Verlag B. Schott's Söhne, Mainz)

Nr. 18 Norbert *Höbelheinrich*: Die „9 Städte" des Mainzer Oberstifts, ihre verfassungsmäßige Entwicklung und ihre Beteiligung am Bauernkrieg 1346-1525. 1939 (Unveränderter Reprint, hrsg. vom Verlag Georg Olms Hildesheim 1994)

Nr. 19 Helmut *Brosch*: Abt Gottfried Bessel (1672-1749). Festrede zum 300. Geburtstag. 1972

Nr. 20 Johann *Hummel*: Von der Lateinschule über die Höhere Bürgerschule zum Gymnasium. Zur Geschichte des Burghardt-Gymnasiums Buchen (1976)

Nr. 21 Peter *Assion* u. a.: Photographie auf dem Land um 1900. Karl Weiß, Photograph in Buchen. Mit einem Beitrag zur Frühgeschichte der Photographie im badischen Frankenland. 1982

Nr. 22 Günther *Ebersold*: Wingarteiba. Geschichte des östlichen Odenwaldes und des Baulands. 1986

Nr. 23 Das Bezirksmuseum Buchen und seine Sammlungen. Herausgegeben aus Anlaß des 75jährigen Bestehens. 1986

Nr. 24 Hermann *Ehmer* (Hrsg.): Siedlungsentwicklung und Herrschaftsbildung im Hinteren Odenwald. 1988

Nr. 25 Helmut *Brosch* (Hrsg.): Alfred und Ludwig Schwerin - Jahresringe. 1988

Nr. 26 Tilman *Mittelstraß*: Die Ritter und Edelknechte von Hettingen, Hainstadt, Buchen und Dürn. Niederadelige Personengruppen im Bauland und Kraichgau. 1991

Nr. 27 Kurt *Andermann* (Bearb.): Die Urkunden des Freiherrlich von Adelsheim'schen Archivs zu Adelsheim 1291 - 1875. 1995

Nr. 28 Helmut *Brosch* (Hrsg.): Marianne Kraus - Für mich gemerkt auf meiner Reise nach Italien 1791. Reisetagebuch der Malerin und Erbacher Hofdame. 1996